지장보살

용화세계 十善 공덕

"한 번만 읽어도 성공한다"

주지 자도광

용 화 전

卍 대한불교 포천 용화사

남북통일기원 5층사리 봉안탑

심우도 및 태양광 전등

千日 기도 입재

용화전 미륵불 법당(좌측대묘상보살 우측법화림보살)

미륵반가좌상 자도광 스님이 50년 모시고 사는 미륵불

미륵대석불상

신축 불사를 끝내고

미륵불(우보처 법화림보살, 좌보처 대묘상보살)

가정탑묘공원(잔디장 · 수목장)

봉선사 월운 큰스님 법호 자도광

도반과 함께

공덕비 추대(영평사 正林큰스님)

용화사 안내문

13

용화권속 설판제자

14

용화사 앞 심우도 기린용수 8공덕수

기린(平和의 상징)

목   차

18

계사년 새해를 맞이하며…

　새 희망의 새해가 밝았습니다.

　용화세계 십선운동 출판물을 발행하면서 부처님의 가피가 온누리에 고루 퍼져 대통합과 번영의 선진 극락 세계가 활짝 열리기를 합장 기원하며 가까운 이웃과 우리 고장에 더욱 불법이 전파되어 복된 한 해가 되도록 노력하겠사옵고, 오탁악세를 타파해서 인생의 삶이 메말라 가고 인의예지 오륜삼강이 끊어지는 말세인지라 부처님의 경계인 상만 갖고 있어 사람 노릇 못하고 사는구나!

　身, 口, 義 三業 탐진치의 포로가 되어 오욕락의 과보로 괴로움에 지옥고를 받는구나!

　소승 力量이 부족한데도 念佛德 입사와 부처님 가피로 계시 받고 원력의 불사를 무사히 마감 중인 바 남은 여생은 佛法教化사업에 充用하여 조상님 天道祭를 올려 원한을 풀어 드리고 修宣 공양 염불로 업장 소멸을 기원합니다.

　20세기말에 예수님께서는 불의 심판이 올 것을 선언하고 석가불은 흉년 질병 전란의 三災가 올 것을 경고한 바 예수님의 재림이나 미륵불의 출현은 한 가지 뜻을 의미합니다. 불의 심판과 삼재의 겁난에 추출하려는 것이 예수님이나 부처님의 사명이요, 대자대비한 원력인 것입니다.

계사년 5월 5일은 청소년 교화의 일환으로 한 가족의 눈높이를 맞추어 같이 동참 기회를 갖는 휴일로 남북통일 기원 탑 불사와 불사리 봉안식 법회를 은사이신 봉선사 큰 스님을 모시고 거행하고저 하오니 모든 가족이 동참하시어 대원성취 하옵소서. 또한 龍華世界十善운동 책을 출판하고자 하오니 독송하시는 여러분들께서 佛綠功德 입사와 家家 仙鶴이 되고 仁人 成佛이 될 것을 확신합니다.

십선운동의 위력으로 용화지상극락을 우리 힘으로 이룩함은 현재 소승이 건설하는 태양빛을 이용, 무공해 발전소를 건설하여 무공해 에너지를 생산하여 의식주를 해결하고 전기를 해결하며 천지 우주를 통해 행할 수 있는 시기가 오매, 핵이 해결 되니 三惡道가 없어지고 末世를 타파하여 일체의 괴로움, 질병고통이 없어지고 무공해 곡식을 먹으니 모두 장수하며 군사부에 효심충성하고 이심전심으로 뜻이 서로 상통하여 다툼이 없어 서로가 부처님 같이 존경하니 항시 자유로와 하늘나라에서 사는 것과 같이 지상 천국이로다!

미륵 부처님 친견하고 삼회설법에 무생 법인을 증득하여 세세 생생 보살도 닦아 모든 중생과 함께 지상극락 8만세 仙境을 누리는 地上天國을 다 같이 同參發願하세! 용화세계의 지상천국은 十善功德의 수행만이 이루어지는 것이다.

성현 말씀에 "오른손으로 주고 왼손이 모르게 하라"는 명언이다. 이는 무주상 보시를 이른 말인즉 부처님께서는 "범부 중생을 50년간 8만4천 법문을 설법하여 무명 중생을 제도하셨건만 한 설법도, 한 중생도 제도한 바 없다"라 하셨다. 아무리 배우고 알 지라 하여도 나의 오만을 모르면 깨달을 수가 없으며 나의 단점을 발견하고 거만과 오만을 알아 下心을 실천하는 佛子는 정확한 主人公을 알아 끝내는 見性 成佛한다.

금강경에 응 무 소주 이생 기심(應 無 所主 而生 其心)이라. 어디에도 집착 없이 善行을 베풀고 실천 수행하라는 뜻인 바 지금부터 十善 修行으로 모든 가족들이 평화롭고 부처님의 자비 광명의 가피로 淨福의 대복을 누리기를 합장 기원하나이다.

나무 석가 여래 불.
나무 당래 용화 교주 자씨 미륵 존 여래 불

계사 원단 慈 道光 010-3909-5971

경찬사

우리 부처님께서 산하, 대지도 변하고 해와 달, 별들도 오래가지 못하는 이치를 아시고, 한 자리에 앉아 6년을 지낸 뒤 역겁부사의(歷怯不思義)한 천상천하일진상(天上天下一眞常)을 체득하시니 죽었던 것이 다시 살아나고, 마른나무에 봄기운이 돌게 되었습니다.

포천 용화사 자도광(慈道光)스님께서 일찍이 불도에 귀의하여 불도에 진실·방편 두 길이 있는 것을 아시고, 진실 하나만 가지고서는 악한 세상을 구제할 수 없다는 것을 깨닫고, 삼회용화 미륵존을 본존으로 10선운동을 전개하여 이 세상을 거짓 없는 불국정토로 만들고자 오랜 세월 포교하여 왔습니다.

그런데 자료가 쌓이고 쌓여서 어언 책을 한 권 이루게 되었으나, 세상 사람들이 잘 이해하지 못하고, 대학자 선지식님들께서는 천학미류(淺學迷流)의 방편설이라 도외시하므로 건봉사 법원스님께서 안타깝게 생각하여 친히 제자를 모시고 먼길 찾아와 보니 그 분이 꿈꾸는 용화세계는 포천 용화사뿐만 아니라 전 인류가 갈망하는 유토피아의 세계이므로 우납(愚衲)이 보고 크게 감명하여 이렇게 경찬사를 지어 부치고 교정을 보아 드립니다.

일생을 남의 것이란 무서워 먹지도 입지도 않으면서 플라스틱 공장으로 많은 법기(法器)를 만들어 끝없는 공덕을 지어왔으므로 이 인연으로 원력따라 용화세계에 태어나 미륵존불을 뵙고 다시 이 세상에 내려와 권선징악(勸善懲惡), 10선운동으로 불국정토(佛國淨土)를 건설할 것을 믿어 의심하지 않습니다.

불기 2555년 5월 단오 활안 정섭 씀

용화세계 건설 十善 운동

인사 말씀

당래 용화세계 건설 佛子 자도광 인사드립니다.

일본의 대동아 전쟁 시 강한 압제 하에 흉년이 들어 보릿고개를 넘기기 어려울 때에 내 나이 8세에 국민학교에 입학하여 배일감정으로 日本語 배움을 배척하였고, 가난 극복을 염원하면서 10살에 미륵부처님의 설법을 듣고, 귀가 번쩍 뜨여 미륵세계를 염원하면서 인연이 되어 지금껏 살았습니다.

미륵 부처님 원력으로 홀로 산전 수전 다 겪으면서 60여 년을 플라스틱제, 메라민식기를 개발하여 수입품을 억제하고, 역수출하면서 정상에 오르니, 이것은 오

25

직 부처님에 대한 은덕이라 생각하며 감사합니다.

또한 불자로서 발우대를 제조하여 모든 불자님께 제공한 바 있는데 이것은 꾸준히 애용해 주신 여러분의 덕이라 생각되어 지면을 통해 감사드립니다.

2011年 3月 15日은 소승이 미륵부처님 친견 발원기도 3년 되는 날입니다. 모든 인류에게 인연공덕을 지어주고 싶은 간절한 마음으로 미륵부처님을 법당 앞에 모시고자 발원하였으니 뜻있는 불자님들의 덕분으로 원만 성취하게 되었습니다.

불교에서는 이 세계가 생겨 없어지는 동안을 대겁이라 하고, 과거의 세계를 장엄겁이라 하고, 현재의 세계를 현겁이라 하는데 이 현겁 동안에 1천 분의 부처님이 출현한다 하였습니다. 그 첫째로 구류손불, 두 번째로 구나함모니불, 세 번째로 카사파불, 네 번째로 석가세존이십니다.

〈석가세존〉은 오탁악세와 十惡이 가득한 세상에 오셔서 여러 가지 방편으로 중생을 교화하여 제도하셨는데, 정법천년 상법천년이 이미 지나가고 말법시대가 되었으므로, 석가부처님의 큰 기운은 이미 가고 그 뒤를 이어 다섯 번째로 이 세상에 출현하실 부처님(미륵불)이라 하였습니다.

龍華殿

三周年記念

옛 사람이 '삼일수심(三日修心)은 천재보(千財寶)요,
백년탐물(百年貪物)은 일조진(一朝塵)이라.' 하였으니

* 누가 해도 할 일이면 내가 하자.
* 언제 해도 할 일이면 당장 내가 하자.
* 내가 지금 할 일이면 빛나게 하자.

불기 2555년 5월 5일
용화사 주지 자도광(慈道光)

당래용화 교주 자씨 미륵존불

미륵부처님은 한량없는 자비와 복덕, 지혜와 원력으로 말세중생의 큰 귀의처가 되시어 십선(十善)공덕으로 성취된 지상천국인 용화세계의 교주로서 석가세존과 불법에 인연을 맺은 중생은 다 제도를 받게 된다고 하였습니다.

그런데 오늘은 선천운(先天運)이 이미 다하고 후천 오만년의 조화선경(造化仙境)이 개벽된다는 것은 선철(先哲)들이 증언(證言)하신 것을 우리는 신빙하고 믿습니다. 우리 국토는 미륵부처님과 특히 인연이 두터운 나라입니다.

그러므로 미륵불이 여러 가지 모습으로 우리 국토를 다녀갔고 또 우리 국토에 오셔서 지상천국을 건설하신다고 예언하고 있습니다.

그러므로 신라 이래 미륵님의 근본도량인 전북 김제시 금산리에 있는 금산사를 진표율사가 창건하셨고 두 번째는 충북 속리산 법주사를 창건하였으며 세 번째는 강원도 발현사에 주춧돌을 놓았던 것입니다.

소승이 용화세계 역군으로 미륵불에게 수기를 받아 왕생은 물론 현재 3년째 기도 중인 바 미륵부처님을 친견하고 불사(佛事)의 계시 받고 중생을 제도하는 지혜를 달라고 발원하고 있습니다.

소승 외람되이 용화, 극락세계 건설에 역군이 되고자, 발심하여 이 책자를 발행함에 있어 그 경위를 소개하고자 두서없이 서투른 글을 쓰니 많은 지도 편달 있으시기를 갈망합니다.

현재 20세기 막다른 골목에서 예수님은 불의 심판이 오리라 선언했고, 석가불은 큰 굶주림, 큰 질병, 큰 전란 3재가 펼쳐지리라 경고하였습니다.

예수님의 재림이나 미륵불의 출현은 다같이 한 가지 뜻을 의미합니다. 불의 심판과 삼재의 겁난(劫難)이 우

28

리 인류가 쌓아온 죄악의 과보라면 인류를 죄악과 겁난에서 추출하려는 것이 예수님이나 부처님의 사명이요 원력인 것입니다.

소승은 미륵사상과 신앙으로 용화세계 건설을 지상목표로 하고 이 글을 선포함과 동시에 미륵부처님의 올바른 사상과 신앙으로 십선운동을 전개하여 이 시점에서 삼적오역팔난십악(三賊五逆八難十惡)을 몰아내고 지상천국인 용화세계의 건설에 적극 정진할 것을 미륵부처님과 三世 제전에 선서하는 바입니다.

인류는 자유의지에 의하여 이 지상에 천국을 건설할 수도 있고 지옥을 건설할 수도 있습니다. 삼계유심(三界唯心)이요 만법유식(萬法唯識)이기 때문입니다.

예수님께서는 현재를 종말이라 하여 불의 심판이 있으리라고 예언했고, 불교에서는 말법시대라 하여 三災가 덮친다 하였습니다.

그 심판과 재난이 인류의 자유의지에 의한 행업(行業)의 과보라면 인류는 그것을 뼈가 사무치게 반성하고 참회하며 차원 높은 목적이념과 당위(當爲)의 세계를 향해 줄기차게 전진하여야 할 것입니다. 그렇게 해야만 불 속에서 연꽃이 피고 지옥이 천국으로 변할 수 있기 때문입니다.

용화세계 건설과 십선(十善)운동

오늘의 인류는 앞뒤로 가거나 물러설 수 없는 만장의 절벽에서 말세의 종말을 기다리는 절망의 막다른 골목에 부딪혀 있습니다. 21세기의 종말을 위협하는 핵무기 고성능 미사일이 삽시간에 지구의 파괴와 인류의 멸종을 노리고 있습니다. 과학, 기계, 물질만능주의는 인류의 현실생활상 막대한 편리와 복리를 공헌해 왔지만 인류의 평화와 행복을 보장하지 못할 뿐 아니라 오히려 인류가 폭탄을 지고 불구덩이로 뛰어드는 격이 되었습니다.

인류의 종말(불의 심판)이 오리라는 예수님의 예언이나, 오탁악세의 말기에 굶주림, 질병, 전쟁의 三災와 팔난(八難)이 휩쓸어 인류는 살아남기 어렵다는 석가세존의 경고를 되새겨 볼 필요가 있습니다.

성자님들의 예언이 이와 같다면 인류가 도탄에서 구제될 절대구세주 예수님의 재림이나, 평화의 신, 미륵님의 출현이 허망한 약속이 아닐 것입니다.

불초 소승이 수십 년을 불교성전을 비롯해서 다수의 불교서적을 독송하고 느끼고 생각하고 나름대로 연구를 거듭했기에 약간의 진리를 습득했고 뒤바뀐 생각을 적어 희망적인 세계로 나아가고자 제시를 하고자 합니다.

천상천하에 성중성(聖中聖)이신 석가세존은 이 우주 만유와 인간 만사가 다 인연, 인과법칙에 의하여 운행되고 지배된다는 원리를 분명히 가르쳐 보이셨고 불의 심판이나, 삼재(三災)의 겁난이 밀려온다는 것을 우리 인류가 현재까지 지어온 대가라면 그 대가를 받지 않고 지상천국인 미륵님의 용화세계가 건설될 수 없다고 하였습니다.

저절로 모든 죄악과 부조리가 없어지고 지상천국(용화세계)이 어디서 오고 미륵님이 출현한다고 믿는 것은 지극히 어리석고 환상적인 맹신이며 허망한 꿈인 것을 반성하고 깨달으라.

우리 인류는 지구파괴, 환경파괴와 핵폭탄의 불바다 속에 겹겹이 둘러 싸여 있다. 이것이 인과 법칙에 의한 결정적인 숙명이라면 오늘의 인류는 먼저 이러한 종말적인 불의 심판이나 三災의 겁난에서 벗어난 뒤에 지상천국[용화세계] 꿈을 꾸어야 되지 않겠습니까?

20세기말의 절망에서 벗어나는 비결은 세 가지가 있습니다.

첫째는 황금의 노예로부터 꿈을 깨고 보면 그 절망에서 홀랑 벗어나는 것이다.

둘째는 지극정성심에서 신명을 감동시켜 불보살과 천사가 손길을 펴서 그를 구원하는 것이고,

셋째는 우리 인류가 재생의 기적을 얻어 오직 스스로 꿈을 깨고 신명의 구원을 받는 겁니다.

꿈을 깬다고 하는 것은 불법에서 보면 三界 중생들이 모두 꿈 속에서 온갖 선, 악, 업을 짓고 꿈속에서 죄와 복의 과보를 받는다고 하였는데 그래서 이생은 일장춘몽이라 한 것입니다.

소승이 덧붙여 평생 살아온 것을 생각해 보면 세살버릇 여든 간다는 말이 꼭 맞는 것 같습니다.

출가하여 스님이 되기 전과 후의 생활이 많은 변화가 있기에 긍정적으로 생각하고 있기 때문입니다. 사실 출가한 후에는 많은 장애가 발생하여 병이 크게 났지만 애따 내 몸도 내버리고 갈 것인데 무슨 탐·진·치에 얽히어 헤맨단 말이냐 하고 최대한의 양보로 해결하다보니 열반하신 법정스님 말씀대로 무소유 속에 편안하게 살게 되니 마음이 편안하고 공부하는 데도 별 지장 없이 살게 된 것입니다.

사실 50~60년 전보다 지금은 모두가 백만장자 못지 않게 잘 먹고 잘 살고 있습니다. 저도 못사는 사람을 보면 게으르고 노력이 부족하며 내 고집만 세워 좋은 것은 배타하고 나의 습관대로만 살기 때문에 그렇게 된 것입니다. 모든 나쁜 행동과 좋은 행동이 내 마음 하나에서 생긴 것이지만 미련한 사람은 그러한 생각을 못하여, 고혈압, 비만, 당뇨, 위암, 폐암, 간암, 각종 질병으로 고질적인 생활을 하고 있는 것입니다. 이런 사람이 얼굴이 검고 누른 중환자가 되어 왔기에 "나쁜 습관을 버리고 새 삶을 사십시오. 우선 담배를 끊고 술을 삼가고 채식을 하며 좋은 일만 하십시오."하였더니 열심히 법문을 듣고 독경하고 경청하여 병을 치료하게 된 것입니다. "현대 의학이 아무리 발달되었다지만 죽는 병은 아직 못 고치더군요. 가르쳐주신 대로 부처님의 가피를 받아 살았더니 그 속에 행복이 있었습니다" 하였다.

사실 옛 사람들은 약쑥이나 익모초 같은 값싼 약초를 달여서 먹으면 100가지 병도 고친다. '정신일도(精神一到)하면 하사불성(何事不成)이리요' 하지 않았습니까. 생사를 딱 떼어 놓고 주로 이 쓴 약을 복용하면서 佛展에 기도하였더니 모든 생활이 긍정적으로 돌아가 마음이 편안하였다고 합니다.

백 년 동안이나 탐하고 산 이 몸은 하루아침에 티끌되고, 삼일 동안에라도 닦은 마음은 천년의 보배된다.

하신 말씀입니다.

용화 지상천국 건설의 선언서

생각건데, 성현의 말씀은 거짓이 없는 것 같습니다. 미륵님은 일찍이 인간계에 탐, 진, 치의 삼독이 엷어지고 악 오탁, 三災의 찌꺼기가 정화 되고 十선공덕으로 온갖 죄악과 불평 불안, 원망의 어두운 그림자가 없고 평등 평화와 밝은 정복(淨福)으로 꾸며진 지상천국이 이룩될 때에, 이 인간에 강림하여 「용화불국」을 실현하리라고 약속하였으니, 천주교, 기독교나 불교, 기타 종교도 인류의 속죄를 위하여 지극한 회개와 참회, 잃어버린 인간성 복귀, 무너진 도덕성 재건운동으로써 「구세주」의 재림과 「미륵님」 맞이 할 준비를 해야 한다고 교시하였습니다.

이러한 교훈은 과연, 이 세기적 사명을 분명히 제시한 것이라 하겠습니다. 평화 건설의 장애물이 되는 삼적오역, 八난十악의 독소와 걸림돌을 제거하면 그대로 「지상천국」이 된 것이요, 「용화세계」가 된 것이기 때문입니다.

오늘의 역사적 현실을 살펴보면 과학, 기계, 문명 등의 발달은 천국 못지않은 만능적인 기능을 자랑하고 있습니다.

이런 것으로 보면 물질문명은 50%정도 지상천국이

이룩된 셈입니다.

그러나 과학, 기계, 물질문명이 불의 심판이나 三災의 겁난을 막아낼 수는 없습니다, 그 심판과 三災를 능히 소멸시키는 능력은 오직 앞에서 제시한 三적 五역 八난 十악을 몰아냄으로써만 가능하기 때문입니다.

야만적 침략과 야수적 행동, 독재주의, 반인간적, 반사회적, 반이성적, 반평화적, 반역성 등이 현재 날개를 펴는 한 참된 인간 사회는 건설될 수 없습니다.

十악은 살, 도, 음, 망, 양설, 악구, 기어, 탐, 진, 치, 입니다. 이 열가지 악업이 제거되지 않는 한 용화세계의 건설은 불가능합니다. 과학문명, 기계문명의 부작용으로 상실된 인간성 회복운동이며 오염된 인간 정신 정화 운동이며 이것이 바로 지상천국인 「용화세계」의 건설인 것이다. 아! 아 슬프고 개탄할 일입니다. 만물의 영장이라는 우리 인류가 지상에서 삶을 누려 온 지 수십 만억년의 시련을 쌓아 오늘에 이르기까지 물질적, 정신적 문화를 크게 개척하여 왔으나 인류 자체는 아직도 원색적, 야만적, 침략적 본능성이 인류 역사를 지배하고 있는 이상 참된 인간 본위의 평화세계, 도의세계인 지상천국은 실현할 수 없을 것입니다.

지금껏 거창한 말만 늘어놓았습니다. 제가 요즘 저의 침실에 솔방울만한 쥐가 들어 잠자리에 들면 심기가 불편하여 고양이를 한 마리 구해 기르는데 어찌나 순한지 보기만 하면 반갑다고 "야옹"하고 뒹굴곤 합니다. 그러자 쥐는 어느 덧 없어지고 새끼를 4마리나 밤새 낳아 잘 크고 있습니다. 또한 때가 되면 먹이를 주는데 어미와 새끼가 전혀 싸우지 않고 잘도 먹습니다. 개, 돼지는 서로 더 먹겠다고 으르렁대고 다투는데 고양이는 대, 소변도 가리고, 사람 이상으로 새끼 양육을 잘하는 것을 보고 느낀 바가 많습니다. 만물의 영장이라고 하는 사람들이 많이 배우고, 높이 쌓아 학벌이 좋아지면, 박사도 되고, 장관도 되고, 국회의원도 되고, 교수, 의사 등 많은 직장에 좋은 자리를 차지하여 주민에게 봉사하고, 호의호식하는 자도 많습니다. 그러나 요즘 보면 배운만큼 베풀어 사는 사람은 적고 갖가지 부정부패로 남을 괴롭히는 자도 많습니다. 그래서 종말이니 말세니 하는 종교들이 우후죽순처럼 나타나 떠들지만 그들 자신도 더 먹겠다고 아귀다툼을 하고 있으니 이래가지고 어떻게 세계평화가 올 수 있습니까? 부모 재산을 부당하게 넘보는 패륜아, 두 손 꼼짝하지 않고 앉아서 탐을 내는 재벌2세, 공금을 사사롭게 가사에 이용하고 외국 관광이나 하고, 밤낮없이 먹고 노는 사람들, 이 세상에 공짜가 어디 있겠습니까? 공짜를 얻으면 언젠가는 갚아야 할 부채이고 공금 횡령은 수백 배의 대가를 치러야 한다는 것을 명심해야 할 것입니다.

내 간곡하게 부탁하노니 우리 인류들은 두 눈을 똑바로 뜨고 크게 반성하여 그 원시성에서 탈피하여 四해동포의 대동 세계를 재빨리 건설하고 찬란한 문화사회, 윤택한 경재사회, 숭고한 도덕사회를 건설해야 할 것입니다.

온갖 부조리와 죄악의 어두운 그림자가 없어지고 이성의 光明과 淨福으로 장엄된 미륵님의 「용화세계」를 실현하여야 오늘을 사는 지성인이 될 것입니다. 실은 이 사업은 21세기의 고개를 넘기 전에 수행하여야 할 절대적 사명입니다.

2010.12.12

慈 道 光

용화세계 건설의 주역자

一, 삼적, 오역의 정화, 극복은 모든 정치가가 그 주역을 담당해야 한다.

二, 八란의 해재와 정화는 모든 과학자와 지성인이 그 주역자가 되어야 한다.

三, 인간복귀 十善운동은 종교와 일반 지성인이 그 주

역을 담당해야 한다.

용화세계건설의 三大 지표

一, 윤택한 경제사회

　자연, 자원, 한동력을 무제한 개발, 식생활 근본적
혁명 등으로 풍부하고 윤택한 경제사회를 이룩하자.

二, 숭고한 도의사회의 건설

　마비된 양심의 부활, 상실된 인간성 회복, 숭고한
도의사회를 건설해야 한다.

三, 찬란한 문화사회의 건설

　현재의 과학기계문명은 앞으로도 더욱 개발할 것이
고, 이에 정신문명개발에 박차를 더하여 물심양면으
로 균형잡힌 찬란한 문화사회를 건설해야 한다.

용화세계 건설 십선운동(종교적 분야)

　그러면 용화세계를 어떻게 구현할 것인가. 여기에 3
대 원리가 있다.

　첫째는, 밝은 佛性개발이니 참된 인간성의 회복이
다.

　중생과 부처는 천차만별한 차이를 가지고 있는 것

같으나 화엄경에 "인간이 곧 부처다"라 하였으니 중생의 마음을 깨달으면 곧 부처가 된다.

둘째는, 밝은 생활의 창조이니 이것이 십선이오, 생활의 혁신으로 참된 생활을 벌일 때 창조될 것이다.

① 죽이고 ② 빼앗고 ③ 간음하고 ④ 거짓말하고 ⑤ 이간질하고 ⑥ 꾸미는 말을 하고 ⑦ 악담설, 욕하고 ⑧ 탐내고 ⑨ 성내고 ⑩ 어리석은 짓 하던 사람이 ① 방생하고 ② 보시하고 ③ 청정을 행하고 ④ 참말만 하고 ⑤ 화합하는 말만 하고 ⑥ 바른말만 하고, 착한일 하고 ⑧ 불탐(不貪) ⑨ 불진(不嗔) ⑩ 사견을 갖지 아니하면 된다. 왜냐하면 10악을 저지르면 지옥, 아귀, 축생, 삼악도 세상에 되고, 10선도를 행하면 천상 인간, 극락의 세계가 되기 때문이다.

삼악도는 악인이 죽어서 가는 세가지의 괴로운 세계이다. 그러니까, 오늘과 같은 야수, 악귀, 축생의 도의 세계를 전환시키는 길이 곧 10선도의 실천운동이다.

「밝은 사회의 실현」의 요체는 첫째로 진정한 인도주에 입각하여 은혜를 알고, 은혜를 갚을 줄 아는 인간이 되는 것이요 배은, 망덕, 배신하는 것은 악귀나 축생이 되는 것이다.

부모의 은혜, 스승의 은혜, 국가의 은혜, 사회의 은혜 이 네 가지 은혜를 알고 그 은혜를 보답할 줄 아는 것이 밝은 사회를 건설하는 기초적 조건인 것이다.

셋째, 밝은 사회의 실현은 참된 사회의 건설이다.

이것은 한두 사람의 힘으로 이루어지는 것이 아니라 우리 모두의 힘이 모여져야 하기 때문에 승가사회(僧伽社會)의 보은행(報恩行)에 비견된다.

① 부모의 은혜, 어버이 은덕 망극하니 지성껏 보답하자. 정법(正法)으로 인도한다. 부모의 사업 및 유지를 계승해야 효자니라.

② 스승의 은혜, 스승 은덕 지중하니 받들어 모셔라. 가르침 준행하여 존경하고 스스로 좋은 인재되어 덕업을 선양한다.

③ 국가의 은혜, 국가의 은덕 충성 다해 보답하라. 나라 없이 살 수 없다. 큰집이 나라이니 흙 한줌도 사랑하자. 충성 다하여 보국하자.

④ 사회의 은혜, 사회은덕 지대하니 상부상조 하면서 살자. 친구를 사귀되 주는 마음으로 대한다. 사랑스런 말만 한다. 이타정신으로 살자, 남을 도와주는 마음으로 봉사한다. 모든 존재를 내 몸, 내 가족, 내 국가처럼 사랑한다. 이렇게 하면, ① 참된 인격 가치가 구현될 것이고, ② 참된 생활의 가치의가 창조된 것이며, ③ 참된 이상 사회가 실현될 것이다.

3대 용화세계의 구현은, ① 10악성이 본래 공(空)한 이치를 깨달아 자성(自性)을 비추어 보면 밝은 불성이 개발된다. ② 10선도를 실천하고 밟아 나가는 곳에 밝은 생활이 창조된다. ③ 10선 운동을 대중화, 국민화하므로 지상천국(地上天國)인 용화세계가 실현이 된다.

[용화세계]란 어떤 것인가?

그러면, 용화세계란 도대체 어떠한 세계인가.

[용화세계]라 함은 장차 「미륵불」이 이 지상에 출현할 적에 이 세계는 오늘과 같은 대립, 알력, 살상, 전쟁의 야수성이 없고, 4해 동포 세계일가의 대등 낙원이 건설되며 인권평등, 경제평등, 사상통일, 인격협동 등 찬란한 문화사회, 숭고한 도의사회 윤택한 경제사회가 실현되어 물질문명이나, 정신적으로 모든 부족함이 없는 정복(淨福)으로 꾸며진 이상 세계다.

이것이 우리 인류의 꿈인데 불교에서는 인류가 모든 나쁜 짓 않고 온갖 착한 일만 받들어 행하여, 10악을 정화하고 십선도를 실천하면 그 공덕으로 그런 좋은 세상이 이룩된다고 하였다.

그때에 「미륵님」이 출현하여 화림원 용화수(龍華樹) 아래에서 불도를 성취하여 중생을 제도하므로 그 세상을 「용화세계」라 한다.

미륵부처님의 교훈

"마음으로 나쁜 짓 말고 몸으로 살도 음행 범하지 마라! 身, 口, 意 나쁜 짓 여의는 이는 재빨리 생사고해 건너 뛰리라"

[해동 성자 원효대사의 아들 설총은 (미래예언) 비결서]에 「미륵불은 조선 말기에 출세하신다. 금강산에 새 기운이 서렸으니 청용백호가 굽이 굽이 응해 있도다. 일만 이천 도통 군자를 출세시킬 새 문명의 꽃이여! 서기가 넘치는 신령스런 봉우리에 그 운기가 새롭구나! 여자성씨로 뿌리를 두고 일이 이루어짐도 여자성씨에 있으니 이는 태초부터 우주정신으로 천도의 운수가 그렇게 이루어져 있는 까닭이니라.」하고, 또 간지 태전용화원에 삼십육궁개조은(艮支太田龍華圓三十六宮皆朝恩)이라 하였으니 간방땅(한반도)의 태전(대전)은 용화 낙원의 중심지임을 알겠다. 세계 만국이 그 은혜를 조회하리라. 태전은 후천 선경 문명의 중심지로, 우주문명의 중심지로서 우주문명의 수도가 들어설 곳이다. 백 년 후의 일을 백 년 전에 오시어 집행하시니 천지개벽으로 그 시초를 창조한다 하였다. 아! 슬프다. 도는 끊어지고 창생들은 모든 죄로 다 죽는다 하니, 배은망덕하고 의리가 없는 부도덕한 사회가 된 것

이다. 군, 사, 부의 도는 다 어디로 가고, 예절도 의리도 없어질 것이다. 그때가 되면 이 사실은 원효대사의 미륵경에 대한 주석서 즉,「미륵상생경종요」를 보면 자세히 알 수 있다. 일연대사의 삼국유사 탑과 불상, 제4의 기사에도 미륵불에 얽힌 설화가 나오고 있다. 미륵불은 도솔천 궁에서 5백억 천자를 주야로 설법하고 있다고 한다. 한양 말기에는 한반도 계류성에 태어나 수범마와 범마월을 각각 부모로 하여 이 세상에 탄생하여 미륵이라 이름하고 그 즉시 出家하여 화림원 용화수 아래에서 성도한다고 하였다. 중생들의 50%가 10선공덕이 이루어지면 나머지 50%를 미륵불이 출현하여 용화세계로 완성한다 하였다. 전라북도 금산사의 첫 번째 법회에서 96억 중생을 제도하고, 두 번째 법회에서 강원도 금강산 발현사에서 94억 중생을 제도하고 세 번째 법회에서 충청북도 속리산 법주사에서 92억 중생을 제도하여 모든 중생들이 더 이상 배울 것 없는 아라한의 경지에 이른다고 하였다.

또한 그때의 수명은 8만4천세에 이르고 남녀가 5백세가 되면 결혼한다고 기록되어 있다. 따라서 사람들의 마음도 다 어질고 복스러워 모두가 화합하게 되니 天國에서 사는 것과 같다고 하였다.

그것은「미륵하생경」「미륵성불경」에 다음과 같이

나온다. '아난아' 다음 세상에 이 나라에 계두성이 있으니 동서가 12유순, 남북이 7유순(80리)이니 깨끗하게 장엄되고 복덕 있는 인민이 충만하며 모든 것이 충만하며 모든 것이 풍부하고 안락하느니라.

그때에, 염부제(지구) 안에 곡식이 풍부하고 인민이 번성하며 모든 보물이 많고 촌락이 서로 잇달아서 닭의 울음이 서로 들리며 대소변 등 부정한 물건이 절로 소멸되며 맛있고 향기로운 특수한 과일나무가 땅 위에 무성하니라. 그때에는 비와 바람이 때를 맞추어 사시의 기후가 조화되며 사람의 마음과 몸에 108의 번뇌와 질병이 없고 탐, 진, 치의 어리석은 마음이 맑아지고 인심이 조화되어 뜻이 같으므로 서로 보면 기뻐하고 즐거워서 좋은 말로 서로 주고 받아 상충되지 않느니라. 금, 은, 보화, 자개, 마노, 진주, 호박의 칠보가 땅에 흩어져 있어도 사람들이 탐내어 가져가지 않아 사람들이 차고 밟고 다녀도 주워가는 사람이 없어 옛적 사바세계 사람들은 이런 물건을 가지고 서로 가지기 위해 서로 죽이고 해치며 감옥에 가서 무수한 고통을 받았다는데 지금은 이 보배가 돌, 자갈과 같아서 사람들이 특히 보호하려 함이 없다고 하니라.

그때에, 염부제에 양커라는 성왕(聖王)이 출현하여 정법으로 백성을 다스리는데 공중을 나는 비행접시와

도 같은데 모든 염부제안을 진압하는데 무기를 쓰지 않고 다 정복하여 온 천하를 하나로 통일하느니라.

그때에 큰 보배 광이 개발되는데 그 보배로써 베풀어 모든 빈곤자를 없애느니라. 그리고 명부제의 자연수에서 옷감이 나는데 매우 좋고 부드러워 그것으로 옷을 입으리라. 그때에 미륵보살이 도솔천으로부터 강신하여 탄생하니 32상과 80종호의 미묘한 모습이 풍족하리라.

부친은 "수범마"며 모친은 "범마월"이다. 이름은 "미륵"이라 하리라.

미륵은 오래지 않아 출가하여 계두성 멀지 않은 곳에 도수(道樹)가 있으니 이름을 용화(龍華)라 하니라.

미륵보살의 성불 내용을 풀이해 보면

첫째, 미륵부처님이 출현하는 나라의 수도는 「계두성」이라 하였다. 그리고 그때 동해안 고성 금강산에서부터 흡곡 통천에 이르는 해안선, 앞바다 물이 후퇴하고 바닷속에 감춰졌던 금강산 일곱이 더 나타나는데 지금 통천 총석정과 같은 육각석은 다 미륵님의 설법전을 지을 기둥감이라고 하였다.

둘째, 「대, 소변 등 부정한 물건이 소멸된다.」 함은 지금과 같이 오염된 물, 매연, 혼탁한 공기, 악취 등 위생이 해로운 공해 오염을 과학적 방법으로 정화하게 한다는 뜻이다.

셋째, 「달고 아름답고 향기로운 과일나무가 무성하다.」 함은 장차는 우리 국토의 산과 들을 개발하여 질 좋은 과수원 유실수로 개조해서 천도복숭아와 같은 질 좋은 과일을 생산한다는 뜻이다.

넷째, 「사람의 몸에 108번뇌와 질병이 없고 탐, 진, 치, 심이 없고 맑아진다.」 함은 지금보다 몇 백배나 발달된 위생학 건강술로 신체의 모든 병을 소멸하고 정치, 경제가 더욱 발달되어 물질적 정신적으로 다 만족하게 됨으로 탐, 진, 치가 정화되고 인심이 조화되어 서로 사랑하고 서로 기뻐하며 서로의 다툼이 없어진다는 것이다. 옛 말에 인인성불(人人成佛)하고 가가선학(家家仙學)한다는 내용이 있다.

다섯째, 「금, 은, 칠보가 땅에 흩어지더라도 사람들이 탐내지 않는다.」 함은 그때에는 지금과 같이 가치 표준을 금, 은, 보석과 같은 물질에 두지 않고 인간의 이성, 양심에 근거를 둔 도덕적 참된 행위와 높은 교양을 지닌 인격 또는 불 보리를 구하는 것을 가장 큰 즐거움으로 삼기 때문에 금, 은, 칠보 등을 큰 보배라 해 욕심내어 사고가 나는 일이 없다는 것이다.

여섯째, 「양커라는 성황이 나타나 正法으로 백성을 다스리며 윤보(輪寶)로 온 천하를 통일한다.」는 것은 세계통일정부를 건립하고 참된 평화세계를 실현하는 중요한 과업이다.

「양커왕」은 분명히 한국에서 나온다고 믿는데 현재도 유엔 사무총장이 한국에서 나와 있지 않은가.

일곱째, 「의식이 족하면 예를 갖춘다.」한 것은 양커왕이 正法으로 天下를 통일시키고 공정하고 부조리 없는 정법으로 정치를 펴서 신비한 위력으로 공중을 날며 민주, 공산의 대립이 없어지고 평화세계가 된다는 뜻이다.

여덟째, 「태양, 공기, 바람, 바다, 물, 빛, 지하자원을 무한히 개발하여 자원이 풍부한 모두의 부자가 된다.」고 한 것은 환경 정화를 말한다.

아홉째, 이렇게 물질문명이 발달하여 물질적이나 정신적으로 모든 결함이 없이 풍부하고 건전하며 공해 오염도 없고 또한 평화통일의 세계정부가 건설되며 무진장이 자원을 개발하여 풍요롭고, 안락한 세상이 될 때 미륵님이 강림하신다고 하였다.

이것이 미륵님과 용화세계와의 인연을 말함이다.

미륵불이 출현하여 삼 회 설법하는데 제1회에 전북 금산사에서 96억, 제2회 설법에서 94억을 법주사에,

제3회 설법에 강원도 발현사에서 92억 중생을 제도한다고 하였으니, 이는 미륵대성불경의 말씀에 '미륵불국은 온갖 죄악과 아첨과 거짓이 없고 보시, 숭상, 지계, 지혜, 바라밀의 깨끗한 공덕으로 성취되었느니라' 모든 중생이 유순하고 착한 마음으로 미륵님을 친견코자 하면 미륵님이 자비심으로 그들을 감싸 안아 그 나라에 나게 되며 모든 버릇이 다 조복되어 부처님의 교화를 따르게 되느니라.

그 나라에는 원수와 도둑이 침략하는 일이 없고 수재 화재와 전쟁과 굶주림 독해가 없고 사람들은 항상 마음으로 서로 공경하고 화순하며 몸의 눈, 귀, 코, 입 등이 조화되어 자식이 부모를 공경하듯 부모가 자식을 사랑하고 말이 겸손하나니 미륵님이 사랑하는 마음으로 가르치고 인도하여 생명을 해치지 않는 계를 지니며 고기를 먹지 않는 인연으로 그 나라에 나는 자는 모든 기관이 고온하고 용모가 단정하며, 위의가 구족하기가 하늘의 옥동자와 같으니라.

계두성이 중심이 되어 男女老少가 비록 멀리 있더라도 부처님의 신력으로 서로 자유롭게 만날 수 있을 것이다. 그 나라 성, 읍, 촌락에 목욕장, 샘물과 하천, 못, 물이 절로 8 공덕수가 가득하며 공명조 등 아름다운 새가 미묘한 음성으로 노래하고 온갖 기이한 꽃들이 온 법계에 충만 하느니라."

　오늘 우리가 사는 현실세계와는 거리가 먼 상황을
많이 서술하였다.

　요컨대, 그 나라의 국토장엄과 인민들의 선양 인행
으로 복받는 일을 말한 것이다.

말하자면, 국토의 장엄에 있어서는

　① 그 국토 인민이 번영하고 모든 생활품이 풍족하고
　② 모든 보배가 땅에 흩어져도 다투어 가지지 않는다.
　③ 나무에서 옷감이 절로 생긴다.
　④ 평탄하고 유리처럼 깨끗하다.
　⑤ 인민의 성과 마을에 기이한 짐승이 자유롭게 난다
　⑥ 땅이 평탄하여 공해가 없고 윤택하고 청결하다.
　⑦ 인민이 사는 곳마다 밝은 전등과 같이 밝다.
　⑧ 모든 아름다운 꽃과 과일이 풍족하다.
　⑨ 모든 동산 숲이며 8공덕수가 풍족하다.
　⑩ 온갖 새들이 미묘한 노래를 부른다.
　⑪ 수재, 화재, 병란, 도둑, 질병 등의 재난이 없다.
다음, 그 나라에 나는 인민의 복덕을 보면
　① 큰 선근과 자비심을 심고 닦으므로 그 나라에 산다 .
　② 지혜, 위덕, 오욕의 쾌락이 구족하다.

③ 모든 병이 없고 일체의 고뇌가 없다.

④ 다만 음식, 대·소변, 노쇠가 있다.

⑤ 먼 데 있어도 서로 보게 된다.

⑥ 서로 사랑하여 모든 인민이 부모와 같다.

⑦ 모든 몸의 육근이 구족하고 용모가 단정하다.

⑧ 노쇠하면 산수에 앉아 염불하다 숨을 거둔다.

⑨ 사후에는 범천이나 부처님 앞에 태어난다.

그리고, 용화세계의 성취 인연을 보면

① 용화세계는 모든 고통과 재난의 어두운 그림자가 없고 오직 선근(善根)공덕으로 성취된다고 하였다.

② 석가불은 과거에 보살도를 행할 적에 오탁악세에 출현하여 간악하고 교화하기 어려운 중생을 제도함을 그 본원으로 삼았는데, 미륵보살은 모든 죄악과 고통, 전쟁이 없고 十善공덕으로 성취된 정복(淨福)의 세계에 출현할 것을 그 본원으로 하였기 때문이다.

그러므로 장아함 전륜성황경에 이 뒤에 세상 사람들이 十惡을 함께 지으므로 큰 재난이 일어난다.

큰 흉년, 큰 질병, 큰 병난의 이른바 삼재(三災)가 일어나서 인종이 거의 멸망하자 사람들은 다시 죄악을 뉘우치고 차츰 선업을 닦아 나중에는 十善業이 갖추어 성취된다.

이 十善 공덕으로 대지가 평탄하고 독한 맹수 등 사나운 중생이 없고 인민이 번영하고 오곡이 풍족하여 인민이 쾌락할 때에 부처님이 세상에 출현하리니 이름을 미륵이라 하였다.

그리고 「미륵소문경」에 미륵보살은 과거세에 보살도를 닦을 적에 원을 세우기를 만일 중생이 탐, 진, 치가 엷어지고 十善을 성취할 적에 내가 그 땅에 나가 최상의 정각을 이루리라 하였느니라.

아난아 그러므로, 당래세에 중생들이 탐, 진, 치가 엷어지고 十善을 성취할 적에 미륵보살이 출현하여 최상 정각을 이루리니 보살의 본원력에 말미암이니라. 하였고, 「현우경 바라밀 품」에 미래 세상에, 이 토지가 고르고 평탄하여 연한 풀이 하늘 옷과 같으며, 사람의 성품이 어질고 부드러우며 十善을 갖추리라. 그 때에, 바라문 집에서 한 아들을 낳으니, 이름을 「미륵」이라 하리라.

몸이 금빛이요 32상이 구족하여 80종호를 갖추고 집을 곧 떠나 용화수 밑에서 정각을 이루어 중생을 제도 하리라고 하였다. 그리고 미륵상생경에서는 도솔천에서 부사의 한 복덕을 누리는데 그것이 모두 십선공덕이며 십선을 닦은 이는 도솔천에 태어나서 미륵님의 제자가 되어 같이 염부제에 나리라 하였다.

그러므로 미륵님이 현재 계신다는 도솔천도 십선 공덕으로 성취되었고 미륵이 장차 강생할 용화세계도 십선 공덕으로 성취된다고 하였다.

우주생명의 발단
제5차 연기세계에서 본 [용화세계]

본래 시간과 공간을 초월한 만유의 본바탕인 본원실상(本源實相)에서 보면 세계도 없고 중생도 없으며 부처라고 할 것도 없는 것이다. 그러나 반드시 그렇게 되지 않을 수 없는 필의 인연 법칙에 의하여 우주 만유의 세계가 사차원적(四次元的) 연기(緣起)법칙으로 설명하게 되었으니 그 제 1차적으로 연기된 것이 무기체적(無技體的) 광물의 세계이다.

우리 지구를 비롯한 달세계 태양계, 수도 없는 별의 세계는 다 같이 광물질로 구성된 세계이다.

그러한 광물로 된 세계가 전개된 뒤에 생명체가 생존할 수 있는 인연의 조건이 갖추게 되면 유기적인 생명체가 전개된다. 우리 지구에도 몇 억 년 전 식물과 동물이 생성된 것이 그렇게 하여 생긴 것이다. 이것을 제2차적 생명계의 연기라고 한다.

다음 그 생명계가 한량없는 시련을 거쳐서 비로소 우리 인간계가 되었다. 인류는 다른 생명체와 같은 생존본능(生存本能)과 생식(生殖)본능 이외에도, 이지의 탐조력(理智의 探照力)과, 이상의 창조력이라는 위대한 생명력을 지니고 있었다.

그 양대 생명력은 다른 생명계에서 볼 수 없는 온갖 학술, 예술, 종교, 도덕, 기술, 기계 문화의 세계를 창조해 왔다. 이것을 우주에 있어서 제 3차적 연기 세계라고 한다. 같은 생명 위에서 이지(理智)의 자각력과 이상의 창조력을 지닌 것이 그 존재의 특징이다.

다음에 우리 인간계 위에서 그 이지의 자각력과 이상의 창조력을 최대한 발휘하여 우주, 인생의 근본 원리와 생명계와 정신계의 비밀을 남김없이 사무쳐 보고 깨달은 것을 「보디 Bodhe」라 한다. 모든 번뇌를 다 정화(靜化)하고, 나고 죽음의 피안에 도달한 이를 불타(佛陀), 곧 지정각 세계라고 한다. 이 지정각 세계는 우리 인간계에서 또 한층 높이 승화된 제 四차원적인 연기 세계이다. 오탁(번뇌탁, 겁탁, 견탁, 중생탁, 수명탁)과 十惡이 충만하여 세계가 오염된 사바세계이다.

그러므로 석가세존은 갖가지 인연을 비유 백천방편으로 사랑스런 어머니가 이런 자식을 대하듯이 때로는 엄한 스승이 불순한 제자를 다스리듯이, 「석가세존」은 본디 5탁을 다스리기 위하여 8만 4천의 교화문을 열어 놓았던 것이다.

불의 심판과 3재의 겁난이 인류 최악의 과보라면 구세주의 재림이나 미륵님의 출현은 자비로운 구원의 손길일 것이다.

예수님이나 석가님 같은 성자는 우리 인류를 죄악과 재난에서 구원하는데 그 사명이 있는 것이고 필연적인 인과응보를 바라만 보고 있다는 것은 있을 수 없는 일이다.

그런 때문에 예수교도들은 구세주의 재림을 소리쳐 외치고 불교도들은 미륵님의 출현을 목말라 기다리고 있는 것이다. 주님이시여, 죄 많은 인류를 구원하기 위하여 하루바삐 이 지상에 재림하소서"하고 기도할 것이고, "미륵님이시여, 지상천국인 용화세계의 교주로서 하루바삐 이 세상에 출현하소서"하고 외치고 있는 것이다.

불의 심판과 재난이 필연의 과보라면 어떻게 하던지 그 심판과 재난에서 벗어나려 하는 것이 우리 인류의 당연한 요청인 것이다. 여기에서 오늘 우리 인류의 세기적 사명은 이 필연의 인과를 당연의 이상에로 변화 전환시키는 목적이 있다. 그것이 바로 제5차 연기의 지상천국인 미륵님의 용화세계인 것이다.

제5차 연기의 용화세계는 꼭 실현되리라는 것을 확신한다. 필연적인 인과법칙으로 보면 불의 심판이라거나 3재의 겁난을 피할 수 없는 숙명이라고 보겠다.

세계적 숙명으로 대립된 민주, 공산 양대 진영은 이미 준비된 핵무기와 미사일 장치가 일촉즉발로 전 인류의 종말을 선고할 불의 심판이 그 기회만을 노리고 있다.

한편, 인구 팽창, 자연자원 고갈, 동식물 감면, 식량 결핍, 대량 아사, 공해, 환경오염 등, 이 현상태로 간다면 머지않아 큰 기근, 아사, 질병과 아울러 인류 멸종을 뜻하는 제3 팔난이 덮치고 말 것이다.

먼저 증언한 바와 같이 필연적인 인과의 힘이 더 강하다면 인류의 종말이 오고 말 것이고, 당연의 요청이 더 강하다면 지상천국(용화세계)은 실현될 것이다.

인간성 회복과 10선 운동

인류의 존재성 가치성을 규정하고 각자 타고난 인성과 양심의 명령에 따르는 행위를 한다는 것을 그 기본 골자로 하여야 한다. 이렇게 천부의 이성과 양식을 기본으로 한 인간의 존엄성 가치성을 확인하고 몸으로 살·도·음, 3악, 입으로 망어·양설·악구·기어, 4악, 마음으로 탐·진·치, 3독을 정화하는 운동원을 전개하여 나가는 것을 일반 지성인 종교인에게 부여된 세기적 절대한 사명임을 자각하고 그의 실천을 위하여 다음과 같이 미륵신앙과 10선 운동을 구체적으로 설명하고자 한다.

미륵존불[彌勒尊佛]

미륵님은 과연 어떤 분인가?

신라시대 대성 원효대사께서 지은 「미륵상생경 종요」에는 다음과 같이 기록되어 있다.

미륵보살의 수행과정의 멀고 가까움을 헤아릴 수가 없고 그 무량겁으로 쌓아온 자비, 복덕, 지혜, 원력의 깊고 옅은 한계를 측량할 수 없다. 그 수행과정은 비할 데도 없고 또한 마지막도 없으며, 그 공덕은 천지가 능히 실을 수 없고, 우주가 능히 용납할 수 없다.

미륵보살은 우리 사바세계에 1천분 부처님 출현하시는 가운데 제5위 여래에 해당된다고 하였다.

그러나 원효대사는 여러 경전에 나타난 미륵님에 대한 말씀을 모아서 수행과정과 그 공덕을 자세히 천명하였다.

「미륵이라고 하는 이름은 범어로 「마이트레이야」인데 한자로는 「彌勒」이라 음역하였고 그 뜻으로는 「자씨 곧, 자비한 어머니」라는 뜻으로 이해한다.

석가불의 후불인 보처보살로서 욕계 제 4천인 도솔타천에 계시며 다음 우리 인간계에 출현하여 성불하면 미륵불과 미륵존여래불 응공 정변지 등 10호를 구족하여 3회 설법으로 모든 인연 있는 중생을 제도한다고 하였다.

모든 불보살은 발심 수행할 때 서원은 각기 다르다.

문수보살은 모든 중생에게 지혜의 눈을 뜨게 하려는 원을 세웠고, 보현보살은 법계 중생을 다 제도하는 것을 원으로 삼았고, 관세음보살은 모든 중생을 고난에서 건져내어 불도를 성취케 함을 원으로 하였고, 지장보살은 지옥 중생을 다 제도하기를 원으로 세웠다.

그런데 석가세존과 미륵보살도 본래 원이 다르다.

곧, 석가 세존은 오탁악세에 출현하시여 죄악 많은

중생을 제도하리라 발원하였고, 미륵 보살은 10선업이 성취된 세계에 출현하기를 발원하였으므로 용화세계는 10선공덕으로 성취된다고 하였다.

「대보적경(大寶積經)미륵소문경」에 이르기를 "아난아, 미륵보살은 과거에 보살도를 닦을 적에 원을 세우기를 만인 중생이 탐·진·치가 엷어지고 10선을 성취할 적에 내가 그때에 최상의 정각을 이룩하리라 하였느니라." "아난아, 그러므로 당래세에 중생들이 탐·진·치가 엷어지고 十善을 성취할 적에 미륵보살이 그 나라에 탄생하여 최상의 正覺을 이루리니 보살의 본원력으로 말미암이니라."

아난아, 나는 과거에 보살도를 닦을 적에 이런 원을 세웠느니라. 오, 탁, 악세에 탐·진·치의 법이 두텁고 중생들이 부모에 불효하고 사장(師長)에게 불경하여 권속이 서로 불화할 적에 내가 그 때에 최상 정각을 이룩하리라 하였느니라.

그러므로 내가 이제 성중이나 마을에 들어가면 나를 비방하고 욕하는 자가 있고 여러 외도들이 모여 삿된 이론을 하며 성에 들어가서 탁발할 적에 혹 여인이 나를 비방하고 독약을 탄 음식을 주기도 하리라.

이것이 다 내 본원력인 까닭에 나는 이러한 사나운 중생을 위하여 대비심을 일으켜 설법하느니라"

이것이 미륵님의 본원이다.

석가세존의 제자 미륵보살

석가세존 당시의 미륵보살의 관계를 살펴보면 다음과 같다.

「현우경」 12권에 이르기를 바라나국 바라마달의 재상이 한 아들을 두었는데 32이상을 갖추었으며 몸빛이 붉은 금빛으로 용모와 거동이 특이 하였다. 그 어머니가 그를 임신한 이래 본래 사납던 성질이 일변하여 고난에 빠진 사람들을 불쌍히 여기며 여러 사람에 은혜를 베풀어 줌으로 아기를 낳은 뒤에 「미륵」이라 이름하였다. 국왕이 그 소식을 듣고 장차 자기의 왕위를 빼앗길까 염려하여 그 아기를 해치려 하므로 멀리 바리불타라국에 있는 그 외삼촌(바바리)에게 보내어 보호하고 경서를 가르치게 했다.

뒤에 부처님이 왕사성 영축산에 계시다는 말씀을 듣고 미륵 등 16제자를 보내어 부처님 계신 데 나아가서 부처님의 32상 80종호와 거룩한 위덕 자재한 신력에 감복되어 또한 법을 물어 깨닫고 부처님의 제자가 되었다. 미륵의 외삼촌 바바리도 그 소식을 듣고 부처님께 와서 예배하고 제3의 아라한과를 얻었다고 하였다.

그리고 60권 화엄경에는 미륵님의 설법 가운데 "나는 염부제 남쪽 마라국 안 구데촌 바라문 집에 나서 중생의 근기에 응하여 시현하고 교화하였느니라"고 하였으며 「슈타니파타서사」에는 바바리가 남방 아카라 가까운 곳 고다바리 하수가에 머물렀기 때문에 미륵도 스승 따라 남방으로 갔다고 기록되어 있다.

그리고 「미륵상생경」에는 미륵보살이 12년 후에 도솔천에 상생 한다는 인연을 자세히 설명 하고 있다.

용화교주, 미륵존불

미륵불이 석가불의 뒤를 이어 인간에 강생하여 용화수 아래에서 성불한다는 이야기는 미륵상생경, 성불경, 하생경, 삼부경 등에 널리 말씀하셨다.

현겁경, 천불명호 품에 (1)구추손불, (2)구나 함모니불, (3)가섭불, (4)석가불, (5)미륵불, (6)사자염불, 889 인사자불, 999유명칭불, 1000특지불의 천불명호를 열거하였고, 현재 「현겁천불명경」에는 나무구나제불, 나무구나함모니불, 나무가섭불, 나무석가모니불, 나무미륵불, 나무사자불……, 나무무욕탁불, 나무루지불로 되었고 동본이역의 (현재현겁 천불명호경)에도 대강 같은 명호로 쓰고 있다.

「중아함경」 13권에 미래 세상에 전륜왕이 출현하리니, 그때에 미륵여래가 출현하여 법을 설하고 무량 중생을 제도하리라 하자 제자 아사다는 제가 그때에, 전륜성왕이 되겠다고 발원하였다. 이때, 부처님은 그것을 칭찬하시고 금실로 짠 법복을 주시면서 장차 성불할 것을 수기하셨다. 여기에서 아사다는 전륜왕을 발원하고 미륵님은 미래성불을 발원하고 아사다와 미륵이 본래 두 사람인데 후세에는 아사다를 미륵님의 자(字)라 써놓은 경전도 있다.

「미륵상생경」에는 우바리 비구가 부처님께 아뢰옵기를 "세존이시여 일찍이 율장(律藏)과 경장(經藏) 가운데서 아일다 미륵의 별명으로 다음에 부처가 된다고 하시니 장차 어느 곳에 나오리까?"하고 묻자 부처님은 우바리에게 고하였다. "자세히 듣고 잘 생각하여라. 여래가 이제 이 대중 가운데서 미륵보살 마하살의 아욕다라 삼막삼보리를 설하여라, 성불을 증언하리라. 이 사람은 금후 12년 후에 목숨을 마치고 도솔타천에 왕생하리라. 그 때에 도솔천상에 5백억 천자가 있으니 다들 깊은 보시 바라밀을 닦아서 일생보처보살을 공양하기 위하여 하늘의 복력으로 궁전을 조작하리라"하고 널리 설하였다.

미륵보살이 도솔천에 상생하면 그 복덕이 불가사의

한데 그것은 일생 보처보살의 과보이며 十善과보 라고 하였다,

일생보살이라 함은 이 최후 일생의 보살로서 부처님의 후보자가 되어 다음에는 성불한다는 뜻이다. 이와 같이 다음 세상에 염부제에 강림하여 성불한다는 내력을 자세히 기록한 것이다.

미륵불 출현의 시한

그러면 미륵부처님은 언제 태어난 것인가.

56억 7천만년 설이 있고,

5억 칠십 6만년 설이 있으며,

인수 8만세 설이 있고,

인수 8만 4천세 설이 있다.

여러 가지 설이 무성하니 확정 지을 수는 없다.

56억 7천만년 설은 천상 사람의 수명 설을 기준으로 한 것이니 이른바 인간 400년이 도솔천 1주야로 하여 2,30일을 1월 2월을 1년으로 하면 도솔천의 1년은, 인간의 113,000년이 된다. 2,4천년이 도솔천 수명 이라고 한다. 114,000*4,000=576천만년이 된다.

그러므로 선 세계의 세월로 3천년이 되는 셈이다.

미륵님 출현의 참뜻

「장아함경전륜성왕경」에서 "전륜성왕은 十善 도로서 천하를 교화하므로 인민이 복덕을 누리어 장수 안락한다"

10악이 늘어나면 복덕이 줄어들고 수명이 짧아진다 하고 자세히 설명하고 10선이 중장되는 시대와 십악이 늘어가는 시대의 과보를 구체적으로 풀이 하였다. 사람의 수명이 4만세, 2만세, 5천세, 내지 100세, 10세 등으로 표현하게 됐다. 그리고 끝으로 "너희들은 마땅히 부지런히 선행을 닦아라, 선행을 닦으므로 수명이 연장되고 안색이 좋아지며 안도하고 쾌락하며 재물과 보배가 풍부하고 위력이 구족하리라" 하였다. 이 전륜왕 경의 뜻으로 보면 10악이 가득한 세상에는 미륵님이 오고 싶어도 올 수가 없고, 10선으로 꾸며진 세계에는 미륵님이 오지 말라 해도 오게 된다는 것이다.

그러므로 미륵님이 이 세상에 빨리 오시게 하는 길은 10선도를 널리 펴서 모든 중생이 10악의 어두운 구렁에서 벗어나 十선의 밝은 길을 실천할 때에 이 지상은 그대로 천국이요, 그대로 미륵님의 용화세계가 실현 될 것이다.

도솔왕생 신앙

「미륵상생 도솔타천경」에 도솔천의 한량없는 복덕 장엄과 미묘한 쾌락이 하늘 가운데 제일임을 찬양한 뒤에 내가 열반에 든 뒤에 나의 모든 제자가 부지런히 정진하여 모든 공덕을 닦으며 율의 율법을 잘 지키고 향과 꽃으로 공양하며 선정을 닦고 경전을 독송하며 부처님 형상을 생각하고 미륵님 명호를 염원하며 8재계를 받아 지니며 모든 정업(淨業)을 닦고 넓은 서원을 발원하면 목숨을 마친 뒤에 잠깐 동안에 도솔타천에 왕생하여 연꽃 위에 가부좌하면 백, 천, 천자가 하늘 기악을 지으며 하늘 꽃으로 그 위에 흐르면서 칭찬하기를, "착하다 선남자여 네가 염부제에서 널리 복업을 닦아서 이곳에 와서 났도다. 이곳 천주는 미륵이니 마땅히 귀의 할 지니라. 그 소리를 예전 예배하고 미륵님의 눈썹 사이에 흰 터럭 상호 광명을 관찰하면 곧 90억 겁 생사 죄를 초월하느니라. 보살을 위하여 설법하니 그로 하여 최상의 도에 물러나지 않게 하느니라.

우바리여 여래가 열반한 뒤에 비구, 비구니, 우바세, 우바이, 천, 룡, 8부, 모든 대중이 미륵보살의 명호를 얻어 들고 기뻐하며 공경 예배하면 이 사람은 목숨을 마치면 잠깐 사이에 곧 왕생하게 되리라" 이와 같이 널리 말씀 하셨다. 이것이 도솔천, 곧 미륵정토의 신앙이다.

미래불 신앙

　「상생경」에 미래불로서의 신앙에 대하여 "우바리
여 이 미륵보살이 미래세에 마땅히 중생의 큰 귀의처
가 되리라. 만일 미륵보살에 귀의하면 이 사람은 최상
의 도에 불화전을 얻을 것이며 미륵보살이 성불할 적
에 부처님의 광명을 보고 곧 수기를 얻게 되느니라"하
셨고「미륵하생경」에는 그때에 미륵불이 대중에게 이
르기를, "이 대중 가운데에 석가세존 제자로서 지나
간 세상에 깨끗한 계행을 닦은 인연으로 나의 처소에
서 태어난 이도 있고, 석가불 앞에서 그 교법을 받들
어 지닌 인연과 10선을 지닌 인연으로 나의 처소에 태
어난 이도 있고, 혹은 석가불 앞에서 삼보를 공양한 인
연으로 나의 처소에 태어난 이도 있고, 석가불 앞에서
잠깐 동안이나마 착한 일을 닦은 인연으로 나의 처소
에 태어난 이도 있으며, 혹은 석가불 앞에서 4등심(四
等心)을 닦아 행한 인연으로 나의 처소에 태어난 이도
있고, 혹은 5계 3계를 받아 지닌 인연으로 나의 처소에
태어난 이도 있으며, 혹은 석가불 교법 시에 절을 세우
고 탑을 조성하며 절을 잘 보수한 인연으로 나의 처소
에 태어난 이도 있느니라" 하고 널리 미륵불 용화세계
에 태어난 인연을 말씀하셨다.

또, 「미륵대성불경」에는 미륵불이 대자 대비심으로 대중에 말하기를, "너희들이 이제 천상의 낙을 위함이 아니며 또, 금세의 낙을 위하여 나의 처소에 난 것이 아니요, 다만 열반의 상락에 인연을 취함이니라. 이 모든 사람은 다 불법 가운데 선근 종자를 심은 연고로 석가불이 오탁악세에 출현하시여 갖가지로 나무라시며 너희들을 위하여 설법하시고 깊은 인연을 심게 하셨으므로 이에 나를 얻어 보고 나의 교화를 받게 되었느니라. 혹은 괴로운 중생을 위하여 자비심을 내어 몸으로 대신 받으며 혹은 계를 지니고 욕심을 참으며 선정 지혜를 닦은 공덕으로 나의 처소에 와서 났느니라. 혹은 빈곤하고 고독하며 곤액을 당했거나 8난업을 지어 큰 고통을 받는 자를 구제하여 그 곤액에서 벗어나게 한 공덕으로 너의 처소에 나와 나게 되었느니라.

석가불이 능히 오탁악세에 이러한 백, 천, 만, 억, 사나운 중생을 교화하여 선근을 닦게 함으로 이제 나의 처소에 태어나서 제도를 받게 되었느니라"라고 널리 석가불의 공덕을 찬양하였다. 또, 이르기를 "제1회 설법을 듣고 96억 인이 번뇌가 다하여 아라한의 3명6통, 8해탈을 얻으며, 제2회 설법에 94억인이 아라한과를 얻으며, 제3회 설법에 92억 인이 아라한도를 성취하느니라." 이것이 미륵불 용화세계의 3회에 참예하게 된다는 신앙이다.

미륵불 공덕 신앙

원효대사가 미륵보살의 부사의한 공덕을 찬양한 것과 같이 미륵보살은 무량한 자비, 지혜, 공덕을 성취하였으므로 미륵님에게 귀의, 예경, 공양, 참회, 발원하면 무량한 죄업이 소멸되고 무량한 복덕을 성취한다고 하였다.

「미륵상생경」에 "미륵님의 미간 백호상의 광명을 관찰하면 90억겁의 생사 죄업을 초월하여 보살의 법을 듣고 최상의 도심에 물러나지 않느니라" 하셨고 또 이르기를 "만일, 선 남자 선 여인이 모든 계율을 범하고 온갖 악업을 지었더라도 보살의 대비명호를 듣고 오체를 땅에 펴서 성심으로 참회하면 모든 죄업이 속히 밝아지고 미래세에 모든 중생이 이 보살의 대비명호를 듣고 보살 동상을 조성하여 모시고 향, 화와 의복을 당번으로 공양하며 예배하고 생각하면 목숨이 마칠 때에 미륵님이 미간 백호의 광명을 놓아 모든 천자와 함께 와서 맞이하여 이 사람이 잠깐 동안에 곧 왕생하여 바로 무상도에 불퇴전을 얻게 되느니라" 하고 또, 이르기를 "만일 한 생각 동안이라도 미륵명호를 부르면 이 사람은 1,200 생사의 죄를 소멸하며, 미륵님의 명호를 듣고 합장 공경하면 50겁 생사의 죄를 소멸하며 만일 예경 참회하면 100억겁의 생사 죄를 소멸 하리라. 설사 하늘에 나지 못한다 할지라도 미래 용화수 아래에서 미륵님을 만나 무상 보리심을 발하게 되리라"

미륵님은 무량한 복덕, 자비, 지혜의 위신력이 있으므로 귀의, 예경, 공양, 참회, 발원하면 그러한 공덕을 성취한다는 것이다.

미륵신앙과 평화 사상

미륵신앙에 또 한 가지의 특징은 평화사상이다. 현우경에서 말한 바와 같이 불사불 시대에 달마유지 라는 전륜성왕이 이웃 바세기왕을 정벌하러 갔다가 자심삼매의 광명을 보고 발심하여 스스로 자심삼매를 닦아 익힌 뒤로「慈氏(자씨)」라는 이름을 얻게 되었다.

그 뒤로 언제나 자비공덕을 닦았으므로 진실을 일으키거나 원한을 맺고 시비나, 쟁론, 전쟁을 하는 일을 큰 금물로 하여 왔으므로 五탁악세에는 태어나기 조차 하지 않고 10선 공덕이 성취된 세상에 나기를 발원한 것도 절대적인 자비주의요 평화주의이다. 그러므로 자씨라는 명호 자체가 오직 일체 중생을 사랑하고 덮어

주는 것을 그 지상 사명으로 하고 불평, 불만, 대립, 전쟁 같은 것은 당초에 용납하지 않았던 것이 미륵 사상의 특징인 것이다.

그러므로 그 자비의 공덕은 평화사상을 상징한 것이며 미륵불상은 언제나 자비롭고 원만한 평화의 상징이어야 되는 것이다.

우리 민족과 미륵신앙

우리의 조상은 하늘나라에서 환웅천왕(桓雄天王)이라는 이름으로 우리 인간 태백산(太伯山) 신단수(神壇樹) 아래에 강신(降神)되었다. 다시 그 아들인 단군왕검이 널리 우리 인간을 이롭게 한다는 홍익인간(弘益人間)정신으로 우리 인간계를 교화하고 통치하다가 다시 九月山에 들어가서 산신(山神)이 되었다고 하였는데 산신은 곧 선왕이라고 일컬었다.

그러므로 우리 겨레는 상고부터 이르는 곳마다 선화당 곧 성황당을 지어 국조 단군선황을 모셨던 것이다. 큰 나무 밑마다 돌을 쌓아 그곳에 기도하기도 하며, 성황당이 도처에 있었다. 그것이 다시 산신당(山神堂)으로 변하였다. 산신이 바로 단군선황이기 때문이다.

불교가 들어오면서 국조 선황이나 산신이 곧 도솔천

상에서 우리 인간을 널리 이익하게 하기 위하여 강림한 미륵선인 곧 일체지광명선인이라고 어떤 도인이 설명한 뒤로 미륵님이 곧 국조 단군이며 선황이라고 믿게 되었고, 그 신앙이 다시 신라 시대에 와서는 미륵님이 국선화랑으로 나타났다고 하였다.

미륵님은 우리 국토와 가깝고 인연이 깊으며 장차 우리 국토에 강림하여 홍익인간 한다는 것이며 미륵불의 3회 설법도 모두 우리나라에서 이룩된다고 하였다.

그리고 명산에 우뚝 솟은 바위나 큰 돌은 미륵바위나 미륵바위가 큰 것은 미륵봉, 미륵장성 등 하는 별명을 붙이게 되었다. 또한 도처에 돌로 새긴 부처가 산재한데 그는 거의 미륵불이나 미륵보살이었다.

백제 불교와 미륵 신앙

익산 미륵사는 국립 대찰이었으며(공주 도읍시대임) 또 성왕이 日本에 불교를 전달할 적에 미륵성상, 또 반가부좌의 미륵상, 현재 일본 동도 관강사에 봉안된 일본 국보가 그것이다.

백제 29대, 法王이 기공하여 30대 무왕이 준공한 백마강 건너 들에 세운 王興寺는 미륵불 三전을 건설하여 미륵불의 三會설법을 준비하였던 것이라 한다. 지금도 그 흔적이 남아 있는 익산(益山)에 있는 미륵대사는 대규모의 국립 사찰로서 백제의 미륵신앙을 웅변하고 있다.

백제가 망한 뒤에도 옛 백제 땅인 현 전북 김제시 금산사는 진표 율사가 미륵불교의 근본 도장을 삼았던 곳으로 유명하다.

신라 불교와 미륵신앙

신라 제23대 법흥왕 23년(서기527)에 비로소 공식적으로 불교를 신봉하면서 처음 창건한 대왕흥륜사(大王興輪寺)에는 미륵상을 봉안하였고 다음 25대 진지왕 시대에는 흥륜사의 진자(眞慈)법사가 미륵상전에 미륵님이 화랑으로 출현하기를 지성으로 기도하여 과연 미륵님이 화랑으로 나타났다는 이야기가 삼국유사에 기록 되어 있다.

미륵님이 화랑 도령으로 나타나서 7년 동안 낭도들을 교화하다가 자취를 감추었다고 하는데 그 뒤로는 화랑 도령을 미륵선화네, 미륵선랑이네, 부르게 되었고 낭도들을 용화향도라 한 바 용화는 곧 미륵불의 세계를 가르침이니 장차 용화세계에 나서 미륵님의 신도가 된다는 뜻이다.

이만치 신라 불교와 화랑 단체에서는 미륵불을 숭봉하여 왔던 것이다.

원효대사는 미륵상생경 종요를 지어서 미륵신앙을 고취시켰고, 대현(大賢)법사의 미륵경서나, 의상법사는 미륵님 현몽에 의하여 南山에서 용장사의 미륵 석상이 대현법사를 향하여 얼굴을 돌리었다는 이야기며, 「담충(談忠)법사」는 화랑 미륵불에 차를 공양한 이야기며, 월명(月明)법사에 도솔가 이야기 등은 다 같이 신라의 미륵신앙이 그만치 성행했다는 증거를 말하는 것이다.

「아함경」 등에서 미륵불이 장차 계두성(鷄頭城)에 강신한다는 계두성이 바로 신라의 계림성이라고 하였고 미륵불이 출현할 적엔 동해물이 육지로 변하여 바다 속에 묻혔던 금강산 7道가 나타나서 현재 금강산과 어울려 八금강이 되며 금강산과 같이 그곳이 미륵불의 궁전이 된다고 하는 전설이 지금도 전하고 있다.

화랑도 정신에는 유, 불, 선, 敎를 통합한 사상이 깃들어 있었다고 하지만 그 역시 그 중심은 불교라 볼 수 있고 불교 중에도 미륵신앙이 주축이 되었던 것이다.

신라의 화랑들이 다 미륵신앙을 가졌던 것은 진자(眞慈)법사, 충담사 법사, 명월사(月明師) 같은 분이 다 화랑도 이면서 미륵님과 관계가 깊었던 것이다.

이 화랑정신은 삼국 통일의 대업을 이룩하였고 민족적 전통 사상으로 계승되어 온 민족정신의 원천일수 있는 미륵신앙은 금세기에 접어들 무렵 증산천사 사상이 접어 후천 5만년의 지상 선경이라는 이상사회 구현의 미래상으로 승화했던 것이다. 이와 같이 미륵사상과 증산사상이 연결된 것은 증산이 말하기를 '나를 보고 싶거든 금산사로 오라, 하였기 때문이다.

희망의 말

위와 같은 인연 관계로 우리 겨레와 미륵신앙은 삼국시대로부터 오늘에 이르기까지 미륵님은 인도사상에서 출발한 불보살이 아니라 우리 겨레의 국조며, 우리 겨레와 국토를 길이 지켜주는 수호신이며 또한 영원한 희망이요, 이상인 등대로써 우리 민족 신앙의 생리화되고 풍속화된 불, 보살로 오늘에도 이 미륵신앙이 우리 민족 생리 속에 침투되어 있을 뿐 아니라, 장차 이 지상에 영원한 이상 세계인 지상불국 용화세계가 꼭 실현되고야 말리라고 증언하고 있는 것이다.

그것이 우리 겨레의 구원한 염원이며 생리적, 필연적인 요청이기 때문이다.

해동 미륵교조 진표율사 행적

진표율사는 1,400여 년 전, 신라 승려로서 삼국사기와 삼국유사(고승편)에 쓰여 있다.

스님은 12세에 금산사에 출가하였으며 미륵님으로부터 직접 法을 구해 대도를 펴겠다는 큰 이상을 품은 분이다.

29세 되던 해, 신라 경덕왕 21년 죽음을 각오하고 몸을 희생시키는데 행하는 망신참법(亡身懺法) 수행으로 자기 온 몸을 돌로 두들기며 밤낮으로 쉬지 않고 참회를 하며 3·7일(21일)간 구도하였다. 용맹정진 끝에 마침, 21일을 마치자마자 천안(天眼)이 열려 지장보살과 도솔천, 미륵불로부터 현세의 유신을 버리고 대국왕의 몸을 받아 다시 태어나게 될 것이라는 계시를 받았다.

율사는 미륵보살과 지장보살 두 성인 앞에 지성참회하여 친히 계법을 받아 세상에 유전하라. 과거의 불법 또는 기독교에서도 진표율사 이상으로 이 법을 실행한 자가 없었으니(이것이 미륵불 즉, 天主를 만나 계를 받은 역사상 최초의 天上 문답 사건이다).

한편 진표율사가 도통해서 미래의 우주 시간대를 보니 천수 백년 후에 우주가 대 개혁함이 훤히 보였다,

그래서 다시 미륵존불께 개혁기에 다른 나라로 가시

지 말고 직접 서원하고, 또 미륵불께서 오실 때 저도 다시 태어나서 억조창생을 건지는 큰 일꾼이 되게 해 주십시오 라고 간절히 구원하자, '그렇게 하라' 하였다는 것이다.

그러자 미륵불로부터 당시 금산사 자리 약 1,400평 정도의 용이사는 못을 메우고 미륵존불 모양의 불상을 세우라고 계시를 다시 받는다. 그런데 불상을 세우기 위해 흙으로 힘껏 메우고 다음날 보면 그대로 연못이 되곤하였다.

그때, 지장보살이 나타나 흑탄으로 메우라 알려주었다. 이에, 진표율사는 도력을 써서 30리 전후해서 안질을 퍼서 누구든지 안질에 걸리거든 숯을 한가마 금산사 용소에 넣고 눈을 닦으면 낫는다는 소문을 퍼뜨렸다.

안질에 걸린 수많은 사람들이 소문을 듣고 숯을 넣고 낫게 되어 그제야 연못은 메워지게 되었다 한다. 진표율사는 연못이 숯으로 메워지자 미륵불상을 바쳐 모시기 위해 연못 중앙에 연꽃모양을 조각한 큰 바위를 (석조, 연화대, 또는 석련대 현재 보물23호) 세웠으나 무슨 조화인지 石蓮臺는 밤사이에 20여 미터나 떨어진 위치로 (현재 석련대)로 옮겨져 버렸다. 이때 미륵불이 다시 현몽하여, "야– 이 미련한 놈아, 돌이란 불에 직접 들어가면 튀는 법이다" 계시하였다. 이에 진표율사는 연못 중앙에다 밑이 없는 대형 무쇠 시루를 만들어 걸고 그 위에다 우물 井자 형태의 나무받침의 형태를 놓은 다음 철로 된 미륵불상을 세우게 되었다. 장장 4년을 걸려 완성했다고 한다. 현재도 미륵불상 밑에는 거대한 시루가 봉안되어 있는데 이는 동서고금을 통틀어 일찍이 찾아볼 수 없는 일이다.

실로 세계에서 제일 가는 거대한 불상이 되었다.

진표율사는 금산사 미륵 외에도 강원도 금강산의 발원사 속리산의 법주사 등 3개의 대 도량을 세웠다.

진표율사는 우리 강토에 미륵부처님이 강림하신다는 것을 분명하게 증언해 주시는 것이다.

여기에 우리는 진표율사가 금산사의 건립 과정을 살펴 보면, 연못은 물이고 흙은 토(土)이다. 숯은 수, 토의 중간에서 사기(邪氣)를 없애고 수, 토(水, 土)를 결합시키고 합성시키는 역할을 한다. 5행상으로 보면 水土가 결합한 것은 태극이다. 즉, 미륵불이 태극을 깔고 있는 샘이다. 현실적인 창조운동을 태극을 통해 하기 때문이다.

시루 위의 미륵님

시루란 모든 것을 성축, 성숙시키는 작용을 한다. 미륵불은 우주만물 중생이 누적된 문제들을 안고 모두 시루 속에 넣고 찌듯이 익혀내어 가을의 기운으로 理化시키는 역할을 하기 때문에 시루 위에 올라 있는 것이다. 시루는 미륵불의 정신을 대표한다.

그러니까 시루 위에 왜 우물 井자로 삐침 목을 했는지 생각해 보면 알 것이다. 억조창생을 제도할 때 진표율사의 성씨가 井씨므로 개창될 것을 암시했다고 한다. 진표율사는 그의 법명이자 이름인 바 참 진(眞) 모범 표(表)자로 참 진리의 표상이라는 뜻인 것도 우연은 아니다.

또한 미륵불이 진표(眞表)율사에게 장차 대국 왕으로 태어나리라는 예언을 했으니 어디 태어나 있을 것이다.

이 대국왕은 석가불이 예기한 상카법왕 요한 계시록에 나오는 철창으로 만국을 다스릴 남자(태극성제) 노스트라다무스가 언급한 구원의 앙골모와 대왕과 동일한 아주 높은 존재다.

토정비결 이지함, 정감록 격암 남사고 등이 말세 도탄의 위기에서 살아남는 방법으로 한결같이 예기한 石

井 또는 사답 철두락이 무엇인가를 의문할 여지가 없
이 자명해진다.

미륵불의 직접 계시를 받고 진표율사가 미륵불을 세
운 것은 전북 고부 근처다. 미래의 부처가 이곳 고부에
서 탄신하리라는 예언 계두성이다.

미륵불의 삼수색 33, 36, 39, 석가불의 미륵불 3회
설법으로 천하 창생을 구원하실 것이라 했는데 삼수
색은 이를 의미, 미륵님의 삼회설법 삼변성도에 의한
것이다. 첫 금불 목불 토불(금극목, 목극토)오행의 상
극 이치가 담긴 것, 이것은 선천인류의 상극의 발전법
칙으로 인해 자꾸 겁기를 벋는 발전 과정을 상징함과
동시에 미륵불(10무극大)도 法의 시간이 가까워져온
"옴"자를 의미한다.

미륵불의 예시는 지상낙원의 모습

상제님이 말씀하시기를 "내가 이제 천지를 개벽하
여 하늘과 땅을 뜯어 고치고 무극 대도를 세워 선천상
극의 문을 닫고 조화선경(造化仙境)을 열어 고해에 빠
진 억조창생을 건지려 하노라. 이제 온 천하가 한 집안
이 되게 하나니, 너는 오직 순결한 마음으로 천지공전
(天地公展)에 참여하라 하였다." (도전3,7)

통일천(도솔천)의 천주님 미륵불의 조화선경

그때는 기후가 고르고 사시가 조화되며 사람 몸에 병이 없고 탐, 진, 치가 없어지고 마음이 평온해진다고 하였다. 이심전심으로 서로 기뻐하고 존중하고 그 언사가 똑같아 차별 없는 월단세계와 같다고 하였다.

그때에는 모든 인민이 다 잘 살고 차별이 없으며 국토는 평탄하고 고르며 거울처럼 말쑥하고 깨끗하며 사람의 수명이 극히 길고 모든 병이 없고 여자는 500세 남자는 800세가 되어 결혼한다고 하였다. 이러한 구절에서 인간의 육체가 완전히 개조됨을 알 수 있다.

그러한 좋은 현상이 이룩되기 위해서는 일 년 사계절이 조화되어 기후가 항상 고르게 유지된다는 것이다. 그리하여 인간은 감정이 고요한 편안함을 선천적으로 타고 나오는 것이며 만민 평등의 생활을 한다는 것이다. 물론 현실에서 볼 때는 전혀 불가능한 것이다. 믿어지지 않는다.

상생경의 말씀과 같이 대지를 거울같이 단장되고 모든 악이 소멸되며 기후는 항상 온화하고 영혼과 육신의 아픔이 말소되는 이 지상의 극락정토세계는 신선(神仙)시대이다.

본래 용화(龍華)란 말은 죽지 않는다는 불사의 조화란 뜻이다. 신라시대에는 용을 미시(죽음이 없다는 뜻)이라 하였다. 즉, 용화란 「불로불사 영생의 조화정신을 말한다.」

어느 정도의 경지에서 말하는 조화세계인가는 우주의 개벽원리를 알고 난 뒤에 더욱 깊이 있게 마음속에 그릴 수 있을 것이다.

「저때에 염부제 안에는 자연히 쌀이 나는데 껍질이 없으며 극히 향기롭고 아름다워서 금, 은, 지보, 진주, 호박 등이 땅에 흩어져 있으나, 주워가는 사람이 없느니라. 자연히 나무 위에 의복이 생겨나며…….

이때 백성들이 키가 크고, 작은 차이는 있는데 음성은 흡사하여 모두 비슷하니라. 때로 남녀가 대 소변을 보고자 하면 땅이 스스로 벌어져 일을 다 본 뒤에 도로 합하여 붙게 하느니라.」

천상천하 사람이 함께 구원되는 낙원 세계

이러한 예정된 꿈속에 지상낙원은 천상의 백성들도 구원 받아서 함께 법락을 누리게 되는 것이 석존의 지론이다.

"아난아 또 알려줄 것이 있으니 미륵여래께서 저 대

중 가운데 앉아서 이 계를 설 하실 때에 그때의 대중 가운데 있는 모든 하늘과 백성이 이 십상(十想)을 사유하며 모든 사람이.....

법안이 청정함을 얻었으므로 미륵여래께서 항상 하신 말씀으로서 경계를 하시느니라"

그러므로 이 낙원 미래는 낙원의 대중 가운데 천상의 백성도 함께 와 있다 하셨으니 이 우주가 어떻게 통일 되리라는 것도 짐작할 수 있을 것이다. 다시 말하면 이것은 이 우주가 지상 세계에서 통일된다는 뜻 , 「외계문명시리즈」에서도 동일한 이야기가 나온다.

〈외계문명 게시판 참조〉

이러한 우주의 법도를 우리는 불가에서 이제까지 불러온 미륵부처님에 대한 호칭에서 잘 엿볼 수 있다.

「미륵」이란? 「가득히 충만하다」는 뜻의 미(彌)(미륵불)자와 「새롭게 테두리를 짜서 씌운다.」는 뜻의 굴레 륵(勒)자이다.

즉, 이 말의 핵심 뜻은 모든 종교의 도맥과 인간의 극한 분쟁과 대립의 극기에 강림하시어 이를 완전히 통일하고 새로운 대도로서 구원의 근본적인 틀을 짠다는 것을 암시하신 말씀이다.

그리하여 미륵불께서 머무르고 계시는 天上의 성소

를 도솔천이라 하는데 이는 우주를 통일하여 거느린다
는 뜻이 담겨 있다. 이는 더욱 구체적으로 '금강경'의
서문에서 '미륵천주님' 천주는 모든 부처 보살과 신성
(神聖)들보다 훨씬 더 상위의 절대 보좌 자리에 계시다
는 사실을 보아도 잘 알 수 있다.

미륵존불의 지상낙원을 건설하는
세계구원의 양커대왕

전 지구가 한 가족, 한 나라의 천국이 되어 살게 되
는 이 낙원의 통치자를 이렇게 말씀하셨다. "그는 미
륵천주의 대행자"이분이 곧 1,400여 년 전 금산사를
창건한 진표율사다.

"이때에 양커라는 法王이 출현하여 正法으로 다스
리고 칠보를 섭취하니…… 아예 염부재(낙원의 영토를
말함)의 전 영토를 이칠보제로써 진압하니 무기를 쓰
지 않고도 자연히 항복을 얻게 되느니라"

그러므로 이 양커대왕이 출현하면 지상의 주인 한민
족으로 오신다는 것을 알 수 있다.

미륵 천주의 대권을 새 시대에 여시는 법황인 것이
다.

「화엄경」을 잘 읽어 보시면 미륵이 출세한 구원 나라가 바다 건너에 있는 강토라는 표현에서 동방북고의 종주인 조선 한국을 은연중에 있음을 누구나 짐작할 수 있다.

석존이 전하신 "구원의 절대상"은 환상의 구름 잡는 것이 아니라 대단히 인간적이다. 즉 영원히 중생과 더불어 고뇌를 함께하며 구원의 미래를 끊임없이 노력하시는 모습으로 우리에게 그려 주었다.

그러므로 우리는 기존의 상식-미륵 부처님은 석가여래의 제자로서 부처가 되신다는 과거의 낡고 불순한 교화 태도는 버려야 할 줄로 한다.

많은 불교신자들이 지금도 철저하게 그와 같이 알고 있으며 56억7천만년 뒤에 오신다는 것을 진실로 알고 있다. 이는 교화의 방편을 위해서 그렇게 말한 것 일 뿐이다.

「화엄경」「입법계」품 제31에 보면 미륵불께서 구도의 마지막 길로 찾아와 한 소식 묻는 선재동자를 아무 말 없이 비로자나 누각으로 데리고 가자 이때 엄청난 충격을 받고 깨치는 미륵불의 세계관과 낡은 정신의 구도자들과 인류에게 마음자리를 열어주는 중요한 구절이 나와 있다.

선재가 누각의 문을 열고 뒤로 「미륵부처」님께서 문

을 닫으시니 그 안에는 실로 깜짝 놀랄 정도의 무한히 펼쳐져 있는 광활한 대 우주의 법계가 찬란히 빛나고 있었다.

이 문구는 무엇을 암시해 주고 있는 것일까.

[화엄경]을 보면 "이십표무진본(以十表無振本)이라 하여 무극으로써 우주 최상의 조화세계를 나타낸다고 하였는데 이것은 노스트라다무스가 격암이 예고한 바와 같이 십무극의 "세계개벽의 후천통일 운수"를 불교에서 상수(象數)를 전해주고 있는 것이다.

하느님 天主의 성부시대는 이러한 우주생명의 개벽원리에 의해 지상에 펼쳐지게 된다. 지금은 낡은 진리의「혁명시대」개벽시대임을 명심해야 한다.

미륵불이 여시는 조화선경의 모습

한 성도가 상제님께 불가에 당대불을 찬탄하는 게송이 있는데 "미륵불의 용화세계는 仙境이다. 「미륵불의 조화선경」은 천국이 널리 열리고 천신이 세상에 내려오며 세상 사람들이 하늘에 오르고 낮과 밤이 통명(通明)하며 백곡을 한번 심어 오래도록 거두고 온갖 열매가 다 커지며, 잘 차린 음식이 저절로 생기고 아름다운 옷이 자연히 나타나며, 세상을 다스림은 억지로 함

이 없고 뭇 백성은 스스로 교화되며, 선악(仙樂) 소리
가 그윽하게 들리고 풍류가 날마다 이어지며, 세상을
다스림은 순조롭게 금은보배가 집안에 가득하고, 길
에 좋은 물건이 떨어져 있어도 줍지 않으며, 밤에도 문
을 닫지 않아서 하늘 끝을 보고 진리를 삽시간에 다 알
며, 불로장생하고, 세상에는 홀아비 과부가 없고 천하
는 사사 로운 것이 없이 모두 공의롭고, 비는 때에 맞
춰 알맞게 내리고, 바람이 고르며 곡식이 풍부하고, 인
민이 번성하며, 질병이 없어 서로가 존대한다.

　세상에는 굶는 사람이 없고 적서와 반상의 차별이
없으며 진귀한 짐승과 가화이초가 나타나고 사람을 해
치는 동물은 종자가 없어지며, 노인을 친부모와 같이
모시고 남의 아이들을 자기 자식같이 사랑하며, 세상
에는 병으로 시달리는 일이 없고 농사에는 천하고 힘
든 일이 없으며 소와 말을 일에 부리지 않고 사랑과 자
비가 한없이 넘치니 살아가는 모습이 곧 덕이라"

　하니, "과연 그렇게 되겠사옵니까?" 하고 여쭈니, 상
제님께서 말씀하시기를 "성인의 말이니라." 하고 무릎
을 치시며 흥을 돋워 노래하였다 "장차 세월 좋아지니
라. 복을 구하는 자는 힘쓸 지이다"

彌勒經반

奉獻一片香 德用難思議 葉釜五須彌 根盤塵沙界

獻香眞言　옴　바아라　도비아훔 (三說, 一拜)

志心歸命禮 現居兜率堂降龍華 慈氏彌勒尊如來佛 (一拜)

志心歸命禮 福祿增勝 壽量無窮 慈氏彌勒尊如來佛 (一拜)

志心歸命禮 願力莊嚴 慈悲廣大 慈氏彌勒尊如來佛 (一拜)

　高居兜率許적擧　　遠思龍華遭遇難

　白玉毫輝充法界　紫金光相化塵 환

故我一心歸命頂禮

　淨口業眞言　수리수마하수리수수리사바하　云云擧佛

南無現居兜率彌勒尊佛 (一拜)

南無當來敎主彌勒尊佛 (一拜)

南無三會度人彌勒尊佛 (一拜)

　　　　普召請眞言

나모　보보리제　가리다리　다타　아다야

由致

仰惟 彌勒大聖者 現居兜率 當降龍華

광시칠변지언음(廣施七辯之言音) 晉化五乘之聖衆 倘

切歸依

해지감응(奚遲感應)娑婆世界 此四天下 南閻府洲 東

洋海東

大韓民國　京機道 포천시 내촌면 포천로 226-3番地

彌勒 부처님 淸靜法當 水月度量 萬事吉像如義成就發願

今此發願供養齊者 各 各等 保體 前生業報를 消滅 消滅

하사옵고 願以次 功德으로 世世 生生菩薩道 成就支發願

然後一生安過太平 上生兜率之天官 下降龍華之勝會 見佛

聞法 오증무생지대원 今此智極之 精成 供養 慈氏大聖

잠자천궁 약강향연 근병일심　先陳三請

南無一心奉請 福然增勝 壽量無窮 願力莊嚴 慈悲廣大

四千年中 位居補處 八萬世時身降龍華 當來下生彌

勒尊佛

唯願慈悲 降臨道場 受此供養 (三請)

香花請 (三設)

六時設法無休息(육시설법무휴식)

三會度人非等閑(삼회도인비등한)

切念勞生沈五濁(절염노생칠오탁)

今宵略暫度人間(금소약잠도인간)

故我一心歸命頂禮

　獻座眞言

妙菩利座勝壯嚴　睹佛座已成正覺

　我今獻座亦如是　自他一時成佛道

옴바아라 미나야 사바하 (三設)

淨法界眞言 옴남 (三 七片)

茶葛

供養十方調御士 演場淸淨徵微妙法

三乘四果解脫僧 願垂 慈悲哀納受 (三拜)

眞言勤供

향구라열 재자건성 욕구공양지주원 수장가지지변화

仰惟三寶 특사가지

南無十方佛　南無十方法　南無十方僧 (三設)

無量滅德 自在光明 勝妙力 變食眞言

나막살바다타 아다 바로기제 옴 삼바라 삽바라 훔 (三七片)

施甘露水眞言

나모 솔바야 다타아다야 다냐타 옴 소로소로 바라소로

바라소로 사바하 (三 七片)

一字水輪觀眞言

옴 밤 밤 밤 밤 (三 七片)

乳海眞言

나모 사만다 못다남 옴 밤 (三 七片)

運心供養眞言

願此香供邊法界 晋供無盡三寶海 慈悲受供增善根 令

法住世報佛思

나막 살바다타 아제비약이 살바모계 비약살바다감

88

오나아제 바라

헤암 옴 아아나캄 사바하 (三片)

志心頂禮供養　現居도率　富降龍華　慈氏彌勒尊如來佛
(一拜)

志心頂禮供養　福綠增勝　壽量無窮　慈氏彌勒尊如來佛
(一拜)

志心頂禮供養　願力莊嚴　慈悲廣大　慈氏彌勒尊如來佛
(一拜)

普供養眞言

옴 아아나 삼바바 바아라 훔 (三片)

出生供養眞言

옴 (三片)

淨食眞言

옴 다다바라훔 (三片)

普回向眞言

옴 사마라 사마라 미만나 사라마하 자가라바 훔(三片)

大願成就眞言

옴 아모카 살바다라 사다야 시베 훔

補闕眞言

옴 호로호로 사야모게 사바하 (三片)

탄백 (嘆白)

煩惱斷盡福智圓 位極一生補處尊 寂光土中不留意 放

大光明助佛化 故我一心歸命頂禮

　仰告 當來敎主彌勒尊佛 佛捨慈悲 許重證明 上來所修功德海
　回向三處悉圓滿

　佛一增輝 法輪常轉 간과식정(干戈息靜) 萬民咸樂之 大願
　今此志極之精誠　發願齊者

　사바세계 차사천하 남선부주 동양해동 대한민국 포
천시 내촌면 포천로 226-3번지

　彌勒부처님 淸情水月 도량 만사길상 여의원만 성취
지발원 금일 동참재자

　前生業報를 消滅消滅 하사옵고 수산고흘(壽山高屹)
福海 汪洋之 大發願 再告祝　至極精成 祈禱發願　佛者
各各等保體 多生父母 일가친척(一家親戚) 姪孫 聯계
靈駕　無宙故魂一體怨神靈家

　다같이 往生極樂之發願 官濟 口設　天災地變　三災
八難　四百四病　永僑消滅 하사옵고 彌勒부처님　出世
時　三回說法에 一功衆生과 일체 龍華 權屬이 다 같이
同　參之發願.

　世界平和　南北統一　速成就 國泰民安 安過泰平　家
家內 至極之精誠 發願佛者 萬事亨通　如意圓萬 成就之
發願 迫福者 福德具足, 病苦者 病苦快差, 短命者 壽
命長壽, 無子者 子孫昌成, 學業者 學業成就, 運轉者 無

事告, 運轉 事業者 財壽大通, 各各等 保體, 萬事亨通, 如義, 願滿, 成就之發願.

南 無 當來龍華敎主 慈氏 彌勒 尊 如來 佛三告祝 아모생암보체 生前安過太平 死後往生本率天宮大願 然後願次 今日제 者 同參大衆 速證普提 廣度人天之 大願 마하바라밀

(三設)

분향게(焚香偈)

한 줄기 맑은 향을 정성불로 사르오니 十方에 늘 계신 三寶는 굽어 살펴 주옵소서.

귀의례(歸依禮)

사바교주 석가모니불께 지심 정례합니다. (一拜)

자비 복덕이 원만하시고 지혜 원력이 끝없으신 미륵 성존께 지심 정례합니다. (一拜)

평화세계의 건설자이시고, 지상천국의 구현자이신 미륵 성존께 지심 정례합니다. (一拜)

과현삼천 제불과 시방상주 일체 불보께 지심 정례

합니다. (一拜)

미륵상생, 하생, 성불경과, 점찰선악업보경과 시방
상주 미묘법장에 지심 정례합니다. (一拜)

문수보살, 보현보살, 관세음보살, 대세지보살, 지장
보살, 금강장보살, 제장애보살과 시방상주청정승보께
지심 정례합니다. 十대 명왕중, 대범제석천, 호세사천
왕, 일체호법선신께 지심 정례 합니다. (一拜)

淨三業眞言

옴사바 바바수다 살바달마 사바바바 수도함(삼편)
나무참제업장 十二尊佛보승장불 보광왕화렴조불
일체향화자재력왕불 백억항하사결정불 진위덕불
금강 견강 소복괴산불 보광월전 묘음 존왕불
환희 장마니 보적불 무진향 승왕불 사자월불
환희 장엄주왕불 제보장마니 승광불

　　　十惡懺悔

殺生重罪今日懺悔　　偸盜重罪今日懺悔　　邪淫 重罪
今日懺悔

妄語重罪今日懺悔　　綺語重罪今日懺悔　　兩舌重罪今
日懺悔

惡口重罪今日懺悔　　貪愛重罪今日懺悔　　嗔慧重罪今

日懺悔

痴暗重罪今日懺悔

참회게(懺悔偈)

예로부터 지어온 모든 죄업은 탐심, 진심, 치심으로 인연함이니 몸과 입과 마음으로 지어온 것을 내 이제 모두 다 참회합니다.

참회진언(懺悔眞言)

옴 살바못자 모지사다야 사바하(삼편)

멸죄게(滅罪偈)

백겁에 쌓아온 죄를 한 생각에 쓸어 버리길
마른 풀을 불사르듯이 남김 없이 없어지이다.

참회 발원문(懺悔發願文)

우리들 말법 제자는 이제 한마음 기울여서 사바교주, 석가세존과 용화교주, 미륵존불과 시방상주 삼보께 지성으로 귀의 하와 예경하오니 지난 날의 모든 죄업을 참회합니다. 돌이켜 생각하오니 저 끝없는 과거로부터 오늘에 이르기까지 자성의 광명을 등지고 무명의 인연을 따라 몸으로 살생, 투도, 사음 업을 입으로 망어, 양설, 악구, 기어, 업을 마음으로 탐심, 진심, 사견 업을 이같은 열가지 악업을 바탕으로 온갖 죄업을 다 지어오며 무량겁 바다에서 사생육도를 돌고 돌며 온갖 고초를 다 겪다가 오늘에 다행히 사람의 몸으로 천만겁 만나기 어려운 불법을 만나 삼보님께 귀의하여 예경참회 하오며 자성의 광명을 반조 하게 됨은 이것 또한 숙세의 선근 인연의 힘과 부처님의 부사의 한 대비 원력 이옵니다.

인과응보를 깊이 반성하고 오늘날부터는 모든 악업을 짓지 않고, 스스로 십선 업을 닦으며 널리 사람에 권하고 교화 하므로 지상에 재빨리 미륵 성존님 정토인 「용화세계」를 건설 하여 미륵 세존님 모시고 삼회 설법에 무생법인을 증득 하여 世世生生 보살도 닦아온 중생과 함께 불도를 성취하여 十方世界 佛國土를 실현하기 바랍니다.

   – 나무 사바 교주 석가모니불 (三번)

   – 나무 용화 교주 미륵존불 (百五번)

회향사

四生六途 법계중생들 다겁으로 지어온 죄를 이제 모두 참회하오니 이 업장 소멸되옵고, 다음 세상 나는 곳마다 世世生生 보살도 닦아 불도 이루어지이다.

십념(十念)

청정법신비로나자불 원만보신 노사나불

천백억 화신석가모니불 구품도사 아미타불

당내하생 미륵존불 시방삼세 일체제불

시방삼세 일체존법 대지문수 사리보살

대행보현보살대비관세음보살

대원보존 지장보살 제존보살 「마하살 마하반야

바라밀」 옴, 급급여율령 사바하

천도재와 49일재의 의미 및 절차

천도재를 지내는 동안 부처님을 닮은 마음으로 기도를 해야 합니다. 그렇게 해야 영가는 반드시 좋은 인연

으로 새로운 생을 준비할 수 있습니다,

우리의 목숨을 마치 꽃과 열매와 같아서 아름답고 성숙하면 떨어질 것을 두려워한다. 태어나면 모든 고집멸도를 따르거늘 그 누가 죽지 않을 수 있겠는가?

처음부터 애욕을 좋아하여 태 안으로 들어가서 몸을 받으니 무상하고 허망해! 그 목숨 번개와 같아 밤낮으로 흐르니 그치기 어렵다. 이 몸은 오래지 않아 죽음을 닥친 물건이며 정신은 상실치 않는다.

착하고 선한 이치는 인과응보(仁果應報)로 틀림없이 이루어짐을 믿어야 합니다. 불경을 읽고 염불을 많이 하고 수행을 하는 삶으로 바꾸어 주는 가르침이 바로 불교입니다.

사람이 죽으면 돌아가셨다 합니다. 온 데로 도로 돌아간다는 뜻입니다. 이 몸은 地, 水, 火, 風으로 이루어져 자연으로 왔다 자연으로 돌아가는 것인 바 몸은 한 줌의 재로 변합니다. 그러므로 이 몸은 소우주이고 또 자연 입니다.

부모의 유산인 이 몸으로 은혜는 모르고 신구의 삼업(身口意三業)을 멋대로 범하나! (담배, 술, 독약, 독주, 매연, 각종 오물 배설) 등이 소 환경을 파괴하고 타인까지 해를 주니 자체적으로 패망하는구나.

우리 중생은 생사(生死)의 눈이 어두워 부처님에 光

明을 의지해야 밝힐 수 있고 고해의 파도가 험난하여 법보의 배를 타야 건널 수 있다 하였습니다.

우리는 50대만 돼도 죽음을 준비해야 합니다. 죽음은 예고 없이 올 수도 있고, 한밤중에 급습해 올 수도 있습니다. 준비된 죽음은 웃으면서 할 수 있어야 잘 사신 도인이라 할 수 있습니다.

짧은 인생을 살면서 노는 입에 염불하고 수행에 깊숙이 들면 삼매에 들어가 알 수 있고, 참선을 열심히 하여 어느 경계에 들면 生과 死가 둘이 아니고 生이 곧 死요, 死가 곧 생임을 알게 될 것입니다. 그런 정도를 체험한 분이면 죽음에 대하여 근본적으로 이해가 되고 천도재는 왜 지내야 하는지 바로 느낄 수 있습니다.

그런 정도가 되어야 불교가 무엇인지, 부처님의 진리가 무엇이고 인생의 진리가 무엇인지를 느낄 수 있고, 교의 가르침을 열심히 배우게 되어 신심이 우러나게 됩니다. 이런 정도가 되면 법당에 들면 불전에 절이 저절로 나오고 존안(尊顔)을 뵙기 송구스럽게 생각하고 과거의 잘못을 뉘우치고 진실로 참회하며 고마운 눈물이 날 것입니다.

영가는 마음의 소리를 듣습니다. 천도재는 첫째도, 둘째도 마음가짐입니다. 울며 불며 재를 지냄은 도움이 되지 않습니다. 진심으로 극락왕생을 염원하고 불법을 전해 줘야 합니다. 그러지 않고는 영가의 생각을 돌릴 수 없습니다.

영가는 의식이 우리보다 8배나 밝아 진심인지, 거짓인지 다 알 수 있습니다. 영가는 입 보다 진심을 기울입니다. 우리는 윤회에 대한 확신을 갖고 천도재의 중요성을 바르게 인식해야 합니다.

천도를 위한 제도는 천도재, 49재, 백일재, 1주기, 2주기, 3주기에 천도재를 지내기도 합니다. 그 외에도 영산재, 수륙재가 있습니다. 천도재 49재외에 별도로 지내는 영가 천도재입니다.

지장경 등 경전에 의하면 죽은 뒤에 극락세계를 곧장 왕생하는 아주 선한 사람이나, 바로 지옥으로 떨어지는 극악한 사람을 제외하고는 대부분 다음 생을 받을 때까지 중간적 존재인 중음신으로 49일 동안 떠돌게 된다고 합니다.

영가가 돌아간 날부터 7일마다 한번씩 7번을 지냄을 49재라 합니다. 자손들이 재를 많이 지내면 7일마다 죽은 고통을 면하게 되고, 그렇지 못하면 49일 동안은 평생 산 것 이상으로 고통 받는 원귀가 된다고 합니다. 천도재를 지내주면 효도 중에 효도라 합니다.

보통 7일 재는 간소히 하고 마지막 49일 되는 날 올리는 재는 비교적 성대히 힘껏, 정성껏 지내야 되고,

영가가 생전에 주로 좋아하던 음식을 차려 놓고 지내야 합니다.

49일이 지나면 생전에 지은 업에 따라 다음 생을 받게 되는데 이 기간에 유가족이 영가를 위해 공덕을 지으면 영가가 천당이나 인간세계 등 좋은 곳에 태어날 수 있다고 합니다. 영가를 좋은 곳으로 인도해 주는 것을 영가 천도재라 합니다.

49재는 법화경, 지장경, 아미타경, 약사 여래경 등의 사상에 근거한 우리나라 불교의 고유의식입니다.

일반 영가의식 작법으로는 관음시식 화엄시식과 종사 열반작법과 상용열반 등이 있는데, 일반 불자들의 49재는 관음시식이고, 스님들의 경우는 종사열반으로 거행됩니다.

재를 올리는 절차는 영가를 목욕 시키는 관욕과 불전에 공양 올리고 영가의 가호를 내리시기를 기원하는 불공의식인 상단불공, 스님을 초청해 영가 법문을 올리는 순서로 진행됩니다.

관욕 및 대령은 영가가 다생 업겁에 지은 죄업을 씻어 주는 의식으로 단을 따로 만들어 병풍으로 가리고 세수 대야에 물을 떠놓고 수건과 칫솔, 치약, 비누, 옷 등을 준비하여 영가가 목욕재계를 하고 새 옷을 갈아 입게 합니다. 재단에 위패를 모신 후 영가를 향해 일체의 법문을 설합니다. 목욕물은 죄업을 씻어주는 감로수의 의미를 담고 있습니다.

지장청이나 관음시식은 불보살님의 법력으로 지옥을 면하고 영가의 왕생극락을 기원하는 것입니다.

천도가 되는 원리

천도 의식은 단순히 음식을 대접하는데 그치지 않고 불보살님의 법문을 들려줌으로써 영가에게 참회와 발원의 마음을 갖도록 하고, 진리를 깨닫도록 하는데 그 목적이 있습니다.

49재를 비롯한 천도재는 단지 죽은 이의 의식뿐만 아니라 영가에게 불보살님의 법문을 들려주는 의식이므로, 영가를 인도해 스스로 생전의 죄업을 참회하도록 권하고 탐, 진, 치의 애착과 5욕락을 벗어나는 참진리의 법문을 들려주어 깨달음을 줄 수 있는 기회를 주는 것입니다.

결국 영가 자신이 업장 소멸함으로써 죄업의 과보를 면할 수 있는 것이고, 또한 유가족이 영가를 위해 재를 지내주거나 선업을 지으면 이것이 죽은 이에 영향을 끼칠 수 있으며 유가족도 재를 통해 죄업을 참회하고 재계를 지키게 됨으로써 업장 소멸하고 공덕을 짓게 됩니다.

지장경에 죽은 이를 위해 재를 지내면 그 공덕의 7분의 1은 영가에게 7분의 6은 재를 지내는 사람에게 돌아간다고 합니다. 따라서 유가족들은 천도재를 지내는 동안 8재계를 지키고 신, 구, 의(身口意) 삼업을 청정히 하여 극락왕생을 간절히 기원하며 지내야 합니다.

영가가 불법을 듣도록 해서 마음 닦을 기회를 주고 유가족이 불보살과 스님 및 大衆에게 음식 등을 공양함으로써 영가를 위한 공덕을 쌓아주는 것입니다.

바위를 물에 던지면 가라 앉지만 배에 실으면 뜨는 것과 같이 영가를 위해 공덕 지어 주면 죄업중생이 재를 통해 참회하고 간절히 기원하면 죄업 받은 중생을 구재하고자 큰 서원을 세우신 불보살의 원력과 감응으로 극락왕생하게 되고 자손들도 다 큰 영험을 보게 됩니다.

무명(無名)으로 살아온 우리 인생 어리석고 캄캄한 어두운 밤중 같이 무식하게 살아온 중생이라도 불법의 법을 깨달면 불성(佛性)의 광명(光明)이 천지를 삽시간에 밝게 비추어줍니다.

이렇게 죽은 영가를 위해 모든 자손, 친지가 모여 정성껏 한마음으로 염불, 기도를 해 주면 영가의 중음신도 살아서 지은 죄를 참회라 하고 좋은 생을 받습니다.

지장경에 의하면 극락왕생을 곧장 하는 지극히 선한 사람이나, 곧바로 흉한 지옥으로 떨어지는 극악한 영가를 제외하고는 대부분 중음신으로 49일간 떠도는데 7일마다 7번을 재를 지내주면 불보살의 법력으로 왕생케 되므로 선행 중에 선행이요, 효도 중에 제일 큰 효행이라 하였습니다.

天 道 齋의 이유

다생(多生) 부모 영가들이 삼악도에 빠졌다가 구천에서 헤매든가 묘(墓) 터가 안장 되지 못해 살 풍이 몰아치고 유골이 물에 고여 썩어가고 고통 받게 되면 조상의 나쁜 기(氣)가 후손에게 전달되어 물질적 빈곤과 정신적, 육체적 이상의 고통을 겪게 된다고 합니다.

즉, 살아생전 가족이나 인연 지은 가족이나 자손 친척에게 감응하고 교류 되어서 家庭不和, 파탄, 사업부진 실패, 교통사고, 사망, 불치병, 난치병 등의 不和가 끊이지 않고 낭패만 거듭 본다하고 특히 낙태, 유산 사산아는 원신이 되어 구천에서 떠돌아! 이 고통을 벗어나기 위해서는 조상靈, 부모 형제영, 친·인척 등의 영, 낙태아 영의 위패를 작성해 안치시키고 스님의 기도 법력과 신도의 정성으로 구천을 떠도는 모든 영혼들을 지장보살님의 인도로 佛法과 인연을 맺어 지장경 안에서 스스로 법문을 깨달아 괴로움, 미움, 원망을 버리고 즐겁고 맑은 세계에 안주하도록 인도하는데 있습니다.

재를 올릴 때는 깨끗한 몸과 마음가짐으로 정성껏 재를 지내야 합니다. 경전을 보면 수많은 불보살님이 등장합니다.

고통중생을 주재해 주시는 불보살님들은 공통점이 있습니다. 바로 이타정신과 자비정신으로 중생의 눈빛과 마음을 헤아리는 데만 관심을 둡니다.

비로자나불의 光明진언 「옴 아모가 바이로차나 마하무드라 마니 파드마 스바라 프라바를타야 훔」을 읽어 주십시오.

광명진언은 비로지나불의 진언이요! 모든 불보살님의 총주이며 한량없는 자비와 지혜의 대 광명으로 살아 있는 이와 죽은 이 모두에게 새로운 태어남을 얻게 하는 신령한 힘을 지니고 있습니다.

신라 고승 원효대사께서는 만일 중생이 이 광명 진언을 두 번 세 번 일곱 번 만 들어도 죄업이 소멸된다 하였습니다. 십악과 오역죄와 사중죄(四重罪)를 지어서 죽은 다음 악도에 떨어지더라도 이 진언을 외우면 능히 해탈을 얻는다 하였습니다.

그릇에 모래를 담고 이 진언을 108번 외우고 그 모래를 시신 위에 뿌리거나 묘지 묘탑 위에 뿌려주면 바로 비로자나불의 광명이 망인에 이르러 죄업이 소멸되고 극락세계 연화대에 인도하게 된다 하였습니다. 실제로 원효대사는 강변의 깨끗한 모래를 담아 광명진언을 108번 외운 다음 그 모래를 묘지나 시신 위에 뿌려주어 영가를 천도했다 합니다.

우리 불자도 절에서 49재를 지냄과 동시에 집에서 사진 앞에 광명진언을 외워 주면 망인도 극락왕생 하고 산 사람도 틀림없이 크나큰 영험을 볼 수 있습니다.

미륵상생경(彌勒上生經) '정리' 요약 33 우리는 희망의 세계, 복 받는 삶을 살고 있어 참으로 다행입니다.

석가 부처님 당시 우팔리 존자가 청법하여 미륵불 사바세계 하강에 대한 내용을 담고 있는 것이 이 경입니다.

"불멸 후 3천 년에 부친 수범마와 모친 범마월을 부모로 때가 되면 32상과 80종호를 갖추고 오른쪽 옆구리로 탄생할 것이다." 하였습니다. 이름을 미륵이라 하고 곧 출가하여 계두성을 떠나 용화수 아래에서 무상정각을 이룬다. "오탁악세 말세 중생들이 미륵부처님을 의지 처로 삼아 수행해야 수기를 받는 등 구재를 받을 수 있다" 하였습니다.

중생들이 미륵불의 대자 대비한 이름을 듣고 형상을 만들거나 향, 꽃, 법복과 공양을 올리고 오로지 한 생각으로써 염원한다면 목숨이 끝날 무렵 미륵불이 그의 눈썹 사이의 백호에서 광명을 내는가 하면 여러 天子들과 함께 만다라 꽃을 퍼 부으며 이 사람을 맞이한다 하였습니다. 미륵불 뵙고 엎드려 예배 공양하면 머리를 들지 않는 사이에 法을 듣고서 곧 도를 얻을 것이며 항하의 모든 부처님 여래를 만날 것이다 하였습니다. 미륵불이 수기하시기를 "너희들이 미래에 복을 닦고 계를 지킨 자는 모두 미륵불 앞에 왕생하여 미륵불의 보살핌을 받게 될 것이고, 그때는 모두가 人人成佛하고, 家家 仙學이 된다"고 하였습니다.

「관 미륵 상생 도솔경」에 미륵불로부터 설법을 들으면 생사 해탈한다고 하였습니다. 이 경은 도솔천에 한번 왕생하면 질병, 액난 사고 등의 불행이 없고 8만 4천세를 누린다며 결혼도 5백세가 되어야 한다고 되어 있습니다.

경전의 주요 내용은 부처가 도솔천의 아름다움과 그곳에 태어나는 방법을 설명하였는데. 원효대사는 「미륵상생경의 종요」에서, 이 경전에 대해 논하면서 "대개 이 경은 온 하늘을 덮은 성인의 지극하고 묘한 자취를 찬탄하신 경이고 관을 닦도록 권하신 참 경전이다"
라고 하였습니다.

　고요히 선정에 들어 생각하고 살피는 것을 관이라
하고, 부처님의 금빛 나는 금강 같은 입으로 옥 같은
말씀을 연설하여 법을 비 내리심으로 땅을 기름지게
하고 부처님의 종자를 심어 그 열매를 거두시는 말씀
이 불설입니다. 그러므로, 누구든 이 경을 받아 지니
고 저 하늘을 생각하고 관하면 깨끗한 저 하늘에 태어
날 것입니다. 그리하여 큰 성인이신 자씨 보살의 위력
을 힘입어 물러남 없는 성도의 높은 자리로 오르게 되
고 마침내 생사에 얽매인 범부의 티끌 세계를 여의게
될 것입니다. 부처님께서 백, 천, 화신불로 계셔서 일
천 명의 보살이 있음을 말씀 하시며 최초에 성불할 부
처와 최후에 성불할 부처를 예언하셨습니다.

　그때, 불제자들이 구름처럼 모여들자, 부처님께서
한 음성으로 백억 다라니 문을 설 하니 그 모임에 있
던 미륵보살이 부처님 말씀을 들은 즉시 백만 억 다라
니 문을 얻고 합장한 채 부처님 앞에 서자, 그때 우팔
리 존자가 부처님께 물었습니다. "아일다(미륵보살)는
당대에 성불한다고 말씀하셨는데 번뇌를 끊지 못한 이
가 목숨이 끝나면 어느 국토에 태어나게 됩니까?" 부
처님께서 답하셨습니다. "도솔천에 왕생할 것이다. 그

때 도솔천에는 5백만 억 천자가 있으리라. 그때 여러 천신들이 서원을 세우면 낱낱 연꽃은 5백억 7가지의 보배 나무로 변화되고 낱낱 나뭇잎에는 오백억의 보배 빛깔이 들어 있으리라. 또한 낱낱 보배 빛깔에는 5백억의 염부단금 광명이 있고 낱낱 염부단금 광명 가운데는 5백억 천녀들이 있어 그 낱낱 천녀가 나무 아래 서서 무수한 구슬을 잡고 미묘한 음악 소리를 내는데 그 음악 소리는 물러서지 않는 가르침을 설 할 것이니라.

미륵은 지금부터 12년 뒤에 도솔천에 올라가는데 그때 도솔천 안 마니전 위의 사좌상자에 홀연 화생하여 연꽃 위에 가부좌하고 앉았는데 몸은 연부단금 같으며 길이는 16유순이고 32상과 80종호를 다 구족하며 정수리 위에는 살상투가 있으며 머리털은 검푸른 빛이며 백천만억 견숙과 보배로서 하늘 갓을 장엄할 것이다. 이와 같이 도솔천에 있으면서 밤낮으로 항상 법을 설하여 천자들을 제도하고 남섬부주의 수명으로 3,000세를 지낸 뒤에 다시 남성부주에 하생하리니,

"미륵 상생경에 설한 그대로 이니라" 또 우팔리 존자에게 말씀하셨다. 오로지 한 생각으로 부처님을 생각하고 미륵불의 이름을 부른다면 비록 잠깐 동안이라도 8재계를 받고 청정한 업을 닦아 큰 서원을 낸 사람

일진데 목숨이 끝난 뒤에는 번개 같은 순간 도솔천에 왕생하여 연꽃 위에 가부좌하고 앉는다.

그때 백천억 천자들이 하늘의 풍악을 연주하며 하늘의 만다라 꽃과 마하 만다라 꽃을 뿌리면서 크게 찬탄하였다. 착하다.

선남자여, 그대가 남성부주에서 널리 복된 업을 닦았기 때문에 이곳에 와서 태어났다. 이곳이 바로 도솔천이고 도솔천 부처님이 미륵불이니, 귀의하여 예배하고 백호 모습의 광명을 보면 90억겁 동안의 생사의 죄를 벗어날 것이다. 보살은 그의 인연에 따라 묘법을 설하여 더 없는 도심에 물러남이 없이 하리라.

미래의 중생도 보살의 대비한 이름을 듣고서 형상을 만들어 세우거나 향, 꽃, 의복과 비단, 보물을 공양하면 그 공덕으로 백 천 부처를 뵈오리라. 또한 소원대로 왕생하여 미륵보살의 보살핌을 받으리라.

미륵 하생경의 말씀

아난다가 오른 어깨를 드러내어 양 무릎을 땅에 대고서 부처님께 여쭈었다. "세존이시여 삼세를 통달하시고 백천만겁을 통달 관찰하시며 현재 국토 경계에 대한 것도 분명히 살피시나이다. 세존이시여! 얼마나 먼 장래에 미륵불이 출현하시겠습니까? 그 내력을 듣고자 하옵니다." "그래, 얼마나 풍족하고 안락함과 제자들의 많고 적음이 듣고서 마음에 새기도록 하여라." 이때, 아난다는 부처님의 분부를 받고 가부좌로 앉았다.

이 땅에 계두성이라는 땅이 있는데 기름지고 곡식이 풍성하고 백성들이 번성할 것이다. 서로 서로 사랑하고 화합해서 평등하여 사람들이 욕심이 없어 금은보석이 지천으로 있어도 거들떠보지도 않을 것이다. 계두성의 왕은 정법으로 정치하고 평화적으로 다스리는 전륜성왕이다.

미륵은 이 땅에 내려와 성불하기 위해 부모에게 낙태를 할 것이다. 계두성 인근에 있는 용화수 아래에서 깨달음을 이루게 된다.

미륵이 성불했다는 소식이 여러 하늘까지 퍼지면 무수한 대중들이 출가한다. 미륵불은 그들에게 보시론, 계율론, 생천론을 가르친 뒤 고통으로부터 벗어나는 진리 즉 사성제를 가르친다. 계두성의 무수한 사람들에게도 차근차근 출가 수도하여 아라한과를 얻을 것이다.

이 소식을 듣고 상카 왕이 찾아와 가르침을 듣는다. 그 뒤 그는 왕위를 버리고 출가하여 아라한이 된다. 미륵의 속가 부모 또한 출가하여 수도한다. 그런데 미륵 부처님은 산속에서 열반에 들지 않은 채 당신을 기다리고 있는 가섭존자를 만나신다.

가섭존자는 석가모니 부처님의 특별한 당부를 받고 그 오랜 세월을 굴 속에서 선정에 들고 있었다. 미륵불은 대중들 앞에서 가섭존자를 찬탄하시고 그에게 꽃과 향을 바친다.

미륵부처님은 3회 설법에 300여 억 중생을 제도하여 그들은 모두 번뇌를 끊고 아라한이 될 것이다. 미륵부처님은 제자들에게 무상관 무아관 공관 등 열가지 관법을 가르치실 것이다.

나의 제자들이 미륵부처님의 가르침을 받게 되는데 제자들이 사실대로 석가부처님의 제자라고 할 것이다.

석가부처님 당시 가르침을 받았던 인연으로 미륵부처님의 용화회상에 참여하게 되었다고 말이다. 미륵회상은 삼보께 귀의하고 좋은 일만 실천하던 사람들이다. 미륵부처님은 8만4천세를 누리고 열반에 드시고, 그 뒤로 8만4천년 동안 존속한다고 한다.

그러니 부처님은 미륵부처님과 그 나라를 보려거든 열심히 배우고 정진하라.

미륵불께서 현재 사바세계에 하강하시기 전 천상의 70여 하늘중에 욕계의 천상 6천중 4천 도솔천에 계시는바 하강하실 부처님은 이곳에 계시면서 지상의 인연 맺은 제자들을 살피고 근기를 높인 후 하강하기 위해 설법 중생 제도하고 계시는 것이다. 항상 염불공양 자리이타 바라밀 육바라밀 수행하면 미륵불께 왕생하여 무상 복락을 누리게 된다.

자비제일 공덕제일 수행제일 무상의 공덕을 쌓음과 수행 정진을 성취한 분으로 수많은 보살님 중 석가불의 후계불로 된 만큼 미륵불의 명호를 정근하거나 신행하면 속히 성취된다는 것이다.

용화 지상 극락 십 선업

1. (불살생) 생명 있는 것 죽게 하지 말라.
   생명을 존귀이 하라, 자비심으로 방생하라.
2. (불투도) 훔치지 말라. 내 것을 베풀어라.
   눈 속이지 말고, 주지 않는 것은 갖지 마라.
3. (불사음) 사음하지 말라. 청정히 살라.
   비법의 간음은 청정, 불, 종자를 끊는 것이다.
4. (불망어) 허망한 말 하지 말라. 진실하라.
   참된 말만 하라. 신용을 생명으로 삼고 살라.
5. (불양설) 이간질 말라. 화합 정신으로 살라.
   이치에 맞게 듣기 좋은 말만 신용 있게 하라.

6. (불악구) 악한 말 말라. 착한 말만 하라.

　부드러운 말만 하여 분쟁을 화합으로 만든다.

7. (불기어) 꾸밈말 말라. 속이는 말 하지마라.

　신용 있게 행동해야 복도 받고 행운이 따른다.

8. (불탐심) 지나친 욕심, 분수껏 살라.

　과욕 말고 작은 것을 가지고 부자로 살아라.

9. (불진심) 화내지 말라. 인자하게 참자.

　상대에 노여운 말로 화합을 깬다. 참는 것이 제일.

10. (불치심) 어리석은 마음. 지혜로운 행동.

슬기롭게 생활하는 방법

　그대가 헛되이 보낸 오늘은 어제 죽은 이가 그토록 살고 싶어 했던 내일 …… 행복을 찾는다. 자신의 마음부터 고쳐라. 마음을 바꾸면 세상을 바꿀 수 있다. 이 말은 간단하면서도 대단히 어려운 문제다.

　일상생활을 군자처럼 새롭게 실천하면 인간의 모범자가 되어야 …… 잠을 조금 덜 자고 명상, 수도, 참선, 염불, 독경 등 매일 20분~30분정도 하면 장수의 비결이 된다.

1. 자신의 약점보다 장점을 바라보고,

2. 남과 비교하지 말라.

3. 행복해지겠다고 결심하라.

4. 자신에 대한 불행감이나 삶에 대한 허무감을 버려라.

5. 긍정적이고 낙관적인 사람과 교제하라.

6. 작은 일이라도 머리를 쓰라. 향상시킬 방법을 생각하라.

7. 당신을 구속하는 것은 바로 당신의 생각이다.

8. 기분 좋은 아침은 즐거운 하루의 시작.

9. 내일은 오늘보다 무엇이 나아질지 생각한다.

10. 기상 후엔 바로 생수를 한잔 마신다.

11. 아침식사를 거르지 않는다.

12. 즐거운 상상을 많이 한다. 박수와 칭찬을 아끼지 않는다.

13. 할 일은 되도록 빨리 끝내고 여유시간을 확보한다.

14. 십년 후의 꿈을 적어 본다.

15. 나 자신의 잘못은 인정하고 잘한 일은 침묵한다.

16. 고마움은 반드시 표현한다.

17. 때로는 잘못도 눈을 감아 준다.

18. 누구에게나 정직하자.

19. 마주치는 것들마다 감사의 마음을 갖는다.

20. 태어나 줘서 고마워요.

21. 건강하게 자라줘서 고마워요.

22. 三寶(佛法僧)님께 감사하고,

23. 十方世界 衆生에게 감사하고,

24. 우주 천지신명께 감사하고,

25. 나라님께 감사하고,

26. 多生 父母 일가 친척께 감사하고,

27. 夫婦 간에 감사하고,

28. 兄弟 간에 감사하고,

29. 친구 간에 감사하고,

30. 이웃 간에 감사한다.

31. 매주 매달 목표를 세우자.

32. 한 줄 일기를 쓰는 습관을 갖자.

33. TV 보는 시간을 줄이자.

34. 일은 재미있게 열정으로 한다.

35. 무슨 일이든 최선을 다하라.

36. 중요한 일부터 처리하자.

37. 한번 할 때 확실히 마무리 짓자.

38. 대가 없이 베풀어라.

39. 할 일을 내일로 미루지 말고 지금부터 시작해 놓자.

40. 인생은 혼자 다 부정하지 말자.

41. 하루에 한 번씩 명상의 시간을 갖자.

42. 두려움을 버리고 열정을 가져라.

43. 현실에 만족하고 환하게 웃어라.

44. 30분 일찍 일어나라.

45. 아무리 힘들어도 "난 괜찮아" 에이브러햄 링컨이
    말했습니다.

사람은 행복하기로 마음먹은 만큼 행복하다.

하늘을 사랑하며 나를 사랑하는 방법

서로 사랑하며 존중한다. 서로 하는 일을 이해하며 시기 질투 않기, 서로 좋은 도반(道伴)되기, (양성평등) 자신의 일을 자신의 일인 줄 알고 투기와 투정하지 않기, 자연을 사랑하고 탐, 진, 치로 살지 말자. 물질 관습 생각에 침착하지 않고 살기, 명상, 마음, 공부, 번뇌는 어디서 오는가? 잡념은 어디서 생기는가? 부질없는 생각, 무상한 일에 사로잡혀 고뇌와 망상에 빠져서 허우적대는 번뇌에 빠져 마음에 평정을 잃고 삶에 기쁨을 져버린 채 갈팡질팡 갈림길에 서 있을 때, 해결법은 스스로를 관찰하는 것이다.

자기 안에서 문제가 나오고, 자기 안에서 답이 나온다. 모든 것은 마음 안에 있다. 당신의 마음이 흥미를 잃으면 당신은 정력과 생명력을 잃게 된다. 당신의 마음이 흥미를 잃게 되면 아무런 일을 하지 않았는데도,

115

당신은 그만 지쳐 버리고 만다. 당신은 결코 지쳐서는 안 된다. 그러니 뭔가 의미 있는 일을 찾고 그 일에 흥미를 가져라.

나는 행복할 수 있는 비결을 발견했습니다. 그것은 현재에 사는 것입니다. 언제까지나 과거를 후회할 게 아니라, 또 장래를 걱정할 게 아니라 현재의 이 순간에서 얻어낼 수 있을 만큼 얻어 내는 것입니다. 1초, 1초를 즐길 작정이에요. 그리고 즐기고 있는 동안 즐기고 있다는 것을 의식할 작정입니다.

비수되어 한 맺고 원수 맺어 죽어 다시 만난 곳이 이 世上, 너의 부부, 너의 자식이니라!

누구를 원망하고, 누구를 탓하랴. 지은 자도 너이고, 받는 자도 너이고, 불종자(佛種子) 다시 심어, 이내 몸 받았을 때 즐겁게 가꾸어라. 사람 몸 받기 어렵고, 불법(佛法) 인연 받들기 어려우며, 出家 스님노릇 어렵고, 成佛하기 더욱 어렵도다. 짜증내고, 원망하면 그게 바로 지옥이고, 모든 고통 극복하고 감사하게 받아내면 서방정토가 그곳이고, 극락세계가 예 있으니, 내 참마음을 두고 어디 가서 무얼 찾아 헤매는가? 잠을 덜 자고, 남보다 일 좀 더하고, 노는 입에 염불하고, 주야 정진 수도하여 팔만 세 누리는 용화 십선 세계(十善世界) '불살생, 불투도, 불사음, 불망어, 불양설, 불악구,

불기어, 불탐심, 불진심, 불치심' 지상 낙원 극락세계
다 같이 동참하세.

나무 당래 용화 교주 자씨 미륵 존 여래 불.

보왕삼매론(寶王三昧論)

1. 몸에 병 없기를 바라지 마라. 몸에 병 없으면 탐
   욕이 생기기 쉽나니, 그래서 성인이 말씀하시되
   병고로써 양약을삼으라 하셨느니라.

2. 세상살이에 곤란 없기를 바라지 마라. 세상살이
   에 곤란이 없으면 업신여기는 마음과 사치한 마음
   이 생기나니, 그래서 성현이 말씀하시되 근심과
   곤란으로써 세상을 살아가라 하셨느니라.

3. 工夫하는데 마음에 장애 없기를 바라지 마라. 마
   음에 장애가 없으면 배우는 것이 넘치게 되나니,
   그래서 성현이 말씀하시되 장애 속에서 해탈을 얻
   으라 하셨느니라.

4. 修行하는데 마(魔) 없기를 바라지 마라. 修行하는
   데 마가 없으면 서원(誓願)이 굳건해지지 못하나
   니, 그래서 성현이 말씀하시되 모든 마군으로써
   修行을 도와주는 벗을 삼으라 하셨느니라.

5. 일을 꾀하되 쉽게 되기를 바라지 마라. 쉽게 되면

뜻을 경솔한 데 두게 되나니, 그래서 성현이 말씀하시되 여러 겁을 겪어서 일을 성취하라 하셨느니라

6. 친구를 사귀되 내가 이롭기를 바라지 마라. 내가 이롭고자 하면 의리를 상하게 되나니, 그래서 성현이 말씀하시되 순결과 순정으로써 사귐을 길게 하라 하셨느니라.

7. 남이 내 뜻대로 순종해 주기를 바라지 마라. 남이 내 뜻대로 순종해 주면 마음이 스스로 교만해 지나니, 그래서 성현이 말씀하시되 내 뜻에 맞지 않는 사람들로써 원림(園林)을 삼으라 하셨느니라.

8. 공덕(功德)을 베풀려면 대가를 바라지 마라. 대가를 바라면 도모하는 뜻을 가지게 되나니, 그래서 성현이 말씀하시되 德 베푸는 것을 헌신짝처럼 버리라 하셨느니라.

9. 이익을 분에 넘치게 바라지 마라. 이익이 분에 넘치면 어리석은 마음이 생기나니, 그래서 성현이 말씀하시되 적은 利益으로써 富者가 되라 하셨느니라.

10. 억울함을 당해서 밝히려고 하지 마라. 억울함을 밝히면 원망하는 마음을 돋게 되나니, 그래서 말씀하시되 억울함을 당하는 것으로 修行하는 門을

삼으라 하셨느니라.

석가세존이 예언한 미륵존불의 출현은 예수님의 출현을 뜻한다

미륵존불의 출현에 대한 최초의 예언은 2500여 년 전 석가세존이 처음으로 밝힌 것으로, 미륵부처에 대한 석가 부처님이 전해주고 있는 '미륵경'에 의하면, 미륵부처님의 천상의 위치와 권능에 대한 설법 내용이 있다고 한다.

"이곳의 이름은 도솔타천이다. 이 하늘의 주님은 미륵이라 부르니, 네가 마땅히 귀의할지니라. 이 미륵께서 미래의 세상에 있어서 마땅히 중생들을 위하여 크게 귀의할 곳을 이루실 것이니, 미륵 부처님에게 귀의하는 자가 있으면 마땅히 알리라"

본문에 의하면 중생을 구제하기 위해 장차 오실 분이 미륵부처님이시라고 석가세존이 예언하셨으며, 현재 불가에서 이렇게 믿고 있다.

미륵은 석가가 돌아가신 후 56억 7천만년 후가 되면 석가가 미처 제도하지 못한 중생들을 모두 구제하기 위해 용화수라는 나무 밑에 부처님의 모습으로 내려와 세 번 설법하여 모든 중생들을 남김없이 제도한다고 하셨다.

익산 미륵사지는 이러한 미륵신앙이 만들어낸 우리 나라에서 가장 큰 절터이며, 백제 역사의 한 페이지를 화려하게 장식했던 대찰(大刹)이다.

그런데 격암유록에 의하면 "미륵불이 출현하건만 유, 불, 선이 부패하여 아는 군자 누구인가? 삭발하고 하늘을 모시는 스님이 되신 분네들이여, 관세음보살이 그 누구인가?

하늘 주인을 모시는 보살을 깨닫지 못하고 미륵불을 재 알쏜가? 아미타불 불도인들 팔만 경전 공부하여 극락 간단 말은 하나 가는 길은 희미하고, 서학에 입도한 천당인들 천당 말은 참 좋으나, 구만 장천 멀고머니 일평생엔 다 못가고, 영가시조(靈歌時調) 유사들은 오륜삼강(五倫三綱)이 바른 사람의 도리이나 거만, 방자 시기, 질투, 음사, 욕정뿐이리라.

사람의 도리를 가르친 유교와 땅의 도리를 가르친 불도가 '해 저무는 운'을 맡은 고로 상극의 이치를 나타낸 낙서의 기운이 혼미한 중에 안개 속을 방황하며 길을 잃는 이치로서 유교, 불교, 선도의 냇물이 각각 파벌로 나뉘어져 서로 이기고 서로 이익된다 말을 하지만, 천당인지 극락인지 피차일반 다 못하고, 평생수도 십년공부 나무아미타불일세. 춘말하초 사월천을 당코 보니 허사로다."

본문에 의하면, 모든 종교인들이 자기 나름대로 그 교리가 진리인양 말은 하고 있지만, 여러 파로 분파(分派)되어, 서로 파벌싸움이나 하고 있으니 참 진리는 깨닫기 힘들다는 뜻이 내포되어 있다. 또 미륵존불이 출현하건만 유, 불, 선이 부패하여 이를 아는 군자가 없다고 한다.

즉, 세인들이 미륵에 대하여 이러쿵저러쿵 말을 많이 하고는 있지만, 마음을 딴 곳에 두고 있기 때문에 미륵에 대한 참 진리를 깨닫지 못한다고 일침을 놓고 있다.

불가에서 석가세존이 예언한 중생을 구제하기 위해 미륵존불이 출현한다는 사실을 믿고 있으나, 각자 자기 나름대로 해석하고 있을 뿐 좀 더 구체적으로 알고 있는 사람이 없어 설령 미륵존불이 출현한다 해도 이를 아는 사람이 없다는 것이다.

여기서 우리가 우선 먼저 밝혀야 할 것은 2500여 년 전에 석가세존이 예언하신 미륵존불이란 존재가 가상의 인물이냐 아니면 실존의 인물이냐는 것이다. 그래서 실존의 여부를 확인하는 특수 장치를 이용하여 미륵존불이 가상의 인물인지 아니면 실존의 인물인지를 오링 테스트로 파악하여 보자. 종이에 미륵존불이라고 써서 오링 테스트를 해보면 전혀 벌어지지 않는다. 그런데 만약에 미륵존불이 실제로 존재하신다면 미륵존불이라고 쓴 종이를 특수 장치에 넣고 오링 테스트를 할 때에는 힘없이 벌어져야 한다. 미륵존불이라고 쓴 종이를 특수 장치에 넣어 나쁜 기운을 받게 하고 오링 테스트를 해보니 힘없이 벌어졌다. 이는 석가세존의 미륵존불 출현에 대한 예언이 거짓이 아니라 실제로 미륵존불이 존재하고 계시다는 것을 알 수 있다.

이제 미륵존불이 실제로 존재하신다는 사실을 오링 테스트를 통하여 확인하였으니 좀 더 깊이 미륵에 대하여 연구해 보기로 하자.

그러나 안타깝게도 미륵존불에 대한 자세한 기록이 없다. 오링 테스트 결과 미륵존불이 존재한다는 사실은 확인이 되었으나, 자세한 기록이 없으니 격암 남사고의 예언대로 미륵존불이 출현한다 해도 아무도 이를 알지 못한다는 뜻을 이해할 수 있다.

그런데 '이것이 개벽이다'란 책에 의하면,

"저 때에 미륵존불이 도솔천에서 부모가 늙지도 아니하고 어리지도 아니한 것을 관찰하시고, 문득 성령으로 강림하시어 탁태(托胎)하여 달이 찬 뒤에 탄생하시느니라."라는 인용문을 발견하고는 깜짝 놀라지 않을 수 없다. 즉 성령이 임하여 여자의 몸을 빌려 오신다는 말이 아니겠는가. 그렇다면 미륵존불의 탄생 배경은 예수님의 탄생 배경과 너무나도 똑같다는 것을 발견하게 된다.

혹시, 두 분의 탄생배경이 너무나도 똑같고 또한 인류를 구원하기 위해 오신다는 출연의 목적도 똑같으니 혹시 동일 인물이 아닐까 하는 의아심을 갖기에 충분한 조건을 갖추고 있다고 하겠다.

특수 장치를 이용하여 미륵존불과 예수님이 동일 인물인지 아닌지를 오링 테스트로 확인을 하여보자.

우선 종이에 미륵존불과 예수님이라고 각각 써서 오링 테스트를 해 보자. 두 분 모두 전혀 벌어지지 않는다. 이번에는 미륵존불이라고 쓴 종이를 특수 장치에 넣어 나쁜 기운을 받게 한 다음 예수님이라고 쓴 종이를 손에 들고 오링 테스트를 해 보자. 힘없이 떨어지는게 아닌가. 특수장치에는 분명히 미륵존불이라고 쓴 종이를 넣었기 때문에 미륵존불이 떨어지는 것은 이해가 가나, 예수님이라고 쓴 종이가 힘없이 떨어지느냐 하는 것이다.

이번에는 반대로 예수님이라고 쓴 종이를 특수장치에 넣고 미륵존불이라고 쓴 종이를 오링 테스트 해 보기로 하자. 역시 힘없이 떨어지는 것이 아닌가. 미륵존불이 나쁜 기운을 받으면 예수님도 따라서 나쁜 기운을 받는다는 뜻이요, 예수님이 나쁜 기운을 받게 되면 미륵존불이 따라서 나쁜 기운을 받게 되는 것이니 미륵존불이란 곧 예수를 말하는 것이며 예수님이란 곧 미륵존불을 말하는것이니 미륵존불과 예수님은 동일 인물일 수 밖에 없는 것이다.

좀 더 쉽게 이해가 되도록 설명을 하자면 홍길동과 임꺽정이 있다고 하자. 우선 홍길동과 임꺽정을 오링 테스트로 건강 테스트를 하였을 때에 전혀 벌어지지 않았다고 하자. 그리고 홍길동이라고 쓴 종이를 나쁜 기운이 나오는 특수 장치에 넣고 다시 홍길동과 임꺽정을 건강 체크를 했을 때에 홍길동은 힘없이 벌어지고 임꺽정은 전혀 벌어지지 않는다. 이는 특수장치에 의해 홍길동을 나쁜 기운을 받게 하였기 때문이다. 반대로 임꺽정이라고 쓴 종이를 특수장치에 넣으면 임꺽정은 벌어지고 홍길동은 벌어지지 않는다. 즉 특수 장치에 넣는 사람만 나쁜 기운을 받는다는 것이다.

그런데 홍길동의 별명이 개똥이라고 하자, 즉 개똥이나 홍길동은 동일 인물이라는 것이다. 이때 개똥이라고 쓴 종이를 특수장치에 넣고 홍길동의 건강체크를 하면 힘없이 벌어진다, 왜냐하면 홍길동이 개똥이요 개똥이가 홍길동이기 때문이다. 같은 원리에 의거 미륵존불과 예수가 동일 인물이라고 하자, 이때는 미륵존불이라고 쓴 종이를 특수장치에 의해 나쁜 기운을 받게 하면 미륵존불도 힘없이 벌어지고 예수님도 힘없이 벌어지는 것이다. 반대로 예수님이라고 쓴 종이를 특수장치에 넣어도 마찬가지이다. 그런데 실제로 미륵불이라고 쓴 종이를 특수장치에 넣고 예수님이라고 쓴 종이를 오링 테스트 해보니 힘없이 벌어지는 것이 아니겠는가. 반대로 예수님이라고 쓴 종이를 특수장치에 넣고, 미륵존불을 오링 테스트해 보아도 역시 힘없이 벌어지니 미륵존불과 예수님은 동일 인물이라는 것을 알 수 있으며 2500여년 전 석가세존이 중생을 구제하기 위해 미륵존불이 출현한다고 예언하신 것은 곧 500년 후에 인류를 구하기 위해 오신 예수님의 출현을 예언 하신 것이라 할 수 있다.

다만 후세 사람들은 미륵존불이 인도에서 나타나시기를 바랐기 때문에 이스라엘에 나타나신 예수님을 미륵존불로 인정하지 않았던 것이며, 기독교에서는 불교를 우상숭배로 몰아붙이며 진리의 종교로 인정하지 않을 뿐만 아니라 이스라엘에서 예수님이 출현하셨기에 석가세존이 예언하신 중생을 구제하기 위해 오신다. 미륵존불로 받아들이지 않았기 때문이다. 다시 말해서 예수님이 재림하실 때에 만약 인도에 출현하신다면 불교에서는 미륵존불이 오셨다고 주장할 것이며, 기독교

에서는 이를 인정하지 않을 것이고 이스라엘에 나타나
셨다면 기독교에서는 예수님이 재림하셨다고 주장할
것이며 불교에서는 미륵존불의 출현으로 받아 들이지
않는 것과 같은 것이라 할 수 있다.

그렇다면, 왜 석가세존이 중생을 구제하기 위해 오
신다고 예언한 미륵존불이 인도에 나타나지를 않고 이
스라엘에 나타나 혼란을 일으키게 하였느냐하는 것이
다. 미륵존불은 성령(聖靈)이 강림하여 탁태(托胎)하여
오신다고 하였으니 성령이 어느 나라 사람의 여인의
몸에 탁태(托胎)하느냐 하는 것은 어디까지나 성령(聖
靈)의 자유의사에 달려 있는 것이라 할 수 있다. 성령
으로부터 선택받은 여인이 인도 사람일 경우에는 미륵
존불은 인도에 출현할 것이며 이스라엘 사람일 경우에
는 이스라엘에 출현하게 되는데 성령은 이스라엘의 성
모 마리아를 선택한 것이다.

여기서 왜, 성령이 하필이면 이스라엘 여인을 선택
한 것일까? 하나님만이 아는 어떤 베일에 싸인 비밀이
있을 것이다.

다만 우리가 객관적으로 판단할 수 있는 것은 중생
을 구제하기 위해 오실 미륵존불은 비단 인도 사람만
을 구제하기 위해 오시는 것은 아닐 것이다. 즉 우리가
예수님을 믿고 의지하는 이유는 예수님이 이스라엘 민

족만을 구원하기 위해 오신 것이 아니라 세계 인류를 구원하기 위해 오셨듯이 말이다.

그렇더라면 우리가 성령(聖靈)이라고 가정하고 왜 성령이 미륵존불을 인도에 나타나게 하지 않고 이스라엘에 출현하게 하셨는지를 연구해 보기로 하자.

우리가 경찰서장이라면 국민의 치안유지와 안녕 질서를 유지하기 위해 경찰을 보낼 때는 제일 먼저 보내는 곳이 폭력과 범죄가 들끓는 우범지역일 것이다. 성령(하나님)도 이와 마찬가지로 생각을 하신다면 중생을 구제하기 위해 미륵존불을 보내신다면 구제할 중생들이 가장 많은 곳으로 보내지 않겠느냐 하는 것이다.

즉, 지옥에 떨어질 중생들이 많은 곳이라는 것이다. 이러한 논리로 해석을 한다면 미륵존불의 출현 당시에는 이스라엘 민족이 인도 사람보다는 하나님께 가장 많은 범죄를 저질렀다는 뜻이 될 것이다.

과연 당시에 이스라엘 민족이 하나님께 가장 많은 범죄를 저질렀단 말인가. 왜, 무엇이 그들이 어떻게 행동을 하였기에 하나님께 가장 많은 범죄를 저질렀을까, 이에 대한 이론적 연구는 뒤에 자세히 설명하기로 하자.

부처님 마음의 농사

부처님 교단에 있는 많은 제자들이 걸식만 하는 것에 대하여 비난이 있었던 모양이다.

부처님께서 코살라국의 에카나이야 숲에서 계실 때 하루는 이른 아침에 마을로 걸식을 나가셨다. 비구들이 걸식하는 것을 못마땅하게 생각하던 한 바라문이 밭을 갈다가 부처님을 보고 비난조로 말하였다.

"사문 고타마여, 나는 땀 흘려 밭 갈고 씨앗 뿌려 먹고 살아 갑니다. 수행하는 당신도 밭 갈고 씨앗 뿌려 공양하십시오."

"바라문이여, 나 또한 밭 갈고 씨앗 뿌려 공양하고 있다."

"당신도 밭 갈고 씨앗 뿌린다고 말하지만 나는 그것을 본 일이 없으니 당신이 밭 갈고 씨앗 뿌리는 것을 나에게 말해 주시오."

"믿음은 내가 뿌리는 씨앗, 고행은 철 따라 내리는 비, 지혜는 쟁기 끄는 멍에, 부끄러워하는 마음은 끌채, 올바른 생각으로 스스로를 지키니 이것이 훌륭한 소몰이로다. 몸과 입과 마음 잘 지키기를 창고에 먹을 것을 잘 관리하듯 하며, 진실을 타고 게으르지 않음에 기꺼이 머물러, 정진으로 황폐한 밭을 없애 편안한 마음으로 밭 갈고 있다. 앞으로 가기만 하고 돌아서지 않아 근심 없는 열반에 이른다. 이와 같이 밭 갈아 감로의 열매를 거두노니 윤회의 몸을 받지 않으리."

이것은 출가 수행자가 전념하여야 할 것과 재가 수행자가 하여야 할 보시의 길을 보이신 것이다. 반드시 육체적으로 하는 일만이 일이 아니라 종교인은 종교인이 해야 할 일을 최선을 다해서 본분을 지킴이며 하나의 생산 활동이라는 말씀이기도 하다. 재가자는 열심히 물질적 생산에 종사하여 교단에 보시하여야 하고, 수행자는 법을 바르게 가르침으로 법 보시를 하여 바르게 살아가는 삶으로 인도하여야 할 의무가 있는 것이다.

여기서 우리는 인도의 신 불교 운동을 전개했던 「암베드카드」의 말에 귀를 기울일 필요가 있다. 그는 "오늘의 비구승단은 본래의 목적과는 동떨어져 있다"라고 주장하고, 비구승단은 "이상사회의 모델이며 비구들은 이상 사회 건설의 선구자"였다고 말하면서 앞으로의 비구들의 역할에 대하여 강조하였다.

"비구는 자기 수양과 사회봉사 양 부분에 걸쳐 노력하여야 할 것이다. 법을 포교하는 것은 비구의 최대의 의무의 하나이다. 비구가 출가하는 것은 세속을 떠나 자기 수양에 전념하기 위해서가 아니라 고뇌하는 일반

재속신자에게 널리 봉사하는 자유와 기회를 얻기 위해서이다. 인류의 불행에 눈을 돌리지 않는 비구는 아무리 자기 수양을 거듭하더라도 진정한 비구는 아니다"고 하였다.

그는 자신이 불교로 개종하면서 불교인들을 향하여 "불교의 포교를 위해서 적어도 수입의 20분의 1을 기부할 결의를 다져주기 바란다"고 하였다.

부처님께서는 만년에 들어서시면서 점차 교단의 발전에 많은 관심을 보이셨다. 왕사성의 기사굴산에 계실 때 마가다국의 아사세 왕이 발지국을 정벌할 계획을 세우고 부처님에게 우사(愚舍)라는 대신을 보내어 가르침을 받고자 하였다.

이때 부처님께서는 옆에서 부채질을 하고 있던 아난 존자에게 물었다.

① "발지국 사람들이 자주 모여 바른 일을 서로 의논 하고,

② 임금과 신하가 서로 화목하고 윗사람과 아랫사람이 서로 공경하며,

③ 법을 받들어 금기할 것을 잘 알고 예도를 어기지 않으며,

④ 부모를 효도로 섬기고 어른을 공경하고 순종하며,

⑤ 조상의 종묘를 공경하고 제사를 잘 지내며,

⑥ 여인들이 정숙하여 음란하지 않고,

⑦ 사문들을 높이 공경하고 보호하며 공양하기에 게으르지 않느냐?" "예, 그렇다고 들었습니다." "그렇다면 그 나라는 결코 망하지 않으리라." 이로써 보면 국민이 일치단결되어 있으면 결코 망하지 않는다는 것을 알 수 있다. 그래서 부처님은 불교교단의 장래에 대해서도 다음과 같이 말씀하셨다.

① 자주 모여 정의를 강론하고

② 윗사람과 아랫사람이 화동(和同)하여 공경하고 순종하여 규칙을 어기지 말고,

③ 법을 받들되 금할 것 금하여 제도를 어기지 말고,

④ 스승을 받들어 모시고,

⑤ 마음을 닦아 가되 효도와 공경을 우선으로 하고,

⑥ 청정한 범행을 닦아 욕심과 감정에 따르지 말고,

⑦ 남을 먼저 생각하고 자기를 뒤로 하여 명예와 이익을 탐하지 않아야 한다.

법을 더욱 발전시키기 위해서는,

① 번잡한 일을 피하고,

② 말로 떠들기 보다는 침묵으로 행동하고,

③ 잠을 적게 자고 게으르지 말고,

④ 패거리를 만들어 잡담하지 말고,

⑤ 아는 것 없으면서 아는 체 하지 말고,

⑥ 행실이 나쁜 사람과 사귀지 말고, (불효자와는 상대하지 말라)

⑦ 번잡하지 않고 조용한 곳에서 자기를 살펴보라.

그리고 법을 발전시킴에 있어서는,

① 여래, 응공, 등정각, 부처님에 대하여 믿음을 가져라.

② 자기 자신의 허물에 부끄러움을 느껴라.

③ 악한 행동에 수치스러움을 느껴라.

④ 부처님의 가르침을 많이 배워라.

⑤ 어렵지만 수행에 힘써라.

⑥ 자기가 이미 공부한 것을 잊지 말라.

⑦ 무상함을 지혜로 깨달아 자기에 집착하지 말라.

그리고 일상생활에서 지켜야 할 6가지를 설하셨다.

① 자비 행으로 중생을 해치지 말라.

② 사랑과 정의를 말할지언정 험담하지 말라.

③ 손해와 이익에 너무 집착하지 말라.

④ 이익이 있을 때는 이웃과 함께 나누어라.

⑤ 불교적 가치관을 확고부동하게 가져라.

⑥ 지혜를 닦아 윤회를 벗어나라.

이러한 가르침은 교단의 화합을 특히 중요시하고 있다는 것을 알 수 있다.

사실상 많은 비구들은 부처님께 한 사람 한 사람씩 교화하여 입문케 한 것이 아니라 타 종교나 사상을 가지고 있던 사람들이 대거 집단적으로 개종하여 와서 있었기 때문에 항상 말썽의 여지가 있었다는 것을 짐작할 수 있다. 또한 승가의 구성원의 숫자도 천명을 넘는 사람들이 집단생활을 하고 있었으므로 금지 사항도 자연히 많았으리라는 것을 상상할 수 있게 된다.

"너희들은 법 안에서 화목하고 서로 존경하고 싸우는 일이 없도록 하라. 물과 우유가 잘 어울리듯이 한 스승에게 배웠으니 서로 도와 부지런히 배워라"

"바른 뜻을 드러내어 가르침을 널리 전하라. 만약 다른 견해가 생길 때에는 정법으로 다스려라."

그리고 "수행자는 한 곳에만 머물러 있지 말고 편력하라"고 하셨다. 여러 방향으로 가서 각자 포교하라는 것이다.

"살고 있는 집에 애착하지 마라. 빼앗길 것을 걱정하게 된다. 재산에 탐욕하지 말라. 근심과 걱정의 근원이다. 재가신자처럼 재산을 모으는 일에 매달리지 마라. 혈육의 정에 매달리지 말라. 그리고 재가신도들과 너무 가까이 왕래하지 말라." 이러한 것들은 수행하는 사람들의 기본적인 마음가짐이라고 할 수가 있을 것이다. 그러나 이러한 말씀의 본뜻은 여럿이 함께 모여 사는 '집단의 화목'을 위하여 바람직한 것이지, 그 규칙 자체가 목적이 있는 것은 결코 아니었다.

"윗사람과 아래 사람의 화목을 위해서는 작은 계(小戒)는 버려라. 그리고 예절을 지켜 순종하라."

불교 교단으로 많은 외도들이 귀의하여 왔고 때로는 그들이 문제를 일으키기도 하였으므로 점차 이교도들이 개종하여 올 때는 일정 기간의 예비 기간을 설정하기에 이르렀다.

"가섭아, 만약 이교도가 우리들의 법안에 들어와 출가하고자 하면 마땅히 4개월의 유보기간을 두어 대중과 어울릴 수 있는가를 확인하고서 출가하여 계를 받을 수 있도록 하라."

그리고, 부처님께서는 때로는 신통력을 보여 많은 사람들을 교화하였지만, 제바달다처럼 기적이나 신통력을 앞세워 사회적 물의를 일으킨 일도 있으므로 신통력을 앞세워 교화하는 일은 금하라고 하셨다.

"끝내 모든 비구들이 바라문이나 장자 거사들을 위하여 신통력을 나타내어 가르치지 않아야 할 것이다. 나는 다만 조용한 곳에서 진리를 깊이 생각하고, 만약 자기에게 공덕이 있으면 스스로 감추고 허물이 있으면 감추지 말고 드러내어 참회하라고 가르쳤다"

부처님 당시에는 많은 사상가와 종교가 서로 논쟁

하고 비판하면서 공존하고 있었다. 사상이란 그 사람의 습관이나 전통 또는 견해 등에 매달려 있는 것이므로 견해를 달리하는 사람들일지라도 서로 토론하고 비판은 할지언정 그것으로 자기만을 고집하고 앞세워 다투거나 미워하지는 않아야 한다고 말씀하셨다. 그것을 불전에는 장님의 코끼리 만지기'로 비유하여 맹목적임을 지적하고 있다.

부처님께서 마가다국에 계실 때였다. 외도 범지 선념이라는 사람과 선념의 제자인 범마달이 부처님의 뒤를 따르면서 스승인 선념은 갖가지로 부처님과 법과 제자들을 헐뜯고 비방하였으나, 제자는 반대로 칭찬하고 있었다. 이러한 일이 있은 다음 걸식이 끝나고 제자들 사이에는 논쟁이 있었던 모양이다. 이런 논쟁을 보신 부처님은 제자들에게 말씀하셨다. "모든 비구들아, 만약 여래와 법과 승가를 헐뜯고 비방하는 사람이 있더라도 너희들은 분한 마음을 품고 그들을 해치려고 해서는 안된다. 그들이 비방하고 헐뜯는다고 해서 너희들이 분노하는 마음으로 해칠 뜻을 가진다면 그것은 스스로 함정에 빠지는 것이다. 비구들아, 만약 여래와 법과 승가를 높이 칭찬하는 사람이 있다고 해서 그 가운데서 마음이 들떠 기뻐하고 만족하여서도 안된다.

너희들이 환희심을 내는 것 또한 하나의 함정이다"

하셨으며 "자신의 종교를 찬양하지 말 것이며 다른 종교를 비방하지 말라"고 말씀하셨다.

미륵사상에 관한 여러가지 경전

불교신앙의 형태를 특정 불보살을 위주로 구분하여 말할 때 여러 가지가 있다. 이 가운데 미륵불 혹은 미륵보살을 특별히 신앙하는 것을 미륵신앙이라 한다.

이 미륵신앙에 관한 여러 경전들이 있는데 미륵삼부경 또는 미륵육부경이라 하여 세 개의 경을 들거나 여섯 개의 경을 들어 말하기도 한다. 미륵상생경(彌勒上生經)은 미륵 신앙의 대표적인 경전으로 '미륵하생경'과 쌍벽을 이루며, '미륵성불경'을 더하여 삼부경(三部經)이라 하며, 이역에 해당하는 구마라습 역의 '미륵하생경'과 또 의정삼장 역의 '미륵하생성불경'과 역자 미상의 '미륵내시경(彌勒來時經)을 합하여 육부경(六部經)이라 불려오기도 했다.

'미륵상생경'은 유송(劉宋) 때 저거경성(沮渠京聲)이 번역한 것인데 한권으로 되어 있다. 원 이름은 '관미륵보살상생도솔천경'이며, '미륵보살반열반경'이라 부르기도 한다.

미륵신앙 계통의 경전 중 가장 늦게 이루어진 경으

로 알려진 이 경은 미륵의 정토인 도솔천에 왕생할 수 있는 방편을 설해 놓은 경이다.

미륵 왕생 사상

부처님이 기원정사에 계시던 어느 날 밤 부처님이 광방을 하여 광명을 비친다. 이 광명 속에 화불이 나타나 법을 설 하자 수많은 불제자들이 모여 들었다. 이때 우바리존자가 부처님이 미륵에게 수기 준 것을 기억하고 아직 범부인 미륵이 목숨을 마치면 어디에 태어나게 되느냐고 물었다. 이에 미륵도 도솔천에 태어나 일생 보처 보살로 머무를 것이고 5백만 억의 천자들이 공양할 것이며 천자들이 서원을 일으켜 궁전을 만드는 이야기를 하면서 도솔천국의 장엄에 대하여 설했다.

미륵은 이곳에서 여러 천상의 사람들을 교화하다가 마침내는 하생하여 부처가 될 것이라 하였다. 그리하여 그는 석가모니의 교화 인연이 다한 다음에 사바세계에 강림하여 중생들을 교화할 미래불의 대명사로 인식되었다. 한 생만 지나면 부처가 되지만 현재는 보살이므로 미륵은 보살이라 부르기도 하고 당래 부처로서 말할 때는 부처라 하기도 하였다.

원래 미륵은 자씨(慈氏)라고 번역하는 것처럼 중

생들에게 희망과 용기를 주는 보살이다. 마이테리아 (Maitreya)라는 범어를 한자의 자(慈)로 번역하여 이를 성(姓)으로 하여 김씨, 박씨 하듯이 자씨라 한 것이다. 그러므로 미국 사람들은 '헤피부다' 라 한다. 「자능여락(慈能與樂)」이라 하여 즐거움을 주는 것이라 하였는데 미륵은 일체 고난 중생에게 즐거움을 누리도록 좋은 세상을 만들어 준다는 뜻이다. 미륵신앙의 특징이 바로 여기에 있다.

좋은 세상이 도래하기를 염원하면서, 인류의 보편적이고 통상적인 이 공동 염원을 미륵신앙에 의해서 구현한다는 것이다. 새로운 세상을 여는 개벽의 주인공처럼 다가오기도 한다.

미륵불을 칭명하는 염불을 닦아 삼매를 얻으면 도솔 왕생이 이루어지며, 미륵상생경을 독송하며, 계를 받고 선업을 닦으며, 큰 서원을 발할 때에도 왕생이 이루어진다 하였다. 또 설사 계를 어기고 악업을 지었더라도 미륵의 이름을 듣고 참회하면 그도 왕생할 수 있다 하여 참회 왕생을 설해 놓기도 하였다.

이 경은 왕생신앙을 강조하면서 그 방법을 가장 쉽게 제시해 놓았다. 이리하여 예로부터 미타정토와 마찬가지로 미륵정토를 쉽게 받아들여 널리 인간에 유통되게 된 연유가 고도의 수행을 요구하지 않고 쉽고 간명하게 설해 놓은 법문 때문이라 볼 수 있다.

이 경의 주석서로는 「미륵경유의 彌勒經遊意」가 유명하며, 우리나라 원효스님의 「미륵상생경종요」와 경흥의 「미륵상생경요강기」가 있다.

구세불로서 미륵의 이미지는,

1. 도솔왕생 신앙과,

2. 미래불 신앙과,

3. 복덕 신앙과,

4. 평화사상 신앙과,

5. 지상천국 신앙과,

6. 10선도 사상등 의 6종으로 구분한다.

상생과 하생신앙, 성불신앙

1. 상생신앙

미륵불을 신앙하는 것은, 우리의 미래세에는 꼭 성불을 이루겠다는 굳은 신념이 있기 때문이다.

그러면서 현세 성불하지 못한 것은 우리들의 업장이 두터워서 일까, 아니면 현재불인 석가모니불의 재세시 설법을 듣지 못해서 일까, 아니, 성불의 인연은 다른 사람의 힘에 의해 이루어지는 것이 아니다.

우리의 업장에 의해 말법 시대에 태어났고 또한 문

명의 발달로 수행의 장해가 많고 의지가 약하기 때문이다. 그렇지만, 결국 성불의 인연 줄을 놓지 않겠다는 믿음이 있기에 지금은 깨닫지 못하지만 다음 생에는 미래불인 미륵불이 계신 도솔천에 상생해서 직접 미륵불을 친견하고, 미륵불이 염부제 하생 하실 때 함께 하생해서 화림원 용화수 아래서 법문을 듣고 해탈하여 성불하겠다는 신앙이다.

2. 하생신앙

하생경은 우리가 살고 있는 동안 이 사바세계에 미륵불이 하생(출현)하셔서서 우리들에게 삼회의 설법으로 근기에 따라 해탈하게 한다는 신앙이다.

미륵불이 출현하는 세계는 먼저 전륜성왕이 나타나서 세계를 무력을 쓰지 않고 통일하며 그 세계는 어떠한 대립과 갈등이 없는 이상사회가 실현되어서 만민이 평등하고 아무런 고통이 없는 세계가 건설된다는 것이다. 그래서 우리 사회가 어지럽고 혼란한 시기는 더욱더 용화세계 건설이 절실히 요구되었기 때문에 때로는 미륵불을 빙자한 사이비 교주가 나타나서 온갖 악행을 저지르는 역사적 현실도 있다.

그렇다고 해서 미륵불의 화신이 출현하지 않는 것은 아니다. 석가모니불이 천백억 화신으로 출현하시듯 세상을 정화하기 위해서 미륵화신 또한 우리 주위에 없다고 단언할 수 없다.

3. 성불신앙

미륵 삼부경

도솔천에, 왕생하는 미륵상생경, 미륵불이 이 땅에 오시기를 기다리는 내용의 미륵상생경과 하생하여 성불하는 미륵 성불경이 있다.

이 경에 말씀하신 내용은 타의에 의한 신앙관이 아니라 현세에서 스스로가 즉신 성불해서 미륵불이 되고 중생을 제도하겠다는 신앙이다.

그 한 예로 신라시대 경덕왕 때 노힐부덕과 달달박박이 수행해서 현신 성불했다는 설화가, 현세에서 성불할 수 있다는 믿음을 갖게 한다.

그러면 어떻게 하면 미륵불의 세계 왕생과 성불할 수 있으며 미륵불을 맞이할 수 있을까?

원효대사는 「미륵상생불 종요」에 "미륵정토에 왕생하기 위해서는 미륵불을 염송하며 과거의 잘못을 참회해야 한다"고 했다.

그리고 미륵불의 본원력이 국토를 청정히 하고 국토를 수호하고 중생을 정화하며 중생을 수호해야 한다는 것이므로 세계를 정화하고, 불자는 이타와 대비를 실현하며 정법을 즐기고 타인에게 두루 이익 됨을 발원하며, 탐, 진, 치, 삼독심을 버리는 등 10선을 수행해야 한다고 강조하였다.

이러한 행을 통하여 도솔천에 태어날 수 있고 성불할 수 있는 인연이 되는 것이다.

중생들은, 삼보공양, 불법봉행, 5계수지, 법당창건 중수, 법문경청, 부처님 공양 등의 인연 중에서 하나만이라도 맺거나, 남을 위해 경율론 삼장을 연설해 주고, 질투심을 버리고 타인에게 불법을 가르쳐 지니게 하고, 타인의 고통을 대신하며,

타인을 재난에서 구해 주거나, 사람 간의 불화를 중재하는 등의 이타 행위를 닦아도 용화세계에 태어날 수 있다 하였다.

십선행 (十善行)

몸으로 지키는 일: 살생, 투도, 음행을 금하는 일.

입으로 지키는 일: 거짓말, 간사한 말, 악한 말, 이간 하는 말

마음으로 지키는일: 탐내는 마음, 성내는 마음, 어리석은 마음.(진리를 모르는 것)

이렇게 미륵부처님은 옛날 인도 바라나국의 한 바라문 집안에서 태어나 하루에 세 번씩 몸과 마음을 정결히 하고, 여러 부처님들을 향해 이 세상의 모든 고통을 없애고, 중생을 구할 수 있는 지혜를 얻게 해 달라고 예불 기도하던 아일다(阿逸多 아지타)였다.

이 분은 수행이 워낙 지극하여, 뒷날 석가세존으로부터 당신 다음에 이 세상에 와서 모든 중생을 구하게 된다는 수기(授記)를 받고, 열반에 드신 후, 도솔천에서 천인들을 위해 설법을 하게 되었는데, 이 수행자가 바로 미륵보살이다.

미륵보살님은 중생을 구하고자 하는 서원이 너무나 크고 깊었기 때문에 지니시게 된 위신력 또한 과거 그 어느 부처님보다 더 원대하고 특색이 있다고 하였다.

불경이 전하는 바에 의하면, 미륵부처님은 국적, 종족, 피부색, 종교 등 모든 세속적인 구분을 초월하여 모든 인류의 구세주로 이 땅에 오셔서, 당신의 크신 소원대로 오탁한 세상을 인간정토로, 죄악의 세간을 세간천국으로 직면한 모든 어려움을 소멸시켜 주신다고 하였다.

또한 미륵불 시대의 중생들은 옛날처럼 출가하여 삭발하고 고행하면서 수행하지 아니하고, 세간에 있으면서 자신을 새롭게 하여 미륵부처님을 예경하며, 모든 선행을 받들어 행하고, 미륵부처님의 자비정신을 실천하기만 하면 미륵부처님의 크신 원력에 힘입어 부처와 보살이 될 수 있다고 하였다.

이처럼 재가(在家)수도자가 성도하여 부처와 보살을 이룰 수 있는 것은 일찍이 찾아보기 어려운 일인데, 마치 연뿌리가 진흙탕 속에서 자라면서도 그 흰 본성을 잃지 않는 것처럼, 수행자도 어디에 머무르던지 자신의 본성만 잃지 않는다면 성불할 수 있다는 것이다.

미륵 부처님의 정신은 그 분의 불호(佛號)에서도 잘 나타나고 있는데, 산스크리트어로 마이트레야(maitreya)라는 부처님의 성호(聖號)는 메시아, 즉 미래의 구세주라는 뜻이다.

다시 말해서 전 세계 모든 인류의 소망에 부응하실 분이신 것이다. 또한 마이트레아라는 그 분의 성(姓)은 한자어로 자(慈)씨이며, 이름은 아일다, 무승(無勝), 무능승(無能勝), 또는 막승(莫勝)으로 번역하고 있다. 오직 베풀기만 할 뿐 결코 중생과 다투어 빼앗고 이겨서 짓밟지 않는다는 것이다.

이러한 희망과 대자비의 정신 때문에 일찍부터 많은 사람들이 미륵부처님을 신봉하고 미륵복음을 널리 펼치려고 노력해 왔습니다.

고대 인도의 고승 무착(無着)과 세친(世親), 중국의

고승 도안(道安), 세간에 잘 알려진 삼장법사 현장(玄奘)과 그의 제자 자은대사(慈恩大師) 규기(窺基)는 모두 미륵사상에 심취했던 고승들이었고, 당송팔대가의 한 사람으로 문명(文名)을 떨쳤던 백락천(白樂天) 또한 미륵신앙에 독실했던 인물이었다.

우리나라에서는 삼국시대 초기에 불교 전래와 동시에 미륵사상이 전해졌고, 왕실 중심의 귀족불교로 치닫던 신라에서 미륵신앙은 일반 백성들의 정신적 지주가 되었는데, '미륵상생경소' '미륵상생경종요'를 쓴 원효대사, 전북 김제에 금산사를 창건하고, 미륵보살 장육상(丈六像)을 조성한 진표율사는 모두 미륵사상에 투철했던 분들이다.

미륵불상은 미륵보살의 화신으로 중국 양나라에 태어나 많은 일화를 남긴 포대화상의 모습에서 비롯되었는데, 커다란 배와 자비스런 웃음은 미륵부처님이 지니신 무한한 포용성과 자비심을 잘 나타내고 있으며, 너무나 소박한 모습이여서 누구나 쉽게 접근하여 크게 환희심을 얻을 수 있다.

오늘날 세계 중생들은 여러 가지 재난과 번뇌로 인해서 웃음을 잃어가고 있는데, 미륵불상의 자비로운 모습을 대하게 되면 자신도 모르게 웃음을 되찾게 되므로, 서양 사회에서는 빠르게 유포되고 있으며, 그들은 미륵불상을 가리켜 '해피 부다(Happy Buddha: 행운불)' 라고 부른다고 한다.

불경에는 석가세존 입멸 후 56억 7천만년이 지나면 미륵보살이 하생하여 용화대회를 열고, 세존께서 미처 제도하시지 못한 중생들을 모두 구제하신다고 되어 있다.

그렇다면, 어찌하여 미륵세상은 그토록 아득히 먼 훗날에 실현되는 것일까. 만일 문자 그대로 56억 7천만년 후에나 이루어진다면 미륵부처님과 우리는 사실상 아무런 관계도 없는 셈이 된다. 그런데 5, 6, 7의 이 세 글자에는 아주 깊고 심오한 의미가 담겨 있어 후천적 허투로만 헤아릴 일이 아니다. 미륵 부처님과 불연(佛緣)이 깊고, 오늘날 선양되고 있는 미륵복음을 들어 5, 6, 7의 진정한 의미를 깨닫는다면 이 시대에 태어났다는 사실에 무한히 감사할 수 있다.

사람은 누구나 다섯가지 감각기관을 가지고 있다. 눈, 귀, 코, 혀, 몸 이것이 빛, 소리, 냄새, 맛, 감촉을 하여 분별 시비를 일으키는데 거기서 떨어진 것이가 제 6의식 속에 낙사(落謝)되었다가 제 8의식 속에 저장 된다. 제 8식은 나의 주인이라 집착하고 나머지 눈, 귀, 코, 혀, 몸, 생각은 종으로 부려먹으며 아만, 아견, 아애, 아치의 번뇌를 일으킨다. 그런데 미륵신앙은 통하여 전 5식과 제6식이 뒤집어지면 일시에 56억년이 지나고 제7식이 뒤집어 지면 7천만년이 지나 그 자리에서 성불하게 되는 것이다. 이것이 56억 7천만년의 숫자를 개념적으로 나오는 것이다. 그래서 이 시대, 이 땅에 태어나서 미륵복음을 접할 수 있는 것은 과거 세에 우리가 미륵부처님과 인연을 맺었기 때문이다.

이제 미륵수기(彌勒受記)를 받고, 미륵 대자비심을 실천함으로써, 보다 확실한 미륵권속(彌勒眷屬)이 되어야 할 것이다.

세상 사람들의 가슴 속에 자비심을 불어 넣어주고, 그늘진 얼굴에 웃음이 피어나게 하여 진정한 미륵정토를 실현하는 일이야 말로 유한한 인생을 무한히 살 수 있는 가장 복된 삶의 방식이 될 것이기 때문이다.

실로 이 몸과 마음은 나의 주인이요 그림자다. 실체가 있는 것도 아니고 실체가 없는 것도 아니다. 몸은 땅에서 구해 먹은 음식물의 덩어리일 뿐 사람이라고 볼 수 없다.

정신이 없어지면 땅의 음식물일 뿐 그 정신도 인간이라고 할 수 없다. 그 실체가 없기 때문에 바람과 같다고 할 것이다.

그러므로 어리석어져 물질로 자기 삶은 마음에만 사람이 있고 생사가 있다는 것을 알아야 한다.

생사의 아픔과 생사의 두려움보다 심각한 것은 없다. 그러나 실제로 보면 그것은 착각에서 비롯된 오해였던 것이다. 꿈에서 깨어나면 아무리 고통스러웠던 것도 순간 사라지고 만다. 이렇듯 오해만 풀리면 찢어지는 가슴도 풀리게 되는 것이다. 이것을 돈오라고 하고 이렇게 편해진 마음을 해탈심이라 한다.

생사의 숙제를 들고 궁성을 넘은 석불은 얻는 것이 무엇인가, 바로 이것이다, 벗어났다, 오해가 풀려난 것이다. 해탈심은 찰라에 얻고 사라지는 것이니 계속적으로 수행이 필요하다. 허망한 나를 잊지 말고 계속 수행을 점검해야 한다.

나의 청원

소승 자도광(慈道光 속명: 강호남)은 삼보에 귀의하옵고 큰 어른께 문안드립니다. 귀댁 내에 무병장수 하시고, 만사 길상하시길 불전에 항시 축원 드립니다. 지금껏 도와주신 여러분께 자도광 진심으로 심심한 감사의 말씀을 드립니다.

참으로 불교를 알면 마음도 바뀌고 세상도 바뀝니다. 지옥도, 천당도, 내 맘이 만들고 또한 부처도 내가 만들기 때문입니다.

종교는 인류를 위해 존재하여 만든 것이고 성인도 인류를 지도하기 위해 탄생했습니다. 서로를 존중하고 생명을 하늘과 같이 귀하게 여기는 종교가 참 종교입니다.

무엇이 그리 바쁩니까, 먹고 살려니 바쁩니다. 그러나 돈도, 명예도, 부모, 형제, 자식도, 무엇도 빼 놓을 수 없이 중요한 것이지만 거기에 인생을 바칠 수는 없습니다. 생사 문제보다 더 중요한 게 있습니까. 십여 명의 죽음을 직접 보고 체험하다 보니 세상에서 죽음보다 더 확실하게 오는 것은 없는 것 같습니다. 생명이 있는 것은 꼭 죽습니다. 누구나 죽음 앞에서는 괴로워하고 슬퍼합니다. 불교에서는 죽음은 옷을 갈아입는다고 표현도 하고, 온 데로 도로 간다고 하여 돌아가셨다고도 합니다. 그리고 죽음은 잠깐 왔다. 이사 가는 것으로 비유를 들어 말합니다.

十善공덕으로 이루어진 용화지상천국은 누누이 말씀 드린 바 있지만 얼마 남지 않은 시간에 미륵님 친견 3회 법회에 동참하여 수기 받아 영생을 누릴 때는 곧 도래할 것으로 확신합니다. 소승 50여 년의 숙원인 용화전을 신축하고 1,000일 기도를 시작하여 몇 3개월 남았군요. 사찰은 수행의 도량, 자비의 도량이 돼야 할 때, 소승의 원력이 부족해 다시 대원을 결심하여 용화

149

전 앞에 미륵부천님 대불상을 모시기로 하였습니다.

한번만 대불상을 뵈어도 인연 공덕을 입사와 용화세계에 동고동락할 것을 확신합니다. 많은 동참 바랍니다.

수행에 필요성을 느낀 바 인생의 참된 행복과 건전한 보람은 수행에서만 느낄 수 있다고 생각합니다. 수행이 산 사람이 생사 문제를 스스로 해결하는 방법이라면 천도는 산 사람이 죽은 사람의 영혼을 다스려 주고 선도(善道)에 태어나게 해 주기 위한 의식입니다.

수행이 누구나 반드시 해야 되는 것이듯, 천도(遷度)도 영가를 위해 반드시 해야 되고 꼭 필요한 것입니다. 사람이 죽으면 육체는 한줌의 흙이나 재로 변합니다.

육체를 벗어나 영혼을 佛家에서는 영가(靈駕)라 하고 중음신(中陰身)이라고도 합니다. 이 영가 중음신이 전생에 지은 업에 따라서 새 몸을 받아 윤회하면서 살아가는 세계를 크게 나누어 三界라 하고 이를 세분하여 6도라 합니다. 3계는 욕계(欲界) 색계(色界) 무색계(無色界)로 나눠집니다.

중생들의 탐욕의 정도에 따라 세 가지로 구분한 것입니다. 「화엄경」에 「일체유심조(一體唯心造)」란 말이 있듯이 우주도 중생의 마음에 의해 건립된 것입니다. 중생의 마음의 차이 즉, 정신적인 욕구의 차이에 의해 살기 좋은 세상 그렇지 못한 세상이 생긴 것입니다. 우리가 살고 있는 욕계는 물질욕(物質慾), 음욕(淫慾), 식욕(食慾), 명예욕(名譽慾), 수면욕(睡眠慾) 등이 극심한 세계인즉 우리가 살고 있는 세계가 욕계입니다. 욕계에서는 부처 공부를 열심히 하면 부처를 이룰 수 있는 곳입니다. 중생은 이 세계를 윤회하면서 태어나고 죽고를 되풀이 하는데 이를 삼계 윤회라 하고 삼계화택(三界火宅)이라 합니다.

6도 윤회란 지옥, 아귀, 축생, 아수라, 인간, 천상(天上)의 여섯 갈래 길을 말합니다. 8대 지옥 중 제일 아래 지옥이 무간 지옥으로 부처님을 비방하여 가장 극악한 죄인이 태어나는 곳으로 가장 고통이 심한 곳입니다.

악귀는 탐욕을 많이 부린 자가 태어나는 곳으로 항상 배고픔과 목마름에 시달린다 합니다. 축생도는 짐승, 물고기, 곤충 등을 말합니다.

고통이 많고 부자 간에도 의리가 없고 싸우고 서로 잡아먹는 공포 속에서 괴로운 중생을 말합니다. 아수라는 성질을 내 그들이며 싸움하여 시끌벅적한 광경을 아수라장이라 합니다.

人道는 우리가 사는 세상으로 천상 다음으로 선한 복업을 지은 중생이 태어나는 곳입니다. 현실이 괴롭다고 하지만 어떤 면에서는 천상보다 더 바람직한 곳이라 할 수 있습니다. 왜냐하면 천상은 복락이 너무 많아서 다음 생의 괴로움을 생각할 여지가 없기 때문에 복이 다하면 다시 더 나쁜 세계에 윤회할 수 있지만 인간으로 태어나 마음과 행실을 잘만 닦으면 영원히 윤회를 벗어날 수 있기 때문입니다. 그러니 사람으로 태어나기 어렵고 불법 만나기 어렵고 스님 되기 어렵고 불보살 가피 받아 극락 가기 어렵다는 것입니다.

속절 속절 속절일세,

우리 집이 속절일세,

속절 없이 죽는 중생 죽는다고 한(恨)을 말고,

노는 입에 염불하고 부지런히 수행하세!

하는 노래가 있지 않습니까.

천도재는 전생에 지은 업이 두텁고 지중해 지옥, 아귀, 축생계와 같은 악도에 떨어질 영가나 중음신으로 새로 태어나게 하는 의식입니다.

연을 맺지 못하고, 우주의 혼이 되어 떠돌아 다니는 영혼에게 부처님의 진리 법음(法音)을 들려주고 일깨워 주어서 영가 스스로 깨닫게 하고 불보살님의 가피로 스님들의 법력과 유가족들의 지극한 불공 공덕으로 새 인연을 맺어 극락세계나 천상세계나 아수라세계 등 선도에 태어나게 하는 의식입니다.

특별히 천도재를 올려도 천도가 되지 못하고 100일, 1년, 100년이 지나도 천도가 안 되는 영가를 위해 특별히 베푸는 제입니다. 일반 천도재는 7월 백중에 법계(法界)의 유주무주 모든 고혼(孤魂)을 모시는 재를 말합니다.

천도의 방법에는 염불천도(念佛薦度), 독경천도(讀經薦度), 사경천도 세 가지가 있습니다.

영가는 육신이 없고 마음과 마음으로 통하는 존재이므로 독경자의 이해가 꼭 선행되어야 합니다.

경전을 읽을 때는 영가를 앞에 모시고 부처님 진리의 말씀을 들려준다는 간절한 마음으로 정성껏 읽어야 합니다.

사경을 하며 법 보시도 좋으며 백세 이상의 부모도 천도가 된다고 하고 극악무도한 영가도 악업을 지은 영가도 천도가 되어 선도에 태어나거나 天上락을 받을 수 있다고 하였습니다.

영가 천도를 하면 영가에게만 이익이 있는 것이 아니고 유가족에게 더 큰 이익이 따릅니다.

망인을 위해 49재는 꼭 지내야 하고 만일 49재를 못 올리면 망인이 평생 산 것보다 49일간의 고통이 더 크다고 한다.

지장경에서 말씀하시기를 죽은 이를 위해서 재를 지

내면 그 공덕의 7분의 1만 죽은 이에게 받고, 7분의 6은 재를 지내는 사람에게 간다고 합니다.

천도재는 단지 돌아가신 사람의 명복을 빌고 제도하는데 그치지 않고 자기 천도의 기회를 삼아 새롭게 거듭 태어나는 마음가짐으로 해야 합니다. 천도재는 영가를 위해 효행 중 효행이요, 선행 중 선행이라 할 수 있습니다.

유가족이 망자를 위해 아무리 슬퍼 괴로워하고 몸부림쳐도 어떤 영향도 미칠 수는 없습니다. 그러나 천도재는 영가의 인연만 계합되면 선도에 태어날 수 있는 결정적인 원인을 제공할 수 있습니다. 악도에 태어날 영가를 좋은 세계로 안내하고 인도하여 제도하는 것은 영가를 위해서 최상의 공덕이 되는 것입니다.

우리는 50세만 되면 죽음을 준비해야 합니다. 지혜로운 사람이라면 준비된 죽음을 맞이해야 합니다.

죽음은 예고 없이 올 수도 있고 한밤중에 급습하듯이 올 수도 있습니다. 언제 오더라도 담담하게 맞이할 수 있고, 웃으면서 맞이한다든가, 자유자재로 맞이해야 잘 사신 분이라 할 수 있습니다. 이 말이 잘 이해가 안 되거든 수행을 깊숙이 하여 염불하는 사람은 염불삼매(念佛三昧)에 꼭 들어보시고 참선하시는 분은 선정 삼매에 꼭 들어 보십시오. 그 경계만 되어도 생(生)

154

과 사(死)가 둘이 아니고 生이 곧 死요, 死가 곧 生이라는 것을 느끼실 것입니다. 그런 정도를 체험하면 죽음에 대하여 근본적으로 이해가 되고 천도는 왜 지내야 하는지 바로 느낄 수 있습니다. 그때가 되면 부처님의 진리와 가르침이 무엇인지를 느낄 수 있고 법당에 들어가면 부처님께 절이 저절로 나오고 존안(尊顔)은 바로 뵙기가 송구스럽게 생각하고 불교가 무엇이고 부처님은 인류를 위해 어떤 일을 했는지 참회하며 고마운 눈물이 날 것입니다.

소승이 이 글을 적게 된 것은 우리 용화 공업사를 50여년을 운영하면서 가끔 시간 나는 대로 부처님의 불법을 항시 강조하고 우리의 뿌리를 알아 부모에게 효도 공경하고 형제 친척이 화목하며 매사에 정직하게 바른 습관을 역설했으며, 10선업을 해석하여 언변 없는 설법을 여러 번 하였건만, 업장 소치인지 대하여 근본적으로 이해가 되고 천도는 왜 지내야 하는지 바로 느낄 수 있습니다. 그때가 되면 부처님의 진리와 가르침이 무엇인지를 느낄 수 있고 법당에 들어가면 부처님께 절이 저절로 나오고 존안(尊顔)은 바로 뵙기가 송구스럽게 생각하고 불교가 무엇이고 부처님은 인류를 위해 어떤 일을 했는지 참회하며 고마운 눈물이 날 것입니다.

소승이 이 글을 적게 된 것은 우리 용화 공업사를 50여년을 운영하면서 가끔 시간 나는 대로 부처님의 불법을 항시 강조하고 우리의 뿌리를 알아 부모에게 효도 공경하고 형제 친척이 화목하며 매사에 정직하게 바른 습관을 역설했으며, 10선업을 해석하여 언변 없는 설법을 여러 번 하였건만, 업장 소치인지 재산이나, 장수나, 명예나 다 누린다고 행복은 아닙니다. 진정한 복이란 부처님이 말씀한 진리의 혜안이 열려야 안정된 마음이 정착되므로 참다운 행복이라 할 수 있습니다. 행복과 불행은 우연히 생긴 것이 아닙니다. 전생에서 지어온 것으로 업력으로 쌓이고 쌓여서 연결된 것입니다.

전생의 죄가 커 금생에 지독한 고생을 하다가 악도에 떨어질 사람인데 다행히 금생에 불경을 받아 수행한 공덕으로 나쁜 죄업인 삼악도를 소멸하고 차차로 나아져서 끝내는 성불하는 것입니다.

사람은 자기행위에 따라 반드시 주고받으며 육도, 윤회한다. 탐, 진, 치, 삼독을 여의고 신, 구, 의, 삼업을 닦아 윤회를 해탈하는 것이다.

마음이 안락하고 근심 없이 평상심으로 삶을 살면 이것이 극락에서 산다할 수 있다. 용화 지상천국을 이룩하는 것은 바로 우리들이 건설해야 한다.

현재 말세라 오늘의 인류는 전진 후퇴를 할 수 없는

만장의 절벽에서 최후 종말을 기다리는 절망에 부딪혀 있다. 인류의 종말을 위협하는 핵무기 개발은 폭탄을 지고 三界의 火宅으로 뛰어드는 최후의 위기로 몰고 온다. 이것을 거울 하여 인류종말인 불의 심판이 오리라는 예수님의 예언이나, 오탁악세의 삼재팔난과 굶주림, 질명, 火山, 지진, 전재, 풍재, 수재, 테러 등등이 휩쓸어 올 때 몇 몇 살아남기 어렵다 함은 석가부처님께서 경고한 일이다.

성사님들의 예언이 사실이나 헛된 말이 아니리라!

우주만유는 인연 인과 법칙에 의해 정신적 理性과 의지 감정 등에 인한 행위에 인과업보(因果業報)가 결정된다는 원리를 분명히 설법하셨다.

오늘의 중생들이 저장된 죄업의 대가로 인과 법칙에 의한 숙명적인 종말, 불의 심판이나 오탁악세의 삼재 겁난에서 벗어난 후에 용화 지상천국을 꿈꿀 수 있다.

모든 인류들이여, 꿈에서 잠을 깨라. 그리하여 十선을 실천하여 오탁 악세를 벗어나야 불보살님의 감동으로 구원을 받을 수 있다.

인류들이여, 꿈에서 잠을 깨라. 삼적, 오역의 악몽을 크게 깨달아 불전에 참회하라. 종말의 운명은 우리 각자가 만든 것이다. 핵가족이라 하여 모두 부모형제를 배척하고 처자식만 배부르고 잘 살면 되겠느냐, 살아서 부모형제 일가친척 외면 말고 자신을 돌아보고 화평하라. 살아서 풀지 못한 원한으로 오도가도 않던 인간들이 죽었다고 만날손가. 원수가 따로 없다. 친한 사이에 원심이 풀리지 않아 죽어서 다시 만나 원수로 만나게 되는 것이다. 부모님께 효도는 못해도 서운한 말 하지 마라. 이런 행위가 삼적오역이다.

마비된 양심 부활, 상실된 인간성 회복, 파멸된 도덕성을 찾아 숭고한 도의 사회를 건설하자!

정신 못 차리는 인간은 한 덩어리의 고기일 뿐! 애착이 깊어 몸에 병이 나면 죽을 것 걱정하면서 고기 덩어리가 썩든 말든 독한 술을 마셔 오장육부가 만신창이가 되고, 멀쩡한 입에 콧구멍으로 담배연기 마셔 굴뚝보다 더 고약한 냄새 풍긴다.

담배 안 피우는 옆 사람 더욱 피곤해 미안한 감은 조금도 느끼지 않고 환경오염 혼자 한다. 억 천 만년 부터 구업을 지었고 술, 고기, 담배 오신채 등 나쁜 음식을 먹어서 악취가 나므로 입을 깨끗이 닦고 천수경 첫머리에 정 구업진언을 외운다.

선하고 착한 이치는 틀림없이 믿어야 한다.

당래 용화교주 자씨 미륵존불 자씨 성반이는 미륵불 뿐이다. 앞으로 출현하는 미륵불은 자비스런 어머니로써 베푼다는 뜻이다. 다투어 뺏고 이겨서 짓밟지 않는다는 사상이다.

신구의 삼업을 여의고 부지런히 수행하고 미륵불을 지극히 염송한다면 누구든지 불보살이 될 수 있다.

이처럼 재가 불자가 성도하여 불보살을 이룰 수 있는 것은 일찍이 찾아보기 어려운 일인데 수행자가 어디 있든지 자신의 本性만 잃지 않고 꾸준히 염불만 수행하면 성불할 수 있다는 것이다.

석가세존의 5계, 10계, 250계, 500계 중 살, 도, 음, 망, 주의 5계만 지켜도 1등 국민이 될 수 있다.

돈이 많은 사람은 돈의 심부름꾼 즉, 돈에 노예되고 벼슬이 높은 사람은 벼슬의 노예가 된다. 이것이 탁복이다. 근검절약하여 의, 식, 주만 해결하여 편한 마음으로 살 수 있다면 이것이 정복이다.

현세에 느낀 점인데 자식을 귀엽게만 키우면 문제아가 된다. 자비의 사랑으로 새 생명을 길러야 한다. 철저한 가정교육이 우선 되어야 한다.

자녀들의 잘못은 부모에게 있다. 대학이나 박사가 되도 겸손과 친절은 커녕 고개가 뻣뻣해, 곡식은 익으면 고개를 숙인다. 부모는 자녀들과 같이 있는 시간을 많이 만들어 친숙함을 더욱 돈독히 한다. 학교 공부는 둘째로 유아 때부터 인사 하는 법, 깨끗이 몸 닦고, 청소하고 주위 정리하는 법을 남여를 막론하고 알려 줘야하고, 밥 짓고, 설거지 하고, 식물이나 화단에 물 주고 동물 키우는 법 등등을 배워 줘서 생명이 존귀한 줄 알아야 출세한다.

학교 공부만 최고인양 경쟁적으로 고가의 좋은 학원 골라 일주일 내내 휴일 없다면서 조부모 뵙고 절에 가자면 시간 없다하고, 방학 때도 공부, 공부 항시 바쁘기 그지 없다. 고기, 버터, 맛있는 음식만 먹이는 유아 비만, 당뇨, 각종 병이 찾아든다 하네. 이런 것이 자업자득이다. 불교 용어로 인과응보가 아니냐, 말세 중생은 내 것, 내 몸, 내 재산, 내 처자, 내 것만 귀히 알고 먹고 사네 즉 내 자신만 안다. 내 몸 위해 먹는 육식은 몰라서 그렇지 간접 살인이다. 道人의 法門을 들어보니 그러하네! 내 것과 나와는 다르다.

내 것은 유한 생명이고 내 몸을 움직이는 나를 찾는 것은 무한 생명이다. 내 자신을 찾는 공부를 참선이라 하고 진실을 깨달은 도인은 원대한 서원으로 생사 해탈은 물론 보살도를 닦아 내가 갈 곳을 알게 된다.

나무 서방정토 극락도사 무량수 여래불!

말세의 범부 중생들은 나의 것만 알고 애착과 애욕으로 살았기 때문에 죽을 때 처, 자식, 재산 등의 집착으로 갈팡질팡하다가 어디로 가는 줄도 모르고 지옥, 악귀, 축생 등 삼악도에 빠져 수없이 고통을 받게 된다. 그러므로 후손들도 잘되는 일이 없이 각종 사고가 많이 발생하고 살기가 힘들면 조상 탓이라 원망만 하는데 이는 조상과 후손들이 말세 중생을 만든 장본인들인 것이다. 그러므로 지금이라도 10선 공덕 닦는 수도를 열심히 하면 나 자신도 모르게 만사 길상할 것이다.

식사는 가리지 말고 감사히 먹어야 하고 잠은 10시 자고 5시쯤 일어나면 정상, 건강이야 취미로 좁은 공간 이용해서 채소 심어 가정 건강 도움 된다. TV의 중독으로 정서생활 지장 온다. 매일 매일 걷는 것, 건강 비결이고 근면하며 낭비 줄이는 것 세계 제일 부자된다.

우선 자녀들이 가정교육으로 정화 돼야 사회가 맑아진다. 용화 지상천국도 모두가 우리가 만들고 허문다. 극락, 천당도 내가 만들어 누린다. 불, 법, 승, 삼보에 귀의한 불자는 인과법의 무상에 대한 인식을 가졌기에 계(戒)를 지키지 말라 해도 목숨처럼 지킨다.

일상생활의 모든 행동이 불교이고 불법이다. 매일 매일 잘못을 佛前에 참회하여 밝은 佛性 찾아 마음의 등불을 자각하고 지혜와 자비의 축복을 받도록 하라.

과연 미래 시방삼세 불, 보살님들의 진실한 법문의 힘으로 온갖 역경을 이겨내는 참다운 승리자가 되어야 한다.

용화 지상천국이란 장차 미륵불이 이 지상에 출현할 적에 오늘과 같은 대립, 갈등, 알력, 살상, 전쟁 등 야수성이 없고, 사해 동포와 세계一家의 대동낙원이 건설되어 인권 평등, 사상통일, 인격협동의 사회, 찬란한 문화사회, 견고한 도의 사회, 윤택한 경제사회가 실현되어 물질적으로나 정신적으로 모든 결핍이 없는 淨福으로 꾸며진 이상 세계가 실현된다는 것이다.

악한 일 않고 착한 일 받들어 十惡을 정화하고 十善道를 실천하여 그 공덕으로 그런 좋은 세상이 이룩된다고 하였다. 불멸 후 오탁 악세 말 중생들이 미륵 부처님을 의지처로 삼아 수행해야 수기를 받는 등 구제를 받을 수 있다.

미래 중생들이 미륵불의 대비한 이름을 듣고서 형상을 만들거나 정성스런 물 한 그릇이나 공양미, 향, 꽃, 비단, 일산, 당기, 번기로써 공양하고, 오로지 한 생각으로서 염원한다면 목숨이 끝날 무렵 미륵불이 그의 눈썹 사이로 백호에서 光明을 내는가 하면 여러 천자들과 함께 만다라 꽃을 퍼 부우며 이 사람을 맞이할 것이다. 어디 있거나 미륵불을 일심으로 생각하면 재가 수도자도 용맹정진하지 않아도 미륵불의 수기 받아 왕생하고 성불할 것이다.

미륵불을 뵙고 엎드려 예배 공양하면 머리를 들지도

않은 사이에 문득 설법을 듣고서 도를 얻을 것이며 항하의 모든 부처님 여래를 다 만나게 될 것이다. 이와 같이 계속 설법하다가, 이에 부처님께서 수기하시기를 「너희들이 미래에 복을 닦고 계를 지킨 자는 모두 미륵불 앞에 왕생하여 미륵불의 보살핌을 받게 되리라.」 하였다.

이것이「관미륵도솔천경」의 말씀이다. 뿐만 아니라 이것은 미륵불로부터 설법을 듣고 반드시 생사 해탈하여 성도하는 미륵신앙의 주된 내용이다.

또, 이 경은 도솔천에 한번 왕생하면 질병, 사고 등으로 불행해지지 않고 그곳 나이로 4천세를 누린다고 밝히고 있다.

도솔천의 하루는 지상의 4백년에 해당된다고 한다.

인연 지은 중생들은 미륵불이 하강함에 부처님의 설법을 듣고 곧 깨닫게 된다고 하였다. 용화 세계는 고통과 재난의 무명이 없고 오직 선근 공덕으로 성취된 곳이기 때문이다.

석가부처님은 오탁 악세에 출현하여 강악해서 교화하기 어려운 중생들을 제도함을 본원(本願)으로 한다. 미륵 소문경 청법에 "아란아미륵 보살은 과거세에 보살도를 닦을 적에 원을 세우기를 탐, 진, 치가 없어지고 십선을 성취할 때 내가 그 땅에 나아가 최상 정각을 이룩하리라"하였다. 미륵 상생경에 「도솔천의 복덕을 누림은 십선공덕이며 장차 미륵불의 수기를 받을 것이다.」하였다.

그러므로, 미륵님이 현재 계신 도솔천도 십선공덕을 성취하였고 장차 강생할 용화 세계도 십선공덕으로 성취된다고 하였다. 용화세계의 건설은 십선운동으로만 가능하다고 선언한다.

말하자면,

① 밝은 성불 개발 : 인간성 개발 참된 인간성 회복 인간이 곧 부처다.(佛)

② 밝은 생활의 창조 : 생활 혁신 참된 생활 창조 항시 염불생활이 곧 달마.(法)

③ 밝은 사회의 실현 : 佛國정토 참된 사회 실현 참사회를 지도함이 곧 승가.(僧)

④ 보은행 : 어버이 은덕 망극 하니 살아 있을 때 효순 못하면 별세 후에 후회한다.

⑤ 국은행 : 국가은덕 막중하니 충성 다해 보답하라. 국가 없이 받은 설움 일정 때 생각하라.

⑥ 사섭행 : 사회 은덕 지대하니 서로 서로 존경하여 도와 살자.

⑦ 六和사회 : 인격협동, 사회협동, 사상협동, 행동통일, 복리균등, 일대조화 이대로 실현된다면 그대로

천국이요! 바로 용화 지상 천국이다.

그러므로 미륵은「마음으로 나쁜 짓 말고 몸으로 살도 음행 범하지 마라! 身, 口, 義 나쁜 짓 여의는 이는 재빨리 생사고해 건너뛰리라.」

해동성자 원효대사의 아들 설총(미래예언)이 비결서에 미륵불이 조선 말기에 출세하신다. 금강산에 새 기운이 서렸으니 청용백호가 연이어 옹했도다. 일만 이천 도통 군자를 출세시킬 새 문명의 꽃이여! 서기가 넘치는 신령스런 봉우리에 그 운기가 새롭구나!

여자 성씨로 뿌리를 두고 일이 이루어짐도 여자 성씨에 있으니 이는 태초부터 우주정신으로 천도의 운수가 그어져 있는 까닭이니라.

간지 태전용화원에 삼십육궁개조은이라(艮地太田龍華圓에 三十六宮開朝恩). 간방땅(한반도)의 태전(대전)은 용화 낙원의 중심지라. 세계 만국이 그 은혜를 조회하리라. 태전은 후천 선경 문명의 중심지로써 우주 문명의 중심지로써 우주 문명의 수도가 들어설 곳이다. 백 년 후의 일을 백년 전에 오시어 행하시니 천지개벽이 될 지로다. 도는 끊어지고 창생들은 제 죄로 다 죽는다. 배은망덕하고 의리 없음이여 군사부의 도는 다 어디로 갔는고. 예절도 의리도 없이 인류의 도가 다 끊어졌도다. 아! 가련 토다 창생들이여! 모두 제 죄로 멸망 당하는구나! 원효대사의 미륵경에 대한 주석서「미륵상생경종요」를 보면 자세히 기입되어 있다.

일연대사의「삼국유사」탑과 불상 제 4의 기사에는 미륵불에 얽힌 일화가 많이 실려 있다.

미륵불은 도솔천궁에서 5백억 天子를 주야로 설법함을 밝히고 있고 한양 말기에는 한반도 계류성에 태어나 수범마와 범마월을 각각 부모로 하여 이 세상에 탄생하여 미륵이라 이름하고 그 즉시 出家하여 용화수 아래에서 성도하여 중생들의 50% 十善공덕이 이루어진 나머지 50%를 미륵불이 출현으로 완성되는 바 전라북도 금산사에서 첫째 법회에서 96억 중생을 제도하고, 둘째 법회에서 강원도 금강산 발현사에서 94억 중생을 셋째 법회에서 충청북도 속리산 법주사에서 92억 중생을 제도함에 더 이상 배울 것 없는 모두 아라한의 경지에 이른다고 하였다. 또한 그때의 수명은 8만 4천 세에 이르고 남녀가 5백 세가 되면 결혼한다고 기록 되어 있다.

따라서 사람들의 마음도 다 어질고 복스러워 모두가 화합하게 되니 天國에서 사는 것과 꼭 같다고 하였다.

십념(十念)

청정법신 비로자나불, 원만보심노사나불

천백억 화신 석가모니불, 구품도사 아미타불

당내하생 미륵존불, 시방삼세 일체제불

시방삼세 일체존법 대성문수 사리보살

대행보현 보살, 대비 관세음보살

대원 본존지장보살, 제존보살마하살

마하반야 바라밀, 옴급급 여율령 사바하

십악(十惡)	십선(十善)
잘못을 반성하고 다시 죄를 짓지 않아! 불교에서는 참회(懺悔)라 한다.	
1. 살생(殺生) 생명 있는 것을 죽이는 것, 佛種子를 끊는 것.	사랑하고 방생하라. 자비심으로 구제하라. 안락하 고 장수하는 과보를 받는다.
2. 투도(偸盜) 남의 물건을 훔치는 것. 주 지 않는 것 갖지 말라.	눈을 속이지 말라. 열심히 노력하여 모아서 오 히려 베풀어라.
3. 사음(邪淫) 부부 외의 음행을 마라. 청 정불종 비법으로 간음하는 것.	청정하고 깨끗한 마음으로 생활하라, 사후(死後)에 천 상락을 받고 존경받는다.

4. 망어(妄語) 이치에 맞지 않는 말.	참되고 진실한 말만 하고, 신용을 생명으로 하라.
5. 기어(綺語) 속이는 말, 거짓말, 꾸미는 말.	신임이 두터워 소원대로 돼. 이치에 맞게 듣기 좋은 말만 하라.
6. 양설(兩舌) 이간질 하는 것, 죽어 혀가 두개 된 뱀이 된다	위에 덕이 수승하여 人天에 태어나! 항시 화합 정신으로 살라.
7. 악구(惡口) 사나운 말, 악담, 남을 성나 게 하는 나쁜 말.	좋은 말로 분쟁을 화합으로 이해시킨다. 남의 치해를 받 지 않는 과보를 받는다.
8.탐심(貪心) 마음속으로 허황한 욕심, 남 의 물건을 탐하거나 음탕한 마음.	남의 피해를 주지 않는 방법 으로 살면 청정불종 인연의 종자를 심어 마음이 맑아 진 다.
9. 진애(瞋碍) 화내는 것, 화합되는 말만 하라. 타인을 괴롭게 하는 말.	화내는 것, 상대의 노여움을 조장하게 해! 타인을 괴롭게 하는 말. 인내심으로 이해하 라.
10. 치심(癡心) 진리를 모르는 마음, 지혜롭 지 못한 마음, 불쾌한 마음, 어리석은 마음 내는 것. 불 법을 비방하면 지옥 간다.	총명하고 슬기롭게 행동한 다. 올바른 소견으로 진리를 본다. 이렇게 행동하며 살면 인류역사에 큰 공헌을 하게 돼 지혜가 밝아진다.
※ 善因善果요, 惡因惡果라. 因果業報를 철칙으로 삼아 말 을 조심하여 좋고 착한 말만 할 것이고 선심 공덕의 수행 을 닦을 지니라.	

다섯가지 공덕

① 모든 불보살과 모든 하늘 선신이 보호하여 미래에 부처님에 수기 받아 성불한다.

② 악업 죄보는 소멸되고 선근 공덕이 늘어나므로 단명한 이는 장수하고 빈궁자는 재복을 얻고, 하는 일이 차츰 뜻대로 성취되며 그 공덕이 사회와 국가에 미친다.

③ 십선계를 지니는 사람이 많아지면 국민 도의가 재건되고 사회가 정화되며 어두운 그림자가 사라지고 밝은 사회가 전개되어 지상천국을 이룬다. 곧 곤도(坤道)세계가 된다.

④ 십선계를 지니는 이는 목숨이 다할 때 마음이 안락하고 고요히 세상을 편히 떠나서 극락이나 천상락을 받게 된다.

⑤ 이 공덕으로 정혜(定慧)를 성취하여 마침내 최상의 불도를 성취하게 된다.

용화사 불(佛)사리 봉안(奉安)
佛紀 2550년 7월 7일(佛舍利, 設利羅, 參拾果)

미얀마 종정(우무주라) 큰 스님으로부터 佛舍利를 기증 받아 한국 조계종 法圓 큰 스님으로부터 전수해 온 사리인바, 2009년 4월 10일(음 3월 15일)에 대한 불교 포천 용화사 창건주 겸 주지 자도광(慈道光) 스님께 기증하시다.

사리 친견 불사 인연 공덕으로 미륵 부처님 새 불상에 奉佛 점안함에 업장 소멸 하옵고, 생전 용화 극락 세계에 왕생하여 成佛 할지이다.

2009년 4월 10일 (음 3월 15일)

대한불교 포천 용화사

慈道光 (합장)

내일을 위한 준비

우리는 어두운 밤을 위하여 전기 불을 밝혀두고, 비 오는 날을 위해 우산을 준비해 둡니다. 그리고 계절이 바뀌는 것에 대비하여 철에 맞는 옷가지도 마련해 둡니다. 그렇다면 내 자신이 돌아갈 미래를 위해서는 과연 무엇을 준비하고 있는가 하는 질문도 가질 수 있을 겁니다.

만약 우리들의 미래세계를 위하여 수행을 하시고 또한 기다려 주시는 부처님이 계신다면 한번 만나보고 싶지 않으십니까, 관촉사의 미륵부처님이 그 분입니다. 이 외에도 우리나라에서는 현재 백여 곳이 넘는 미륵도량들이 산재하고 있습니다. 뿐만 아니라 신라시대의 화랑(花郞)들은 바로 자신들이 미륵의 화현(化現)이라고 믿어 왔으며, 나아가서는 오늘날에도 미륵신앙과 관련된 신흥종교들이 생겨나고 있습니다.

이러한 미륵부처님이 언제 어떻게 우리들을 제도해 주실 것인가에 대해서 설해 놓은 경전이 다름 아닌 미륵삼부경입니다.

「미륵」이란 범어로는 마이트레야(Maitrya)인데 원래 자비롭다는 뜻인 마이트리(maitri)에서 따왔기 때문에 '자씨(慈氏)' 또는 '자존(慈尊)'이라고 번역되고 있습니다. 그리하여 미륵은 미래세의 부처님이시기 때문에 현재는 보살로서 도솔천에서 수행하며 그곳 중생들을 위해 설법하고 계시다가 56억7천만년 후, 사바세계에 하생(下生)하여 용화수(龍華樹)아래에서 세 번의 설법으로 모든 중생들을 제도한다고 하였습니다.

'미륵' 관련 경전들의 범어 원전은 현존하지 않으나, 한역된 경전은 여섯 종류가 있는데 내용상으로는 세

종류이기 때문에 '삼부경'이라고 부르고 있습니다. 즉 〈미륵보살상생경(彌勒菩薩上生經)〉과 〈미륵보살하생경(彌勒菩薩下生經)〉 그리고 〈미륵보살성불경(彌勒菩薩成佛經)〉이 그것입니다.

좀 더 자세히 설명하면 미륵상생경은 저거경성(沮渠京聲)이 455년에 번역하였는데 미륵삼부경 중에서 가장 늦게 성립한 경전입니다. 그 내용은 우바리 존자가 부처님께 청법함으로써 설법이 시작되었는데 저 아름다운 도솔천궁의 모습과 미륵보살이 도솔천궁에 화생하는 모습, 그리고 미륵보살에게 귀의, 예배하는 공덕과 도솔천에 태어나기 위한 십선행(十善行) 등이 설해져 있습니다. 그리고 미륵하생경은 축법호(竺法護)가 308년에 번역하였는데 가장 일찍이 성립된 것이며 아란존자의 청법으로 경전이 시작되고 미륵불의 탄생, 성도, 설법이 차례로 기술되어 있습니다.

마지막으로 미륵성불경은 구마라집이 408년에 번역하였는데, 사리불존자와 범천이 다 같이 부처님께 청법을 하고 있습니다. 그 내용은 미륵하생경과 거의 유사한데 다만 조금 더 자세할 뿐입니다. 다시 말하면 미륵하생경에서 언급되지 않은 미륵불의 초전법륜(初轉法輪)이라든가 미륵불의 신통력에 관한 기술과 미륵불의 석가세존에 대한 찬탄 등이 상세히 설해져 있습니다. 이와 같이 미륵 삼부경의 내용은 미륵보살에 대한 신앙과 십선행(十善行)의 실천을 통하여 도솔천 왕생하고자 하는 왕생사상과 용화세계를 사바세계에 구현하려고 하는 사상입니다. 또 모든 대승경전이 그러하듯이 궁극적으로는 깨달음을 향한 정진만이 윤회에서 벗어날 수 있는 유일한 길임을 제시하고 있습니다.

그러한 예로 가섭존자가 오랜 세월 동안 열반에 들지 않고 두타 행을 닦으며 미륵불을 기다리다가 미륵불을 만나 승가리(僧伽梨)를 전해주고 반열반(般涅般)에 들어가는 내용도 바로 그것을 잘 대변해 주는 대목입니다. 따라서 미륵 삼부경을 보면 미륵신앙은 두 가지 형태임을 알 수 있습니다. 그 하나는 우리가 죽은 뒤 도솔천에 태어났다가 그 후 미륵보살이 하생할 때 같이 내려와 용화회상(龍華會上)의 세번의 설법에 참가해 미륵부처님을 뵙고 구원받기를 원하는 미륵상생신앙이고, 또 하나는 도솔상생을 하지 않고, 다만 미래세 용화회상의 설법에 참가해 구원 받기를 원하는 미륵하생신앙이 바로 그것입니다. 그래서 미륵하생신앙을 담고 있는 미륵하생경과 미륵성불경은 석가모니 부처님께 미래에 일어날 일을 예언하신 내용이기 때문에 서술 방법이 미래 서체로 되어 있습니다.

사실 높고 맑은 하늘은 누가 보더라도 맑으며, 따뜻

한 태양은 누구에게나 따사롭게 느껴지듯이 우리들의 마음도 이와 같이 긍정적으로 받아들이면 수용하지 못할 것은 없다고 생각됩니다.

그래서 우리가 도솔천에 나고자 하는 일념과 미륵보살에 대한 귀의 그리고 십선행의 실천 등이 수반될 때만이 미륵보살은 미래불일 수가 있다는 사실이 무엇보다 중요하다고 하겠습니다. 왜냐하면 방편이 아무리 많다 하더라도 우리의 목표는 어디까지나 성불 이외에 그 어떤 것도 아니기 때문입니다.

미륵삼부경에 근거한 미륵신앙이 우리에게 주고자하는 참다운 의미는 결국 성불하라는 것입니다. 그때는 미륵불의 복력과 인간들의 복력이 수승하여 사람의 마음이 청정할 뿐만 아니라 자연 환경도 전혀 무공해라는 것입니다.

또한 사람의 수명도 길고, 생로병사의 무상함도 없으며 오직 선정과 지혜로서 생활할 뿐이라고 하셨습니다. 이와 같이 이루어진 세계를 흔히 미륵정토 또는 용화세계라고 하지요. 이렇게 미륵불은 도솔천에 영원히 머물러 있는 것이 아니라 고통이 많은 사바세계에 몸소 하강하여 무지한 인간을 계몽하여 보살이 되도록 인도해 주십니다.

원효대사 아들 설총의 미래 예언

설총은 신라 경덕왕 때의 대학자로서, 그의 아버지
는 원효대사(617~686)이다. 원효와 설총 두 부자는 한
민족의 정신사에 큰 족적을 남기신 분들이다. 설총이
우주의 한 소식을 깨닫고 후세인들을 위해 남긴 비결
이 설총결이다. 신라 7현 중 한사람으로 향찰(이두문
자)을 집대성한 설총은 신라 경덕왕 때의 대학자이다.
또 강수, 최치원과 더불어 신라 3대 문장으로 꼽히기
도 한다.

알다시피 그의 어머니는 요석공주이다. 일찍부터 총
명함을 인정받은 그는 말년에 설총비결이라는 비결서
를 남겼다.

설총결

「한양지운 과거제에 용화세존 말대래라.」

(漢陽之運 過去際에 龍華世尊 末代來라.)

한양운수 끝날 즈음에 용화세존이 말대에 오시리라.
조선이 끝날 무렵에 용화세존(미륵불)이 오신다는 것
이다.

원효대사의 아들인 설총은 신라 때 일곱 성인(七聖)

의 한 사람 이었으며, 우주의 한 소식을 들은 인물이
다. 그는 미륵존불께서 조선 말기에 이 땅에 강세하시
리라는 구원의 소식을 이렇게 전하고 있다.(설총결)

미륵존불은 조선 말기에 출세하신다

『한양의 운수가 끝날 무렵 용화세존이 말대에 오시
리라.

금강산에 새 기운이 서려 있으니, 상서로운 청룡백
호가 굽이굽이 응해 있도다.

일만 이천 도통군자를 출세시킬 새 문명의 꽃이여,
서기 넘치는 영봉에 그 기운이 새롭구나.』

(漢陽之運 過去際에 龍華世尊末代來라. 金剛山上大
石立하니 一龍萬虎次第應이라, 一萬二千文明花에 瑞
氣靈峰運氣新이라.)

그는 인류를 건져 새 시대의 새 문명을 이룩할 미륵
부처님의 일만 이천 도통군자가 이 조선민족에서 출세
할 것을 위와 같이 예고하고 있다.

미륵존불은 여자 성씨로 오신다.

인류 성씨의 조상이 여자 성씨에 뿌리를 두고, 여자
성씨에서 다시 새로운 시원이 이루어지니, 이는 태초
부터 우주정신으로 천도의 운수가 그렇게 이루어져 있

는 까닭이라.

「根於女姓成於女하니 天道固然萬古心이라.」

이는 후천의 곤도(坤道)시대이기 때문이다. 그는 세계구원의 인사 비밀을 태초에 이미 예정된 우주 자연 후천 낙원문명세계의 중심은 간방의 태전(大田)이다.

정신의 시종(始終)의 동일성 원리를 통해 밝혀주고 있다.

간방(한국)의 태전은 용화 낙원 중심지라.

「세계만국(36궁)이 그 은혜를 조회하리라.」

(艮地太田龍華園에 三十六宮皆祖恩이라.)

태전(太田)은 대전(大田)의 본래 옛 지명

미륵존불의 용화 낙원세계의 수도는 조선의 태전이라고 한다. "미륵불은 세계낙원의 대업을 백 년 전에 내려와 준비하시다. 백 년 후의 일을 백 년 전에 와서 집행하시니, 먼저 믿는 자들이 소 울음소리는 들었으나 도는 통하지 못하리라."

(百年後事百年前하니 先聞牛聲道不通이라)

앞에서도 살펴 보았지만 이 구절의 '소 울음소리' 역시 대단히 중요한 사실을 암시하고 있다. 이것은 무엇을 뜻하는 것이며 왜 도통을 하지 못한다고 하였을까?

늦게 믿는 자들의 신앙세계는 극히 게으르다.

먼저 믿는 자들의 걸음걸이는 지극히 급하였건만, 늦게 믿는 자들의 걸음은 어이 그리 더딘고.

"남은 개벽의 시간은 방촌에 불과하건만,

게으른 신앙의 발걸음은 어찌하여 그리 더딘고."

(前步至急後步緩하니 時劃方寸緩步何오.) 인도(人道)는 끊어지고 창생들은 제 죄로 다 죽는다.

"배은망덕하고 의리 없음이여, 군, 사, 부의 도는 다 어디로 갔는고. 예절도 의리도 없이 인륜의 도가 다 끊어졌도다.

아, 가련토다, 창생들이여!

모두 제 죄로 멸망 당하는구나!"

(背恩亡德無義兮여 君師之道何處歸오 無禮無義人道絕하니 可憐蒼生自盡滅이라)고 하였고, 중국 화엄종의 지도자 청량국사의 청량소(淸凉疏)에도 담무갈이 금강산에서 1만2천 보살을 데리고 수도한다고 했다.

그런데 담무갈은 동진(317~419) 때의 사람이므로 한반도에는 들어오기 전이었다.

또한 석가모니도 「묘법연화경」「관세음보살 보문품」게송, 「화엄경」제보살주처품 12문에서 해중의 금강산을 말했다.

고려시대 최해가 지은 「졸고천백」 「도승선지유금강산서」에 보덕암 승려가 지은 금강사기에 중국불교가 들어오기 전에 이미 장식되어 있고, 구슬이 가득차서 천상의 음악과 같은 곡조를 연주하고 있었다. 칠보나무가 있고 나무 사이에는 시냇물과 샘이 있어 여러 가지 색깔을 내며 흘러가지만, 서로 섞여도 혼합되지 않고 그 시냇물 양쪽에는 황금모래가 깔려 있을 것이다.

도로는 모두 폭이 12리이고 청정해서 천상의 정원처럼 깨끗하게 청소되어 있을 것이다. '다라시긴'이라고 하는 이름의 용왕이 있는데, 복덕과 위력을 모두 갖추고 도성 가까이 있는 연못 가운데의 용왕궁전에 살고 있을 것이다.

그 궁전은 7보로 된 높은 누각만 외부에 보일 것이다. 이 용왕은 언제나 밤중이 되면 인간의 모습을 하고 길상수를 넣은 병을 들고 향기롭고 아름다운 색깔의 물을 도로에 뿌리며 다닐 것이다. 도로는 기름을 바른 것처럼 매끈매끈하고 사람들이 걸을 때 먼지 하나 없을 것이다. 또한 그때 세상사람들의 복덕의 결과로써 도로의 요소요소에는 맑은 구슬로 된 기둥이 있을 것이다. 높이는 12리로 태양보다도 더 밝고, 사방 80유순을 비추며, 순수한 황금빛으로 그 광명은 낮과 밤에 변하지 않을 것이다.

그것에 비하면 등잔불은 먹물처럼 보일 것이다.

아름다운 향기를 지닌 바람이 불어 와서 그 기둥에 닿으면 보석장식들이 비처럼 내릴 것이다. 이것을 몸에 두른 사람들은 자연히 높은 정신적 경지를 즐기게 될 것이다.

방방곡곡에 금, 은, 보석 등이 산처럼 쌓여 있어서 그 보석산은 광명을 발하여 도성 전체를 비출 것이며 그 광명을 받은 사람들은 모두 기뻐하여 깨달음을 구할 것이다.

'바드라뿌라샤사카'라 하는 위대한 야차(귀신)가 밤낮으로 계두성의 주민들을 보호하고 도성의 구석구석 소재하여 깨끗하게 할 것이다.

사람이 대소변을 보면 지면이 갈라져 그 속으로 묻어버리고, 묻혀버린 뒤에는 원래의 지면으로 돌아와 그 위에 붉은 연꽃이 피어 나쁜 냄새를 덮어버리게 될 것이다. 그때 사람들은 나이를 먹어 노쇠하게 되면 혼자서 산림의 나무 밑에 가서 평안하고 안락하게 불타를 念하면서 생명을 마치고, 사후에는 많은 사람들이 대범천의 천국 또는 어디엔가 계신 불타 곁에서 다시 태어날 것이다.

그 나라는 평온, 무사해서 적도 없고 도적도 없고 도둑맞을 염려가 없으며 촌락도 문을 잠그지 않게 될 것이다. 수해, 화재, 전쟁의 참화는 물론 기근과 해충의 재난도 없을 것이다.

사람들은 언제나 자애로운 마음을 가지고 공경 화순해서 관능을 억제할 것이다. 흡사 자식이 아버지를 사랑하고, 어머니가 자식을 사랑하듯이 말은 겸손할 것이다. 그 나라에 태어나는 사람들은 불살생계를 지니어 고기를 먹지 않고, 관능이 안정되어 얼굴 모양은 아름답고 위엄이 있으며, 신들의 아들처럼 보일 것이다. 또한 8만4천의 도성이 부속하고, 모두 보석으로 이루어져 있으며, 계두성은 그 중심이 될 것이다. 남녀노소는 물론 멀리 있고 가까이 있는 것에 관계없이 불법의 불가사의한 힘에 의해서 서로 자유롭게 만날 수 있을 것이다. 야광옥과 여의보주 등이 꽃이 되어 세계 도처에서 피고, 7보의 꽃은 비처럼 내려 각양각색의 꽃이 지상에 내리고, 또한 바람이 불면 꽃들은 공중에 날릴 것이다.

그 나라의 도시와 촌락에는 정원과 수풀과 샘과 목장과 강물과 늪지가 있어 자연히 8공덕수가 가득 차 있을 것이다. 명명조, 백조, 오리, 원앙새, 공작, 앵무새, 물총새, 사리조, 비둘기, 구나라조, 쾌견조 등 그 외 헤아릴 수 없이 많은 갖가지 새가 숲과 연못에 모여들어 아름다운 소리로 노래를 부르고 있을 것이다. 황금색으로 빛나는 꽃, 아쇼카나무에 비치는 햇빛처럼 밝은 꽃, 7일 동안 순백의 향기를 내는 꽃, 캄파카의 6 가지 색깔의 꽃, 그 외 수백 수천 종류의 물속의 꽃, 육지의 꽃이 피고 청색꽃으로부터는 청색광이, 황색꽃으로부터는 황색광이, 붉은색 꽃으로부터는 붉은색광이, 백색꽃으로부터는 백색광이 빛나고, 그 향기도 청정하기 비할 데 없어 밤과 낮에 언제라도 자라서 시드는 일이 없을 것이다. 또한 여의라고 불리는 과일나무가 있어 나라 안에 가득차 그 향기의 훌륭함이 비할 데 없으며, 향나무의 황금색 광명이 보물 산에서 자라, 나라 안에 가득차서 상쾌한 향기가 두루 미칠 것이다.

그 때 지구 염부제의 세계는 전설에 있는 향취산처럼 언제나 훌륭한 향기가 곳곳에 그윽할 것이다. 그리고 흐르는 강물은 아름다운 맛을 내고 병을 치유케 할 것이다. 비는 때 맞추어 오고, 천상과 같은 정원에는 향기 좋은 벼가 자라는데, 불가사의한 힘의 도움으로 한번 종자를 뿌리면 일곱 번이나 수확할 수 있게 될 것이다. 노력은 극히 적고 수익은 지극히 많을 것이다. 곡물은 무성하고 잡초의 걱정은 없을 것이다. 그 곡물을 입에 넣으면 갖가지 훌륭한 맛과 향기가 나고 그 위에 더욱 기력이 충실해질 것이다.

또한 앞 세상에는 천하가 한 집안이 되어 위무와 형

벌을 쓰지 않고 조화로 백성을 다스리되 자신의 잘못은 스스로 깨달으며 공무원은 직품에 따라 조화 권능이 열리어 분수에 넘치는 폐단이 없고 불로장생으로 무병장수해 영원토록 복락을 누리며 오장육부가 바뀌고 환골탈태하여 체형이 변화되고 키와 몸집이 커져 옥골풍체가 된다고 하였다. 천하만국이 화평하여 백성은 원통과 한(恨)과 상극과 사나움과 음탕과 노여움과 모든 번뇌가 그치므로 말소리, 웃음소리에 화기(和氣)가 무르녹고 동정어묵(動靜語默)이 도덕에 합하여, 불로장생하고 빈부의 차별이 철폐되며, 맛있는 음식과 좋은 옷이 요구하는 대로 서랍 칸에 정리되어 나타나며, 모든 일은 자유욕구에 응하여 신명이 시중들며 운거(UFO)를 타고 공중을 날아 먼 데와 험한 데를 다니며 차원 이동으로 하늘이 나직하여 오르내림을 뜻대로 하고 지혜가 열려 과거, 현제, 미래 시방세계의 모든 일에 통달하여 수화풍 삼재가 없어지고 상서가 무르녹아 청화명려한 낙원으로 화한다' 하였다.

석가부처가 사리불에게 전한 「대성불경」의 내용과 다소 비슷한 내용이지만 「아함경」〈불보품〉을 보면 석가불이 아난다에게 미래불 시대에 대해 전해주는 가르침이 나온다.

"그 때에 그 성 안에는 수광(水光)이라는 용왕이 있

어 밤이면 비를 내려 향기롭게 하고 맑고 환하게 할 것이다.

아난다야, 마땅히 알라. 그때에 이 남섬주부(南贍洲浮, Jambudvipa: 수미산 남쪽에 있는 큰 섬)는 동서남북이 십만 요다나요, 모든 산하와 석벽은 다 저절로 없어질 것이요, 네 바다의 물은 모두 한쪽에 모일 것이다. 또 그대의 남섬부주는 매우 편편하며 거울처럼 맑고 밝을 것이다. 온 남섬부주 안에는 곡식이 풍성하고 인민이 번성하며, 온갖 보배가 많고 마을은 서로 가까워 닭 우는 소리가 잇따라 들릴 것이다. 또 그때에는 더러운 꽃과 과일들은 모두 말라지고, 나쁘고 더러운 물건은 스스로 없어지며, 그 밖의 달고 아름다우며 향기로운 과수가 땅에서 날 것이다.

그때에는 기후는 화창하고 네 철은 때를 맞추어 사람의 몸에는 백 여덟 가지 근심이 없을 것이다.

탐욕, 성냄, 어리석음은 일어나지 않아 사람들 마음은 고르고, 모두 그 뜻이 같아서 서로 보면 기뻐하고 좋은 말로 대하며 말씨가 같아 차별이 없기는 저 북구로주(北俱盧洲, Uttarakuru: 수미산 네 섬의 하나. 네 섬 가운데 중생·처소·재물·물품들이 제일 뛰어나다고 함) 사람들과 다름이 없을 것이다. 그리고 그 사람들은 크고 작기가 꼭 같아서 여러 가지 차별이 없을

184

것이다. 또 그때의 남녀들이 대소변을 보고 싶으면 땅은 스스로 갈라졌다가 일을 마치면 도로 합쳐질 것이다. 그때에 남성부주 안에는 멥쌀이 저절로 나는데, 껍질이 없으며 매우 향기롭고 맛나며 그것을 먹으면 괴로움이 없어질 것이다. 또 이른바 금은의 보배와 자거, 마노, 진주, 호박 등이 땅에 흩어져 있어도 그것을 살피고 가지도록 하는 사람이 없을 것이다. 그들은 그 보배를 손에 들고 저희끼리 말할 것이다.

옛날 사람들은 이 보배 때문에 서로 해치고 감옥에 가두며 무수히 괴로워하였다. 그러나 지금 이 보배들은 기와쪽이나 돌과 같아서 아무도 지키는 사람이 없다.' 그때에 법왕이 나타나 이름을 앙카라 할 것이다. 그는 바른 법으로 인민을 다스리고 일곱 가지 보배를 성취할 것이니, 일곱 가지 보배란 수레바퀴, 코끼리, 말, 구슬, 미녀, 장군, 창고지기이다. 그가 이 남섬부주를 통치할 때에 칼이나 몽둥이를 쓰지 않아도 항복하지 않을 이가 없을 것이다. 아난다야, 거기에는 지금과 같은 네 가지 보배 창고가 있을 것이다. 먼저 건타월주(洲)의 이라발 보배 창고에는 온갖 보배롭고 이상한 물건이 많아 이루 헤아릴 수 없을 것이다. 둘째는 미제라 국(國)의 반주 큰 창고인데 거기도 보배가 많을 것이다. 셋째는 수뢰타 국(國)에 있는 큰 보배 창고인데 거기도 보배가 많을 것이다. 넷째는 바라나양카에 있는 큰 창고인데 온갖 보배가 많아 이루 헤아릴 수가 없을 것이다.

양카왕의 때에 이 네 개 창고가 저절로 나타날 것이니, 여러 창고지기는 모두 그 왕에게 가서 여쭐 것이다. "대왕은 이 보배 창고의 물건을 빈궁한 사람들에게 보시 하십시오." 그 때에 양카왕은 보배를 얻고도 살피고 기록하지 않을 것이니, 뜻에 재물이라는 생각이 없기 때문이다. 때에 남선부주 안에는 나무 위에 옷이 저절로 열릴 것이다. 그것은 매우 곱고 보드라워 사람들은 그것을 가져다 입을 것이다. 마치 북구로주 땅의 나무 위에 옷이 저절로 열리는 것과 다름없을 것이다. 그때에 그 왕에게는 대신이 있어 이름은 수범마(修梵摩)라 할 것이다. 그는 어릴 때부터 왕과 친하여 왕은 그를 매우 사랑하고 존경할 것이다. 또 그는 얼굴이 매우 단정하고 키는 크지도 않고 작지도 않으며 살찌지도 않고 여위지도 않으며 희지도 않고 검지도 않으며 늙지도 않고 젊지도 않을 것이다.

또 그 수범마에게는 아내가 있어 이름은 범마월(梵摩越)이라할 것이다. 그는 미녀 중에서도 가장 뛰어나고 묘하며 하늘왕의 왕비 같을 것이다.

입에서는 우담발화 연꽃 향기가 나고 몸에서는 찬다

나 향기가 날 것이다. 그래서 여러 여자들의 마흔 여덟 가지 맵시도 그 앞에서는 아주 무색해질 것이다.

그리고 그는 병도 없고 어지러운 생각도 없다. 그때에 미륵보살은 도솔천에서 그 부모의 늙지도 젊지도 않은 것을 관찰하고 곧 신(神)을 내려 아래로 응하여 오른 옆구리로 날 것이다. 그것은 마치 내가 오른 옆구리로 난 것처럼 미륵보살도 그러할 것이다. 때에 도솔천의 여러 하늘들은 각기 외칠 것이다. 미륵보살은 이미 중생을 위해 아래로 내려 가셨다.

그때에 수범마는 곧 그 아들을 위하여 이름을 지어 미륵이라 할 것이다. 그는 서른 두 가지 거룩한 모습과 팔십 가지 뛰어난 모양으로 그 몸은 장엄하고 황금빛 일 것이다. 또 사람수명은 매우 길어 모두 팔만 사천세 요, 또 아무 병도 없을 것이다. 또 여자 나이 오백세가 되어야 시집 갈 것이다. 그때에 미륵보살은 얼마동안 곧 집을 떠나 도를 배울 것이다.

그 계두성에서 멀지 않은 곳에 용화(龍華)라는 나무 가 있으니, 높이는 일 요자나요, 넓이는 오백 보나 된 다. 미륵보살은 그 나무 밑에 앉아 위없는 도를 이루려 하여, 그날 밤중에 집을 떠나 그 밤에 곧 위없는 도를 이룰 것이다. 때에 삼천대천세계는 여섯 종류로 진동 하고 땅의 신들은 각각 저희들 끼리 말할 것이다.

'지금 미륵은 성불 하셨다.' 그 소리는 사천왕 궁전에까지 들릴 것이다. "미륵은 성불 하셨다." 그리하여 삼십삼천 · 야마천 · 도솔천 · 하자개천 · 타화자재천에까지 들리고 더 나아가 범천에까지 들릴 것이다." 미륵은 불도를 이루었다." 그때에 대장(大將)이라는 마왕은 법으로 그 세계를 다스리고 교화하였다. 그는 여래의 명성을 듣고 못내 기뻐해 어쩔 줄을 모르면서 이레 낮, 이레 밤을 자지 않을 것이다.

그는 욕계의 수없는 하늘 사람들을 데리고 미륵부처님께 나아가 공경하고 예배할 것이다. 미륵부처님은 그 하늘들을 위하여 미묘한 논(論)을 설명할 것이다. 곧 그 논이란 보시와 계율과 천상에 태어나는 것에 대한 논이니, 욕심은 더러운 것이므로 그것을 뛰어 넘는 것이 좋다고 말씀하실 것이다.

그때에 미륵부처님은 그 사람들이 마음을 내어 기뻐하는 것을 보고 모든 부처 세존이 항상 말씀하시는 법, 즉 괴로움과 괴로움의 원인과 괴로움의 사라짐과 괴로움을 없애는 길을 그 하늘 사람들을 위하여 널리 해설하실 것이다. 그래서 그 자리에 있던 팔만 사천 천자들은 온갖 번뇌가 없어지고 법의 눈이 깨끗하게 될 것이다. 그때에 마왕대장은 그 세계인민들에게 말할 것이다.

'너희들은 빨리 집을 나오라. 왜냐하면 미륵님이 오늘 저쪽 언덕으로 건너가실 것이다. 그리고 너희들도 이끌어 저쪽 언덕에 이르게 하실 것이다.'

그때에 계두성 안에 장자가 있어 이름을 선재(善財)라 한다. 그는 마왕의 분부와 또 부처라는 말을 듣고는, 팔만 사천무리를 데리고 미륵부처님께 나아가 부처님 발에 머리를 대어 절하며 예배하고 한 쪽에 앉을 것이다. 그러면 미륵 부처님은 그를 위해 미묘한 논을 말씀하실 것이다. 이 논이란 보시와 계율과 천상에 태어나는 것에 대한 논이니, 욕심은 더러운 것이므로 그것을 뛰어넘는 것이 좋다고 말씀하실 것이다.

때에 미륵부처님은 사람들의 마음이 열리고 뜻이 풀린 것을 보시고, 여러 부처 세존이 항상 말씀하시는 법, 즉 괴로움과 괴로움의 원인과 괴로움의 사라짐과 괴로움을 없애는 길을 그 사람들을 위하여 널리 분별하실 것이다. 그 지리에 있던 팔만 사천 명의 사람들은 온갖 번뇌가 없어지고 법의 눈이 깨끗하게 될 것이다. 그때에 선재 장자와 팔만 사천 사람들은 앞으로 나아가 부처님께 말씀드릴 것이다. "집을 떠나 범행을 잘 닦아서 모두 아라한이 되겠습니다."그래서 미륵부처님의 첫 번째 모임은 팔만 사천 아라한이 될 것이다. 이때에 양카왕은 미륵께서 이미 불도를 이루셨다는 말을 듣고 곧 그 부처님께 나아가 법을 듣고자 할 것이다. 때에 미륵부처님은 그를 위하여 설법하실 것이다. 그 법은 처음도 좋고 중간도 좋으며 마지막도 좋고, 뜻이 매우 깊고 그윽할 것이다. 왕은 그 뒤에 태자를 세우고는 이발사에게 보물을 주고 또 여러 브라만들에게는 잡 보물을 줄 것이다. 그리고 팔만사천 무리를 데리고 부처님께 나아가 사문이 되기를 원하여 모두 아라한의 도를 이룰 것이다.”

위에 기술한 아함경의 구절 중 장차 미륵의 시대에는 나무 위에 옷이 저절로 열린다는 말이 있다.

플레이아데스인들이 전하는 바에 의하면 그들이 입는 옷은 유기적인 옷인데 나무처럼 심어서 얻는다고 한다. 이 부분에 대해 바바라 마시니악(Barbara Marcinak)의 (플레이아데스인의 가르침)에서 발췌 인용하면 다음과 같다.

“그것은 심는 것입니다. 옷을 심어놓은 나무 밑에 가서 가지고 오는 것은 아닙니다. 우리들은 어떤 소재들을 생각합니다. 그리고 그 소재들을 여러 가지 형태로 할 수가 있습니다. 이것은 이끼와 산호를 합쳐놓은 것과 같은 것입니다. 이 소재는 딱딱하지 않고 부드러우며 성장해 갑니다. 성장하면 삼베나 포목 같은 직물 형태로 되어 갑니다. 양복을 만들 때는 바느질을 하지 않습니다. 유기적인 소재이기 때문에 살아 있는 것입니다. 이 포목 같은 것은 양쪽 끝면이 합치게 되면 그 합쳐진 곳이 자연스럽게 합쳐지기 때문에 잘라낸 흔적이나 바느질하는 것처럼 자국이 생기지 않습니다.

그렇기 때문에 우리가 입는 옷을 보면 바느질 자국이 없으며 신체에 꼭 맞는 형태로 되어 있습니다.

모든 것이 주문생산과 같은 것입니다. 신체에 꼭 맞는 소재를 맞출 수가 있기 때문입니다. 우리들의 양복은 매우 단순한 것입니다. 통상 원피스입니다. 혹은 상의 조끼와 같은 양복에 하의는 타이스, 반바지 같은 것입니다. 그리고 일반적이지는 않지만 때때로 여러 가지의 긴 드레스를 입는 일도 있습니다. 하지만 활동에 불편하기 때문에 좋아하지 않습니다. 움직임에 제한 하나의 옷을 입게 되면 평생 그 옷을 입을 수가 있습니다. 세탁할 필요가 없기 때문에 옷을 벗을 필요도 없습니다. 우리들은 여러분의 신체처럼 분비물의 기능은 갖고 있지 않습니다. 우리들의 노폐물이라 하는 것은 옷을 입고 있는 피부와 공생적 관계를 가지고 있습니다. 양복의 소재가 유기체이기 때문에 음식을 필요로 하고 있는데 신체의 노폐물이 양복의 영양분이 됩니다. 또한 양복이 영양분을 섭취하고 배설한 노폐물은 우리의 피부를 윤택하게 하는 로션과 같은 역할을 하고 있습니다."

이와 같이 미륵불신앙의 종주국인 한민족은 또한 고래로부터 본래 담마(진리)를 추구하는 빛의 민족, 광명민족으로서 흰색을 좋아하는 백의민족이었다. 달마대사가 담마에서 나온 것은 잘 알고 있을 것이다.

마치 엘리야와 같이 가야산에서 신선이 되어 천계로 올라간 최치원은 일찍이 우리 민족의 도를 무어라 칭하기에 너무나 신기한 감이 있어 이를 유·불·선 3교를 포함한 "현묘지도" 즉 현현묘묘한 도라 말하고 한마디로 축약해 우주공간을 스치고 지나가는 바람의 도, 즉 "풍류도"라 했다. 이 풍류도의 본바탕이 세월의 흐름과 함께 깎이고 보태져 배달도니 화랑도니 하는 것으로 그 꼴을 바꾸었다. 단재 신채호는 이것을 신교(神敎)라 했고 장도빈은 신인교(神人敎)라 했다.

신라의 화랑을 고구려에서는 선인도량이라 했는데 각기 문무로 나누어 참전과 조의라 하였다. 또한 백제에도 문무도가 있어 경당의 6예 제도를 통해 젊은 화랑들을 교육시켰다. 일찍이 화랑 제도는 배달국의 환웅시대로부터 시작해 11대 도해 단군 때 정착된 것으로 당시에도 국자랑 제도가 있어 천지화랑, 천왕랑 이라 했으며 단군시대에는 하늘의 상제님에게 천재를 지내는 제단인 소도 보본단을 지키는 금강역사 격으로 '삼신시종지랑' '심랑'이 있었다.

이후 삼국시대에 더욱 꽃피운 이들 풍류 화랑도는 모두 미륵불 시대의 불국토, 용화세계를 지향한 것이다. 그런 차원에서 화랑은 특별히 '용화낭도'로 불렸다. 풍월도(풍류도)를 크게 진작시킨 진흥왕 때의 화랑 '사다함'은 죽어서 한번만 더 태어나면 다시는 더 태어나지 않아도 되는 단계의 보살 경지를 칭한 것이었으며, 화랑제도를 신설한 진흥왕은 모든 화랑들로 하여금 미륵존상 앞에 나아가 서원을 세우게 한 것은 물론, 임금 시호까지 법왕(백제), 법흥왕이라 하여 미륵신앙의 진작을 도모했다. 심지어 진흥왕은 임종 시 아예 머리 깎고 중이 되어(화랑 역시 머리를 깎음) 미륵정토세계의 환생을 기원하며 죽었다. 그런가 하면 진지왕 때 7년 동안 풍류도를 세상에 빛내더니 자취가 없이 사라졌다는 일화도 있다.

한편 풍류도의 반영인 화랑도가 신라에서는 정치적인 측면으로 흘러가고 만 반면, 백제에서는 구도적인 측면이 지극히 강해 끝내 본연의 내세적 미륵신앙으로 화려하게 꽃피우고 만다. 신라가 당대에 삼국통일 위업이라는 점화제로 잠시 변죽만 울리는 것으로 화랑도를 이용한 반면 백제의 그것은 통일 이후에도 본연의 구도로 일관해 진표율사에 와서 미륵신앙의 절정을 이룬다.

백제 권에 유달리 미륵신앙과 관계한 탑, 불상, 사찰이 많은 것은 바로 이 때문이다. 그렇다면 진표율사가 전한 미륵신앙의 본질은 무엇일까?

【 출처: 증산도의 진리】

원효결서(元曉訣書)

1969년 경주에 소재한 문무대왕의 해중능 대왕암에서 발견된 원효대사의 비결서를 해석한 책이다. 총 464자로 구성된 이 비결서는 원효의 사상이 압축되어 있을 뿐 아니라 우리나라 및 세계의 운명에 대한 예언도 포함되어 있다.

원효결서란 문무대왕 수중 능에서 고 박정희 대통령의 비밀 지시로 발견한 석판에서 나온 예언을 말한다.

본래 분량은 16개의 석판이었는데. 박정희의 불행한 미래를 예언한 부록이 자신에게 누를 끼칠 것을 두려워한 발굴자들은 글자 4개를 지워 버리고 만다.

그러나 남은 부분만으로도 우리가 감당 못할 놀라운 내용이 많이 들어 있다.

원효결서 주요내용 중에서 충격적인 우리나라 대통

령의 운명에 대한 내용은 의정 3년, 군정 3년, 민정 3년으로 민주주의 국가인 대한민국의 대통령의 운명을 예시하고 있는 것이다.

여기서 9년이란 대통령의 숫자를 말하는 것이다.

노무현 대통령이 9대 대통령이라는 점을 생각하면 신비함을 넘어서 경외감까지 느끼게 하는 내용이다.

군정 3년은 박정희, 전두환, 노태우를 말하는 것이며, 민정은 이승만, 김영삼, 김대중 대통령을 말하는 것이다. 그럼 의정은 뭘까? 의정은 임기를 제대로 마치지 못했던 2명의 대통령과 마지막 1명의 대통령을 말하는 것이다.

원효는 무상을 깨달음으로 수천 년 뒤에 한민족의 운명을 모두 내다보고 다가오는 어마어마한 민족의 대격변을 준비하기 위해 문무대왕 수중릉과 원효결서를 비밀리에 준비한 것으로 보인다.

1. 無學秘論: 개벽시기의 추론

義政三年 過政三年 軍政三年 然後에
辰巳에 聖人出하고 年末에 樂堂堂이라.
海東初組에 新元曉가 多率神兵 踏宇宙라.
대의정부 : 이승만, 김영삼, 김대중 대통령
군사정부 : 박정희, 전두환, 노태우 대통령

과도정부 : 윤보선, 최규하(대 변화를 거치게 된
다.)

2. 三神五行

天有五星 地有五行 天分星宿 地舟産川

氣行於地 形麗於天 因行察氣 以立人氣

七政樞機流通終始地德上載 天光下益

陰用朝陽 陰陽相見 福錄永貴 陰陽之昇

距心 天地所險 地之所盛 形之氣畜

萬物化生 氣盛以應 貴福及人 此有 圖形

上下相 而成日體 諸之化氣

하늘에는 다섯가지의 별이 있고 땅에는 오행이 있
다.

의정은 별자리로 나뉘고 땅은 산과 내로서 연이어져
달린다. 기는 땅으로부터 와 움직이며 땅의 모습은 하
늘의 아름다움을 닮았는데 하늘의 천 오행과 땅의 지
오행을 본받은 인오 행으로 말미암아 사람의 기도 서
게 되는 것이다.

따라서 조화물주인 하느님의 일신 진기가 화신-목
신-금신-수신-지신으로 변화하는 칠신 기화의 칠정
운도는 문지방과 지도리가 맞아 돌아가듯 절묘한 조화
를 이루어 처음도 끝도 없이 기화하고 유통한다.

땅의 덕은 하늘로 올라가며 하늘의 빛은 땅 위로 넘쳐흐르게 된다. 밤이라는 음의 쓰임이 아침에 양의 빛을 가져오듯 하늘의 양과 땅의 음이 서로가 조화를 이루어 교류하게 되면 하늘의 복과 땅의 녹이 영귀하리라.

음양이 서로 화합하여 상승작용을 하게 되면 하늘과 땅의 음양조화로 이루어진 사람의 마음도 굳세어지고 밝게 되는 것이다. 하늘과 땅에는 험한 곳이 있고, 특히 땅에는 번성하는 곳이 따로 있는데 그 번성하는 곳에는 칠신기화의 진기가 축적되어 있다.

이에 만물이 살아나고 무성한 기운이 서로 감응하게 되면 사림에까지 귀와 복이 미치게 되어, 천지 음양조화와 오행기통이 서로 조화를 이루게 되며 한몸으로 되어 삼신일체가 온누리(우주)이며 우주 삼라만상은 다이 기의 조화로 이루어진 외적 표현에 불과한 것이다.

3. 元曉訣書 : 고려왕조의 운명

國朝變遷 王朝出雄 松岳四百 佛事盛行

春秋元風 可謂朝責 國弱民劫 乾剛坤柔

나라의 조정이 바뀌고 옮겨가니 왕조에서 영웅이 나온다.

송악 400년에 불사는 성행한다. 봄, 가을로 원나라의 바람이 부니 가히 조공을 드리는 나라가 된 것이다.

나라는 약해지고 백성들은 겁만 많아지니 하늘은 굳세고 땅은 부드럽다.

4. 조선왕조의 운명

靑驅星照 貴色上器 美濟能出 文崇武賤

倭侵八年 昌生塗炭 壬巳之間 江山焦土

骨肉相爭 四色無色 富哉庚戌 倭侵倂土

日月無色

푸른 비둘기별이 비치니 고려의 귀족이 윗그릇(왕)이 된다.

말은 화려하나 행동이 없으니 이루어지는 것이 없고 문반만 받들고 무반은 천시하는구나.

왜란 8년간에 (임진, 정유) 백성은 도탄에 빠진다.

임진년과 계사년의 2년간 강산은 초토화되는구나.

형제끼리 서로 다투고 4색 당으로 다투니 모두 똑같은 부류로다.

경술년(1910년)이 무르익었을 때 왜가 침략하여 우리나라를 합병하니 해와 달이 그 색깔을 잃어버리도다.

「청구성」이란 이성계가 남쪽별인 청구성을 따라 위화도에서 회군함을 의미.

5. 근세사의 예언

己未中分 江山震動 空手何坊 三三何人
鸞率示運 福錄塗 丙子當年 天市開垣
倭亡之兆 丁丑六年 倭侵中原 乙酉立秋
倭賊自退

기미년을 가로질러 (독립만세운동으로) 강산이 진동한다.

불쌍한 조선 백성들아, 빈털터리 손으로 어디를 가느냐!

기미년의 33인은 누구인가? 절망에 빠진 조선을 인도하는 하느님이 난세를 맞아 새 운이 시작되는구나.

이들은 각기 다른 길(종교)을 통하여 복록을 받았도다.

병자년(1936년)에 천시가 개원되어 하느님 스스로 지상에서 현실화되도록 역사하시네.

왜가 망하는 징조는 정축년(1937년)부터 6년간에 있느니 이들이 중국의 중원을 침략하기 때문이라(중일전쟁).

을유년(1945년) 입추에 왜적이 스스로 물러나리라.

＊ 鸞 : 금오, 봉황, 기러기, 제비, 천둥새와 함께 하느님 뜻을 전달하는 玄鳥로 여겨짐.

＊ 天市 : 한인 하느님이 사시는 천상의 거주지.

6. 조국 분단의 운명

孤角分土 金木上昇 中分之理 三八中分

0000 己丑之秋 紫微開垣 紫市開垣

天賜海金 天極太乙 帝四正 南可以活

更寅辛卯 兄第相鬪

고각(한반도)이 분단되어 북쪽은 김가가(김일성) 남쪽은 이가가(이승만) 왕이 되는구나. 고각의 가운데가 갈라지는 이치에 따라 삼팔선을 경계로 땅이 나눠지는구나!

기축년(1948년) 입추절에 이르러 자미개원(대한민국 탄생)과 자시개원(조선 민주주의 인민공화국 탄생)이 되어 조각 중분이 이루어지도다. 하늘이 해금한 사람을 이 땅에 내려 보내셨으니, 그 사람이 바로 하늘의 중심인 태을의 정기를 받아 이 땅을 구제할 태을진인이로다. (해방 후 대한민국은) 뱃사공이 너무 많아 배가 산으로 갈 형편이로다. 남쪽에 살길이 있으니 경인년(1950년)과 신묘년(1951년) 사이에 형제끼리 싸우는구나.

7. 박정희의 등장과 유신

庚子辛丑 南於難朴 庚戌辛亥 南北上沖

血流漂杵 壬子癸丑 0000 生處何方

昌陰之化 八卦相湯 五曜之光 甲寅乙卯

氣流於下 物化自然 戊午己未 紫微極熙

경자년(1960년)과 신축년(1961년) 사이에 남쪽에서는 박씨 성을 가진 사람이 난을 일으킨다. (5.16 혁명)

경술년(1970년)과 신해년(1971년)사이에 남북이 서로 부딪쳐 피가 방패를 적신다.(울진, 삼척 공비 침투)

임자년(1972년)에 유신체제가 탄생되니 어디로 가야 살 길이 있는가? (백성들의 무언의 신음) 조정(정부)에 아첨배와 간신배가 창궐하니 팔괘가 서로 부딪히며 가마솥에서 끓고 오행성의 빛이 땅을 비추도다.

갑인년(1974년)과 을묘년(1975년)에 (긴급조치 9. 10호로 인해) 원기가 백성들 사이에 흐르니 (하느님이 이에 응답하시어) 만물이 원 위치로 돌아가도록 조치하시 도다.

무오년(1978년)과 기미년(1979년) 사이에 자미가 극도로 빛나도다.(박정희의 최전성기)

8. 속 빈 강정 대한민국

始於東方 聖帝臨民 萬物化被 今冠三世

동쪽으로부터 거룩한 임금님이 나리셨는데

사람들은 그가 누구인줄을 알아보지 못한다.

모든 것이 속빈 강정처럼 되어버리는 금관 삼세로
다.

*금관으로 상징

(전두환, 노태우, 김영삼)

9. 개벽 후 세계

天氣歸人 有哉日月 眞人御世 宰物一道

蒼龍七宿 備言天體 紫微開垣 十九丁未

始有世播 鴻志大展 敢不閑石奇於名人

張之隱士 金島玉冕補弼滿堂 一千方面

光陰同流

하늘의 기운이 진인에게 내려 음양이 같이 흘러가는
금강무등 세계를 이루고 진인이 나와서 세상을 다스리
니, 모든 것이 하나의 길로 통일되어 다스려진다. 하느
님이 그린 그림과 그 약속이 미리 예정되어 있어서 그
희망의 말씀을 땅으로 내려 보내 후천개벽을 일으켜
땅을 하나로 통일하여 한 나라로 만든다.

이 비결은 19번째 정미년(1967년)에 비로소 세상에
알려지게 되어 그 큰 하느님의 뜻이 크게 뻗어 나가리
라. 그러므로 하느님의 말씀이 적혀 있는 이 돌은 바
다 속에 누워있는 한가한 돌이 아니다. (후천개벽에서
살아남은 사람들이) 일천방면 세계만방으로부터 달려

와서 뛰어난 명인이자 예시자인 진인을 보필하여 상하 공명하여 상응 상수하니 마침내 (지천태의 후천) 태평성대가 크게 열린다.

불국사와 석굴암 창건 유래

통일신라시대 서라벌(慶州)의 모량리에 살았던 가난한 여인 경조(慶祖)는 외동아들과 단둘이 살아가고 있었다. 아들의 머리가 크고 이마가 유난히 넓어 성(城)과 같았으므로 이름을 대성(大城)이라고 하였다. 어머니 경조와 대성은 부자인 복안(福安)의 집에서 부지런히 일을 하여 약간의 밭을 얻었고, 그 밭을 일구어 생계를 유지하였다.

어느 날 흥륜사의 점개(漸開)스님이 참회법회인 육륜회(六輪會)를 개최하기 위해 이집 저집으로 화주를 다니다가 복안의 집에 이르렀고, 주인 복안이 베 50필을 선뜻 시주하자 점개스님은 축원을 해 주었다.

"보시를 좋아하니 선신이 늘 지켜 주실 것입니다.

한 가지 물건을 보시 하시면 만 배를 얻어 안락하고 장수하게 될 것입니다"

이 모습을 옆에서 지켜본 대성은 어머니께로 달려가 말씀드렸다.

흥륜사 스님 말씀이 '하나를 시주하면 만을 얻는다.'고 하셨습니다. 우리는 전생부터 선업을 짓지 못해 금생에 이렇게 가난하게 사는 것인데, 금생에도 시주를 못하였으니 내생의 곤궁이 환히 보이는 듯합니다. 저희 집안 전 재산인 밭 세 이랑을 흥륜사 불사에 시주하여 내생의 좋은 응보(應報)를 받도록 하심이 어떻겠습니까?"

어머니는 아들의 말에 쾌히 승낙을 하고 그 밭을 점개스님께 보시하였다. 그리고 얼마 지나지 않아 갑자기 대성이 죽었는데, 그가 죽던 날 국상(國相) 김문량(金文亮)의 꿈에 한 동자가 나타나 머리를 조아리며 말하였다.

"저는 모량리에 사는 대성이라는 아이입니다. 이제 국상 내외를 부모로 삼아 태어나고자 하오니, 어여삐 여기시어 받아 주십시오."

국상이 꿈이 하도 생생하고 신기하여 곧 사람을 보내어 사실을 알아보게 하였다. 과연 모량리 경조의 집에서는 대성의 장례준비를 하고 있었다.

국상은 후히 돈과 쌀을 보내 장례를 치르게 하고, 또 그 어머니가 생활을 할 수 있도록 논과 밭도 주었다.

그 뒤 국상의 부인은 차츰 배가 불러왔고, 마침내 아이를 낳았다. 그런데 이상하게도 아기가 왼쪽 손을 꼭 쥔 채 펴지 아니하는 것이었다. 7일이 지나 국상이 경조여인을 데리고 와서 아기를 보이자, 아기가 그토록 쥐고 있던 주먹을 펼치는 것이었다.

그 손 안에는 '大城'이라고 쓴 금간자(金簡子)가 있었으므로 사람들은 모두 놀라워하며 탄성을 발하였다.

"어찌 사람이 윤회전생(輪廻轉生) 한다는 것을 믿지 않을 수 있겠습니까?" 그리하여 국상은 아기의 이름을 그대로 대성이라고 하였다.

대성은 어려서부터 총명하여 모든 사람들에게 존경을 받았고, 전생의 어머니와 현생의 부모 집을 왕래 하면서 조금도 소홀히 함이 없어 효자로 명망이 높았으며, 자라서는 관직에 올라 나라에 충성을 다하였다.

그러나 무술을 좋아한 그는 나라 일을 보지 않는 날만 되면 깊은 산중에 들어가 사냥을 하였다.

하루는 토함산에 올라가 큰 곰 한 마리를 잡았는데, 그날 밤 꿈에 그 곰이 나타나 무섭게 대들며 말하였다.

"너는 어찌하여 나를 잡아 죽였느냐. 전생에도 나를 괴롭히더니, 이생에서 또다시 나를 죽여. 이제부터는 내가 너를 괴롭히리라"

대성이 벌벌 떨면서 물었다. "너는 누구인데 나를 전생부터의 원수라 이르느냐?"

"나는 모량리 부자 복안의 딸 곰녀였다. 그때 너를

205

사모하였으나 네가 듣지 않았으므로, 나는 오동나무에 목을 매어 죽었노라. 그리하여 곰으로 태어났다가 너를 다시 만나 반가이 따랐는데, 네가 나를 활로 쏘아 죽였으니 어찌 원수가 되지 않겠느냐?"

"그렇다면 나의 잘못이 참으로 컸구나. 내가 모르고 한 것이니 용서해다오. 이제부터라도 다시는 원수의 인연을 맺지 말자. 그리하면 내 너를 위해 마땅히 좋은 일을 하리라."

"그렇다면 나를 위해 절을 하나 지어다오. 불법을 신앙하여 마음을 개심하고 해탈을 얻겠노라.'

이 말을 듣고 깨어난 대성의 온몸은 땀으로 흠뻑 젖어 있었다. 대성은 깨어나자마자 전생의 어머니를 찾아가 이 사실을 물었다.

"어머니, 모량리 복안의 집에 죽은 딸이 있습니까?"

대성은 질문과 함께 어머니께 꿈 이야기를 하였다.

"그렇단다. 네 나이 열여덟이 되던 해에 그 집의 무남독녀 곰녀가 너를 사모하였으나, 네가 다른 여자를 좋아하는 것 보고 비관하여 오동나무에 목을 매어 죽은 일이 있다. 그 뒤 네가 아무 병도 없이 갑자기 죽었으므로, 나는 필시 그녀의 원귀가 작동하여 잡아간 것으로만 알았었다. 뜻밖에 네가 재상의 집에 태어났기에 나는 크게 맘을 놓을 수 있었단다. 그런데 이제 네

말을 듣고 나니 마음이 후련하구나. 네가 만일 그녀에게 절을 지어 줄 약속을 하였다면 기어이 약속을 이행하여 다시는 나쁜 인연을 맺지 않도록 하여라."

대성은 그 뒤부터 사냥을 하지 않고 오직 불법에 뜻을 두어 크게 자비심을 일으켰으며, 그 곰을 위해 장수사(長壽寺)라는 절을 지어 주었다.

이렇게 윤회와 인과응보의 철칙을 체험한 대성은 전생의 부모와 현생의 부모를 위해 보은의 불사를 시작하였으며, 마침내 현생의 부모를 위해 불국사를 짓고, 전생의 부모를 위해 석굴암을 축조하였다.

석가여래 행적 송에서

삼보(三寶), 삼존(三尊)이라고도 합니다.

1. 만나기 어렵습니다.
2. 티가 없이 진귀한 보배입니다.
3. 세력이 있습니다. 부사의 한 신통력을 갖추고 있습니다.
4. 장엄합니다.
5. 가장 수승합니다.
6. 영원히 변치 않고 고쳐지지 않습니다.

참으로 인간으로 태어나 삼보에 귀의하고 수행의 문

에 들어가 의식주, 시름 놓고 부처님 친견하여 부처님 되기 원이로다. 왕으로 태어나도 인생 무상함을 느끼고 불법을 배우고 입산수도하여 성불했고 태자로 태어나 왕도 마다하고 수도하여 성불한 예도 많다. 만물의 영장인 이 몸이 어디서 와서 어디로 가나?

나의 본 성품을 깨달아 중생 제도하고 내 맘 속 번뇌를 항복받고 佛法을 배워 내 스스로 진리를 깨달아 부처가 될 것입니다.

「초발심시 변정각 (初發心是 便正覺)」

처음 발심할 때가 부처를 이룬다. 영원한 참 마음 나를 구원하기를 발원합니다.

「일체 유심조 (一切 唯心造)」

모든 것이 마음으로 지어 낸다. 한 생각에 생사가 있어!

절에 오면서 알아야 할 것과 지켜야 할 것

절에 오는 날은 속세의 묵은 먼지를 털고 속세의 쇠사슬에서 벗어나는 기분으로 절에 간다. 생사고가 없는 경지를 깨치러 절에 가야 합니다.

원대한 원력을 세우고 부처님을 만나자. 탐, 진, 치에서 벗어납시다. 근심, 걱정, 원망, 일체의 번뇌도 내려놓고 홀가분한 마음으로 3일 전부터는 비린 음식도 삼가고 마음의 때를 깨끗이 목욕하고 헌옷을 깨끗이 빨아 입고 진한 화장이나 사치한 패물을 지니지 않고 향, 초, 과일, 공양미, 꽃 등 한 가지라도 정성껏 마련해 공양 올리고 기도해야 합니다.

삼라만상을 사랑하며 방생하는 고운 마음과 베푸는 마음으로 텅 빈 그릇을 가지고 불전에 참회공양 올리고 불법(佛法)을 담는 몸으로 佛法을 배우러 가자.

절, 도량에 들게 되면 불전을 향해 반 삼배를 올리고 법당에 옆문으로 드는데 정문은 큰 스님만 들게 되므로 주의, 법당에 들면 합장하며 뒷짐을 삼가고 어전을 향해서는 뒷걸음으로 물러서 삼배를 드리고 청정수나 향, 초를 올리고 먼저 올린 신도님이 기도 중이면 같이 참배하고 끝나고 올리는 것이 절 법의 예의입니다.

모든 잘못을 부처님께 고하고 참회 기도하니 본 성품도 맑아지고 참을성도 생기면서 음탕한 마음 없어지고 下心으로 모든 중생들을 존중하고 살게 되면 이것이 바로 불법의 그릇이고 십선법 기초이며, 편한 마음 안정된 생활 습관이 극락정토입니다.

부처님과 예수님께서는 우리 욕심으로 사는 사바세계의 중생들을 위해서 태어나셨고 우리가 현재 살고 있는 우리들에게 설하신 것입니다. 착하게만 살면 된다,

이것이 아닙니다. 먹이 주면 먹고 안 주면 굶주리고 다른 동물들 해치지 않고 사는 동물도 있습니다.

우리는 착하게만 살려는 것이 아니고 마음의 평안을 찾고 인간답게 잘 사는 것입니다.

절에 와서 참회 기도하고 꾸준히 수행하면 법신불이 되고 노사나 불이 됩니다.

그냥 오욕 락에 빠져 죄 안 짓고 내 것 먹고 사는 것이 제일이라 생각 하면 꿈속의 착각입니다. 인생의 수명은 풀끝의 이슬과 같고 무상한 인생은 일장춘몽이라! 꾸준히 佛法을 배우고 노력해야 합니다.

이생에서 하던 습관이 반드시 내생에 이어지니 지금 당장 공부하는 습관을 가져야 합니다. 모든 것을 다 잃는다 해도 바른 정신 여유 있는 마음자리가 나이 들어서도 살기 힘들지 않고 영원히 살 수 있습니다.

꼭 믿고 꾸준히 노력하십시오. 믿음이 없는 공부는 성공이 안됩니다. 믿음은 공덕의 어머니다! 나! 부처님을 가까이 하고 몸으로 실천해야 합니다.

敎(교)를 안 믿어도 지금껏 잘살아 왔는데 별 필요 없어, 敎를 믿는 자도 남의 교를 무시하고 나의 교만 제일이고 타 종교는 부정하며 자기 교를 믿고 호응해 주지 않으면 상대도 않고 심하면 마귀라고 하면서 부모 친척 간에도 왕래치 않고 안부전화도 거절하며 法

寶편지도 안 본다니 칠팔십을 헛살았어!

천륜을 무시하니.

장부 일언 중천금이라 하였습니다. 말을 할 때는 상대방을 생각해서 또 생각하고 기분 상하지 않는 말을 하십시오. 말 한마디가 천냥 빚을 갚는다 하지 않았습니까. 말 한마디로 패가망신하고 목숨까지도 위협 받는 일까지도 있어! 전생에 지은 예금공덕 이 생애에서 다 빼먹고 행복한 양 살다보면 사생바다 고통바다 겪으면서 남녀노소 신세 한탄, 인과법을 못 배우니 가련하고 애달프게 됩니다,

노는 입에 염불하며 十善功德 닦은 佛子 이런 이치 깨달아서 생사 해탈 누려지이다. 웃는 말 한 마디가 부처님의 마음이고 참고 웃는 그 미소가 부처님 얼굴이라. 죄와 벌, 원래 죄와 벌은 기준이 없습니다. 문자와 언어는 근본 뿌리가 없기 때문입니다.

그 때 그 시절 그 장소에서 감정과 감정의 대립에서 스쳐가는 바람이 일 뿐이다. 그러니 잘못을 지적해 줌이 스승이고 불전에 참회 기도하고 열심히 수도하면 해탈을 얻습니다.

법은 사람이 만든 것이다. 사람이 바르게 살지 않고 지키지 않기 때문에 법을 만든 것입니다. '法'자는 물 수(水) 변에 갈 거(去)자 인바, 물 흐르듯 쉬지 않고 흘

러간다는 뜻입니다. 물이 흐르다 멈추면 썩습니다. 꾸준히 흐르는 동안 바위도 거치고 흙도 만나면 아래로 계속 흐릅니다. 물은 더러운 먼지도 닦아 주기도 하고 火氣를 꺼 주기도 하고 만물을 이루는 근본도 되어 봉사정신으로 끝내 바다에 이르러 성공을 한다. 즉 사람으로 이르면 成佛이다. 바다로 흐른 물은 구별할 수 없이 한 물이 됩니다. 우리의 마음도 깨치면 모두 한 法身佛이 되는 道理입니다.

성경에서도 아담과 이브처럼 죄 짓지 않은 사람이 없다 하였습니다. 불교에서도 천수경에 백겁적집죄(百劫積集罪) 일염돈탕진(一念頓蕩盡) 여화분고초(如火焚枯草) 멸진무우여(滅盡無有餘) 죄무자성종심기(罪無自性縱心起) 심약멸시죄역망(心若滅視罪亦亡) 죄망심멸양구공(罪亡心滅兩俱空) 시즉명위진참회(時即名爲眞懺悔)를 해석 한다면 백겁, 천겁에 쌓은 죄업 한 생각에 없어지는 것이 마른 풀을 불 태우듯 흔적조차 없어진다. 죄의 자성 본래 없어 마음 따라 일어 난 것, 마음 한번 반성하고 고쳐 쓰면 죄업 또한 사라지네, 죄도 없어지고 마음 또한 비어지면 이것이 진짜 참회다.

기우제를 지내는 이가 풀용(草龍)을 만들어 빌면 진짜 용이 비를 내려주는 것과 같아서 거짓 형상이라도 시설하고 정성껏 공경하면 참 부처가 감응을 내리거늘 어찌 참이냐 거짓이냐를 따질 필요가 있겠습니까.

「우타연왕경(優陀延王經)」에서는 다음과 같이 말하였습니다. "세존께서 도리천에 오르신 뒤 우타 연왕은 우러러 사모하는 마음을 금치 못해 전단나무를 불상 새겨 조성해 모시고 공양 했는데, 부처님께서 내려오시니 불상이 일어나 문을 나가면서 고개를 숙여 부처님(眞佛)을 맞이하거늘 부처님이 사양하시면서, '나는 오래지 않아 열반에 들겠지만 그대(像:佛像)는 오래도록 세상에 남아 일체 중생을 복되고 이롭게 하리니, 내가 어찌 그대에 미치겠는가.' 하시니, 불상이 그 말씀에 따라 먼저 나왔던 문으로 들어갔다"고 하였습니다.

부처님께서 이런 사연으로 像을 조성하고 공덕에 대해 "어떤 사람이 부처님의 형상을 조성한 공덕은 무량하여서 세세생생에 악도에 떨어지지 않고 항상 인천(人天)에 태어나서 복을 받아 쾌락을 누리며, 몸은 항상 금빛이며 눈은 청정하며 얼굴은 단정하며 모든 상호가 구족하리라. 만일 인간에 태어나면 항상 제왕이나 대신이나 장자의 선량한 집에 태어나서 호사와 부귀를 누리고, 왕이 되면 왕 중에도 유달리 존귀한 전륜왕이 되며 네 천하를 통솔하고 하늘에 태어나면 하늘 가운데 가장 수승하고, 나아가 6욕천(六慾天)의 왕이 되면 6욕천에서 가장 으뜸가고, 범천에 태어나면 항상 모든 범천 무리의 존경을 받고, 최후에는 무량수국(無量壽國)에 태어나서 모든 보살들 중에서 역시 으뜸이 되리라.”하시고, 또 어떤 사람이 임종할 때 남을 시켜 불상을 조성케 하되, 보리쌀 크기만 하여도 80억겁 동안 생사하면서 지은 죄를 소멸한다.”하였습니다. 그리고 어떤 경에서는 “묵은 불상을 보수하는 공덕이 새로 조성한 공덕보다 더 수승하다”하였습니다.

그러므로 옛날 어떤 가난한 여자는 불상의 얼굴이 조금 훼손된 것을 보수하고 세세생생에 얼굴이 황금빛이고 부귀와 쾌락을 자재하게 누리다가 마지막 생에 부처님과 만나 과위를 증득했고, 또 어떤 장자는 불상의 한 손가락이 파손된 것을 보수하고 세세생생에 손가락에 등불 빛이 나고 시체 보배가 항상 따라 다녀 궁핍함이 없다가 끝내 부처님을 만나 출가해서 도를 얻었다 하였습니다. 〈등지인연경(燈指因緣經)〉

아! 이렇듯 아주 작은 일을 하고도 큰 이익을 얻은 까닭은 위없는 복밭에다 종자를 뿌렸기 때문이니, “봄에 한 톨의 곡식을 심으면 가을에 만 알의 열매를 얻는다”한 옛 사람의 말씀이 꼭 맞습니다.

삼보의 공덕을 노래하고 찬탄함에 대해서는 경에서 “사바세계의 중생은 이근(耳根)이 날카롭기 때문에 음성으로 불사(佛事)를 한다.”하고, “그러므로 노래하고 찬탄할 때 자기 마음에만 늘어날 뿐 아니라 저승과 이승의 일체 중생도 보거나 듣고서 기뻐하는 마음을 내어 도심(道意)이 더욱 늘어나게 하니, 남까지 이롭게 하는 공덕이 보다 더 큰 것이 없다"하였습니다.

탑전을 소재한 공덕(掃塔功德)에 대해서는「보살본행경(菩薩本行經)」에서, "과거 정광불(定光佛)이 멸도하신 뒤 정법이 끝날 무렵에 땔나무를 팔아 겨우 살아가는 사람이 있었다. 숲에 가서 땔나무를 줍다가 멀리 숲속에 탑 하나가 있는 것을 보고 그곳에 가서 우러러 뵙고 절을 했는데, 오직 새와 짐승이 묵던 자리와 초목과 가시 숲과 배설물만 가득하고 전혀 인간의 자취가 없었으며 아무도 공양한 흔적이 없었다. 가난한 사람은 이를 보자 처량한 생각이 들었으나 부처님의 신비한 공덕은 전혀 아는 바가 없고 오직 기뻐하는 마음으로 나무와 풀을 베어내며 배설물을 소재하고 절을 하고 떠났습니다. 그런데 이런 인연으로 그는 목숨을 다한 뒤에 광음천(光音天)에 태어나서 무량한 쾌락을 누리고, 그 하늘의 수명이 다한 뒤에는 백 차례를 전륜성왕이 되어 4 천하를 통치하고, 윤왕의 복이 다한 뒤에는 항상 국왕이 되거나 큰 성받이 장자가 되어 재물과 부귀가 무량하고 용모가 단정하여 보는 이가 사랑하고 공경했으며, 길을 나서려 하면 길이 저절로 밝아지고 허공에서 뭇 꽃이 비처럼 내렸습니다.

90억겁 동안 이런 몸을 받은 뒤에 마지막의 몸으로 석가여래불을 만나 출가하여 도를 얻으니 지금의 바다 가라존자가 그 이다 하였습니다.

또 아함경에서는 "어떤 사람이 온 염부제의 땅을 쓸더라도 불탑에 소 한마리 누울 땅 만큼을 쓸고 닦는 것만 못하다" 하였고 어떤 이는 "그 공덕으로 목숨을 마치면 바로 극락 안락세계에 왕생한다." 하였습니다.

꽃을 올리는 공덕에 대해서는 백연경(百緣經)에서 "과거 유위불(維衛佛)의 유법시(遺法時)에 어떤 사람이 길을 가다가 탑에 이르러서 꽃이 먼지에 더럽혀진 것을 보자 뽑아서 먼지를 털어 다시 공양했는데, 이 인연으로 91겁 동안 악도에 떨어지지 않고 항상 인간과 하늘에 태어나서 몸매가 부드럽고 얼굴이 곱고 윤택하며 재물과 보배가 무량하고 큰 위덕(威德)이 있더니, 마침내 석존을 만나서 출가하여 득도하니 지금의 위덕 비구가 바로 그 이니라" 하였습니다.

시든 꽃을 털어 공양해서 받은 갚음도 이러 하거늘 하물며 특별히 마련하여 공양한 이의 공덕이겠습니까. 그 복은 말로 다 할 수 없습니다.

향을 피워 공양한 공덕에 대해서는 백연경에서 비바시불의 유법시에 어떤 사람이 탑전에 들어 갔다가 전단 향을 피워 부처님의 사리에 공양했는데, 이 인연으로 91겁 동안 인간과 하늘에 태어나서 용모가 단정하고 온몸의 털구멍에서 전단 향기가 나더니 마침내 부처님을 만나 아라한 과위를 얻었으니 지금의 전단향 비구가 그이니라." 하였습니다.

등을 켜는 공덕에 대해서는 현우경에서 다음과 같이 말하였습니다. "사위국에 난타라는 여인이 있었는데 빈궁하고 외로워서 구걸로 생명을 이어가더니 국왕 대신들이 앞다퉈 부처님께 공양하는 것을 보고, '나는 전생에 무슨 죄로 빈천한 몸으로 태어나서 복전(福田)을 만났건만 심을 종자가 없으니, 후일의 결과는 뻔한 일이다 생각하고 끝없는 감상에 잠겼다가 이내 공양구를 마련코자 종일토록 구걸하여 겨우 2전(錢)을 얻었다. 이것을 가지고 기름집에 가서 기름을 사서 등 하나를 만들어 기원정사로 가지고 가서 부처님 앞에 밝히면서 '제가 내세에는 지혜의 등을 얻어 모든 어둠이 없어지이다' 라고 발원하고는 부처님께 예배한 뒤에 돌아갔는데, 두터운 신심때문에 뭇 등 가운데 밝고 예쁘고 홀로 빛나 새벽까지 이르렀다. 목련(目蓮)이 불을 끄려고 하여 힘을 다해도 꺼지지 않거늘 부처님이 보시고는 "이는 크게 발심한 사람이 보시한 등이니 꺼지지 않는다." 너희들 같은 성문이 끌 수 있는 것이 아니다.

"설사 너희들이 사해의 물을 다 들어붓거나 억수 맹풍이 불지라도 끄지 못하리라" 하셨다. 새벽이 되자 난타가 부처님 앞에 나아갔는데 부처님께서 수기하시되 "네가 오는 세상에 두 아승 지겁을 지나 부처를 이루리니 호는 수미 등광 왕불이라 한 것이며 십호가 구족 하리라" 하시니 난타가 기뻐서 출가하여 비구니가 되어 대중들한테 우러름을 받았다.

말법시대를 당하여 정토법을 구하지 않고 무엇을 하리요, 혹 어떤 사람이 이 법문에 대하여 대처로 의혹과 비방을 일으키거나 혹은 왕생하는 이를 보고 비웃거나 가로막으면, 자신도 그르치고 남도 그르쳐서 부처님의 원수가 될 것이니 참으로 슬픈 일입니다.

불법을 수호하고 십선 업을 닦으면 오는 세상에 반드시 자씨 미륵존(慈氏尊)을 만나 용화의 세 차례 법회에서 자연스럽게 모두 도를 증득할 것입니다.

석가불의 육부경 삼부경에 의하면 미륵 신앙만이 특이한 해탈시대로 1천 부처님 가운데 자비 복덕이 충만하고 지혜원력이 끝이 없으신 사랑스런 어머니 품속 같다고 하였습니다.

「관미륵 상생도솔천경」에 의하면 미륵불로부터 설법을 듣고 반드시 생사 해탈하여 성도하는 미륵신앙이 이 경전의 주된 내용입니다. 또 이 경은 도솔천에 한번 왕생하면 질병, 고통, 사고 등 불행해지지 않고 그곳 나이로 4천세를 누리게 된다고 밝히고 있다. 미륵불이 하강함에 천상의 모든 이들도 미륵불과 같이 하강하여 부처님의 삼회 법회를 듣고 곧 깨닫게 된다고 하였습니다.

미륵하생경(彌勒下生經)에서는 다음과 같이 말하였습니다.

이 염부제에 시두말(翅頭末)이라는 큰 성이 있고, 성 안에 묘범(妙梵)이라는 큰 성바지 바라문이 있었다. 부친 수범마와 모친 범마월을 부모로 하여 때가 되면 32 이상과 80종호를 갖추고 오른쪽 옆구리로 탄생할 것이다. 이름을 미륵이라 하고 그 집에 태어나서 출가하는 날 바로 용화수 밑에 앉아 무상 정각을 이룬다.

국왕과 바라문과 장자와 모든 백성들이 모두 부처님께 나아가 함께 출가한다. 그때 미륵부처님께 대중들을 보고 "이들은 석가모니 부처님이 남기셨다가 내게 보낸 사람들이니, 그러기에 지금 내게 온 것이다. 이 사람들은 석가모니 부처님의 유법(遺法) 동안 경률론 삼장을 독송하거나, 의식(衣食)을 남에게 보시하거나, 계, 정, 혜 3학을 닦았거나, 번기와 일산과 향화를 부처님께 공양했거나, 고통 받는 중생을 위하여 즐거움을 얻게 했거나 인욕과 선정을 닦았거나, 혹은 탑사를 세워 사리(舍利)에 공양하는 등, 이러한 선근 공덕으로 내게 왔도다." 이렇게 생각하고는 사성제를 설해 주시니, 사람들이 듣자 다 함께 열반도를 얻었느니라. 또 대론에서는 "용화회상의 첫 모임에 전북 금산사에서 96억 성문을 제도하고, 둘째 모임에 법주사에서 94억의 성문을 제도하고, 셋째 모임에 금강산 발연사 92억의 성문을 제도한다." 하였다.

보은경에서는 "화림원(華林園) 제3회에 92억 인은 석가 부처님의 유법 때 딱 한번 나무불을 부른 사람들이라"도 미륵회상에서는 "석가부처님 말법 때 좌선과 송경과 지계와 수복한 이들은 첫 모임에 태어나고, 오직 삼귀의 계만 지킨 이는 둘째 모임에 태어나고, 오직 부처님의 명호를 기억한 이는 셋째 모임에 태어난다" 하였다. 이것으로 살피건대 우리들이 비록 좌선과 송경, 그리고 지계와 수복 등을 전일하게 정진하지는 못했으나 이미 부처님의 명호는 들었고, 또 일평생 살아오면서 분에 따라 한번쯤 부르는 일이야 어찌 없다고 하겠는가. 그렇다면 일찌감치 첫 모임과 둘째 모임에는 참여치 못하더라도 늦게나마 셋째 모임에 참여하여 법문을 듣고 도를 깨닫게 될 것이다.

애달프다. 우리 중생은 먼 과거의 무시 이래로 업장이 두터워서 느지막에 오탁악세에 태어나서 법을 듣고도 믿음을 내지 않는구나! 그러나 기뻐할 일이 있으니 다행히 불법이 없어지기 전에 사람으로 태어나기 어렵고 남자로 태어나기 더 어렵다. 출가(스님)하기는 매우 어렵고 법문 듣기는 더더욱 어렵거늘 네 가지 어려움을 이제 모두 얻으니 이는 진실로 작은 인연이 아니로다. 때때로 삼업(三業)을 닦아서 악한 이와 사귀지 말고 삼보를 공경하는 삼귀의계와 오계와 그리고 팔간 재계와 십중대계와 사십팔 경계와 더 나아가 팔만사천 계에 귀의하라. 비록 견고하게 지키지는 못하나 날마다 정성껏 독송해도 좋으리라.

안방에 두 분 부처가 계시니 욕심 많은 세속인은 알지 못하네. 황금이나 채색으로 치장치 않았고 전단향 나무로 조각한 것 아니더라도 현전의 부모님을 뵙기만 하라, 그대로가 석가와 미륵이시니 만일 그분들께만 공양한다면 어찌 달리 공덕 닦을 필요가 있으랴, 살아 있을 때 부모님께 효성 다하면 죽은 뒤에 추모할 필요가 없나니 그대 능히 이렇게 마음을 쓰면 천지신명 용도 도와주리라, 부처님이 열반에 드시니 마야 부인이 하늘에서 내려와 금관만 보고 슬퍼 우니 부처님이 관에서 일어나시어 게송을 설해 위로해 주셨다.

구사성 사람들이 관을 성안으로 모시려고 역사 60명이 몰려와 매려하였으나 조금도 동요치 않으시더니 관이 스스로 허공으로 떠올라 성의 네 문을 들락날락 하시고 다시 성을 7번 돌고 내리시니 대중들 모두가 슬픔과 기쁨이 엇갈렸더라! 부처님 열반에 드시어 다비 직전에 상족 제자인 가섭존자가 딴 곳에 있다가 늦게야 알고 바삐 와서 뵙고자 3번 간청하니 잠깐 두 발꿈치를 내 보이셨다.

다비를 봉행하려고 3차례나 불을 댔으나 모두 꺼지더니 여래의 삼매 불이 가슴에서 솟아 나와 태웠다. 부처님이 나투신 산골인 사리는 그 수가 많아 헤아릴 수가 없는데 하늘신과 용과 인간의 왕들이 앞 다퉈 나누어 가서 탑을 세우니, 모두가 인천의 복전이 되었다.

중국의 불법

불멸 후 천년이 흘러 진단에 이르니 후한(後漢)의 명제(明帝) 때와 마등과 축법난 이 법을 가져오니 모든 군신과 국민이 받들어 봉행하였다. 이 일로 백마사(白馬寺)를 짓고 사리와 경전과 불상을 봉안하니 탑과 절들이 이로부터 시작되었다.

이때에 중국 지방에는 도교의 법(法)이 널리 퍼져 오악의 모든 도사들이 690명이 왕께 상소하기를, "오랑캐의 말은 믿지 마소서, 성상께서 이들을 믿으면 화속은 모두 예뻐 잡니다"하고 도교경전을 가져와 양쪽 단에 장치하니 위의가 매우 엄격 하였다. 사리와 경과 불상은 따로 서단에 안치하니 별로 볼품이 없었다.

도사들이 좋은 향을 사르고 단을 돌면서 울부짖기를, "도교의 흥망성쇠가 오직 오늘에 달렸다"고 하면서 하늘을 향해 소원을 빈 뒤에 불을 놓아 붙이니 도교의 경은 모두 재가 되었으나 불교의 경전은 전혀 타지 않고 사리는 곧장 하늘로 솟아올라 오색의 광명을 뿜었다. 그 빛은 햇빛을 가려버리고 다시 일산 같이 둥글게 서리며 마등 법사는 허공으로 솟아올라 갖가지 신변을 다투고 우렁찬 법음성을 내며 부처님의 바다 같은 공덕을 기리고 출가의 공덕을 찬탄 하시되 모든 선행 중에 출가는 제일이라 하셨다. 황제가 듣고 매우 기뻐하셨고 모든 의혹도 모두 멈추니 높고 낮은 선비들과 숙녀 중에 1,300사람이 한꺼번에 출가하고 모든 도사들도 승복하고 출가한 이가 많았다.

영평 14년 정월 초하루 도교의 여러 도사들이 황제께 세배 드리는 모임에서 불교를 오랑캐의 교라 하고 다음과 같은 表(표)를 올렸다. "오악 18산의 도관 도교의 최고 산의 저서는 죽을 죄를 무릅쓰고 사뢰옵나이다. 태상(太上)의 도교는 천지(天地)가 생겨남 이전부터 나왔으니 백왕이 받들어 바꾼 적이 없었습니다. 하늘도 폐하께서는 희과 요순 우탁을 능가 하는 도와 덕을 지니셨거늘 근본을 저버리시고 서역에 구하시니 섬기는 바는 오랑캐의 신이요, 말하는 내용은 중국에 맞지 않습니다. 시험을 허락해 주옵소서. 도교는 경전을 통달하고 옥황상제 아래의 태상군과 태허 부주를 익숙히 단련해서 불에도 타지 않으며, 물에도 빠지지 않고 몸을 숨기고 신선이 되는 신통방법이 이르옵고 못하는 것이 없사옵니다. 바라건대 그들과 견줄 기회를 주십시오." 황제는 칙서로 상서령 송상을 장락궁으로 불러 그날 15일을 기해 백마사에 모이게 했다. 도교의 도사들은 세 단을 꾸미고 서른 네 문을 활짝 연 뒤에 남악도사 저선신과 화학도사 유정념과 북악의 한문도 동악의 초득심과 중앙의 여해 통곽산, 천목산, 오대산, 백록산 등 18산의 도사 기문신 등 도합 6백 90명이 제각기 숭상하는 영보진문과 태산 옥결과 삼원 부록등 590권을 가지고 와서 서쪽에 모시고 모성자, 허성자, 노자 등 27명의 경서 3백 15권은 중앙의 단에 모시고 모든 신에게 공양할 음식은 동쪽 단에 올리고 부처님의 사리와 경과 불상은 도교의 서쪽에 모셨다. 도사들은 침양으로 횃불을 만들어 돌고 돌면서 울음 섞어 고했다. "신들은 태극이시며 대도(大道)이시며 원시(元始)이신 천존(天尊)과 중생과 백령에게 사뢰나이다. 거짓된 호신들을 물리치고 정교(政敎)를 가려 주십시오"하고는 경에 불을 붙이니 불길에 따라 도경은 사라졌다.

그러나 불경은 엄연히 남아 있고 사리는 공중으로 솟아올라 오색광명을 뿜으면서 고리 모양으로 돌아 대중들 머리를 덮었고 마등 법사는 허공으로 솟아올라 널리 신통 변화를 나투었다. 그때 하늘에서는 보배 꽃을 뿌리고 또 하늘의 음악이 울려 사람들의 마음을 감동시키니 대중이 모두 기뻐하여 축법난 법사를 돌면서 설법해 주기를 청했다. 이때 법사가 우렁찬 법음으로 부처님의 공덕을 찬양하고 또한 대중으로 하여금 삼보의 명호를 찬탄케 하고 다시 모든 요긴한 법을 설한 뒤에 출가하는 복이 가장 높고 처음으로 절을 세우면 범천과 같은 복을 받느니라 하셨다. 이때 사공 양성후 유준은 궁인(宮人) 선비 민간인 등 1천여 명과 출가했고 오악의 도사 여혜통 등 6백 90명이 출가했고 궁전의 비빈과 시중들 230명 출가했고 도사 저선신은 기절해 죽었고 그밖에 승복치 않은 자는 혀를 물고 죽었다. 이때 황제가 크게 기뻐하여 열 곳에 절을 지었는데 성 밖의 7곳은 비구를 살게 하고 3곳은 비구니를 살게 했다. 한·당나라까지 불경은 6천여 권에 이르렀고 서진 때 번역한 경이 260부, 절이 180곳, 승려 3,700명 등 진 때는 경이 260부, 절이 1,768곳, 승려는 2만 4천명이나 되었다. 송나라 때에 이르러서는 절이 1,913곳, 승려는 3만 6천명, 양나라 때는 번역된 경전이 230부, 세운 절이 1,232곳, 승려 32,000명, 원·위 때 번역경이 49부, 세운 절이 38,050곳, 승려는 2만 명, 고제때 번역한 경이 14부, 세운 절이 43곳, 주 때 번역한 경이 16부, 세운 절이 931곳, 수나라 때는 번역한 경이 82부, 세운 절이 3,985곳, 승려는 26,200명, 한(漢), 진나라때까지는 42절이던 것이 후위가 낙양에 도읍한 뒤로 세운 절이 1천여 곳, 후조 8백 곳이나 되었다. 그 가운데서도 불교가 융성하기로는 당, 송, 금의 세 왕조 때로 기록되고 있다. 역대 제왕과 신요들이 마음 모아 크게 찬양하고 불심을 내면 나라도 태평하고 인민도 평안하다.

만일 헐뜯고 비방하면 현세에 당장 재앙을 받고 후세에 고통도 응당 크나니 그때에 뉘우친들 어찌 미치랴. 위나라 때 태무제(太武帝) 446년 초기에는 불법을 존중 공경하여 고승을 청해 설법 듣고 불상을 많이 모시고 갖가지로 공양을 올렸다. 불교 비방자 최호(崔浩)라는 이가 황제의 신임을 받으며 서쪽지방 순찰 길에 장안에 이르러 절에 들어가 구경을 하는데 사문들이 모여 술 마심을 보고 최호의 험담을 가하여 사문과 불상을 파하고 죽이며 사문을 숨겨주는 자도 엄벌하고 불교를 탄압하니 궁색한 인심과 흉년으로 영토가 빈터로 변하고 백성이 많이 죽었다. 왕인 태무제의 명에 의하여 모든 불상과 호경은 모두 쳐부수고 불에 태워서 없애고 사문은 노소를 막론하고 모두 죽이라 하니, 이해는 진군 7년 3월 13년 2월에 이르러 태무제는 문둥병에 걸려 죽었다.

북주 무제 572년 불교를 계속 파계하자 덕 높고 고승의 귀의를 거절하다가 많은 도승들이 죽고 절, 불상이 파계 되었다. 절의 재물은 모두 국고로 귀속시켰다. 황제는 1달이 지나기 전에 염병 기운으로 끓어 오르는지라 운양궁에 은거하다 사망했다. 당나라의 명보기(冥報記)에 그와 같은 말이 있다.

천원 황제 578년 즉위 불교가 원성 복귀되었다.

唐(당)의 명보기에 다음과 같은 이야기가 나온다. "수나라 개황 8년에 수도의 장관 두기가 죽은 3일 만에 살아나 자신이 염라대왕을 뵈었는데 착한 일을 한 것을 비추어 보고 빨리 방면하며 나아가 불경을 많이 숭상하고 권속을 포교 하라" 일렀다.

당 무종 842년 이름이 염인데 회창 5년에 조 귀인과 유현정 등의 말에 따라 크게 불교를 도태시켰다. 절이 수만 개가 파계되고 승려가 속인 3십여 만 명이더니, 6년 3월에 이르러 황제가 무슨 병을 만났는데 웃다가 성냈다가 일정치 않더니 23일 만에 33세 때 죽었다.

선종이 즉위하여 연호를 大中이라 고치고 모든 파괴된 사원과 덕 높은 대덕이나 명승이 있거든 복구하고 수리하여 머물게 하라 명을 내리고 이어 도사 간진 유현정 등 12명의 목을 베니 이로부터 삿된 바람이 당장 멈추고 부처님의 해가 더욱 빛나서 모든 백성에게 의지할 곳이 생기고 황제의 덕음은 더욱 빛났다.

후주의 세종 연은 현덕 2년 을묘(955)에 영을 내려 왕명이 아닌 사명(寺名)은 모두 파하고 불상을 파해서 돈을 붓고 절이 3만3백36개, 비구 4만2천4백40명 퇴속시키니 황제가 얼마 안돼 심상치 않게 죽었다.

우선 우무제와 당무제와 주세종도 불교를 박멸하고 심상치 않은 병을 얻어 천년(天年)을 누리지 못하고 죽은 행적이 전기에 분명히 드러나 있다. 사람이 오역죄를 지으면 목숨이 마친 후에 아비지옥에 떨어져 무량겁에 고통을 받는다 하였는데 여기서 말하는 5역죄란,

① 부처님 몸에 피가 나게 함이요, 부모에 불효함이요.

② 바른 법을 헐뜯고 비방하는 것이요.

③ 절과 탑을 파괴하는 것이요.

④ 아사리를 죽이는 것이요.

⑤ 화합된 승단을 깨는 것이다.

복주의 위원숭이 불교를 박멸하기 위하여 天知 2년

에 상소하기를 당과 우 때는 불교가 없어도 나라가 편했고 제와 양 때는 절이 있어도 왕통이 끊겼으니 나라의 이익만 줄 수 있다면 불교를 없애자는 상소를 하고는 몸에 악창이 생겨 끝내 사망했다.

명보기에는 부혁, 무덕이 정과 14년까지 부처님과 승가를 헐뜯더니 급사했고 월주는 지옥에 무제를 도와 대교를 파계하면서 오행의 죄를 지어 죽어서 발설지옥에 빠졌다 한다.

동지 大元 14년에 도안 법사가 양양 서도에서 장팔무량수 불상 한구를 조성한바 자못 영험하더니 주무제가 불법을 파괴할 때 양주 진장, 손철지가 이 불상을 파괴하려할 때 부처님의 목을 바로 끌려하니 100명도 꼼짝 않고 200명도 300명도 꿈쩍 않다가 500명이 끌어내려 파괴하니 혼자만 좋아 날뛰더라. 말을 타고 돌아가다가 사지가 떨려 그날 밤 죽었다.

법사의 말을 이해만 할 수 있다면 왕 대신 비구, 비구니, 신남, 신녀, 음남, 음녀, 무근, 이근과 일체 귀신, 축생 등 가리지 말고 계를 주되 다만 칠역죄만은 제외 할 것이다. (부모, 불효, 살인, 부처님께 피를 낸 자, 불법을 비방한 자.) 또 출가한 자는 국왕과 부모 및 육친에게 절을 하지 않는다. 모르는 경률을 아는 체 말라. 모든 육축을 보면 발보리심을 낼 지리라. 설법시는 높은 자리를 만들어 설법하라! 출가 수도를 권장하며 불탑이나 경률 등을 조성하기를 거부치 말 것이다. 삼귀 오계만 지켜도 왕생극락한다.

불법에 원인 아닌 것이 없다. 만일 구족이 행한다면 더 좋을 수가 없거니와 그렇지 않으면 형편 따라 마음 따라 한 가지만 닦아도 된다. 어째서 그런가? 법화경 방편 품에는 다음과 같은 게송이 있다.

"만일 어떤 중생들이 과거의 부처님을 만나서 법문을 듣고 보시하거나 혹 계를 지키고 인욕을 닦거나, 정진과 선정과 지혜를 닦거나, 마음을 착하고 부드럽게 가지면 이러한 사람들은 모두가 이미 불도를 이루었으며, 부처님들 열반에 드신 뒤에 사리에 공양키 위하여 만 억 가지 탑을 세우되 금 은과 그리고 파려와 문괴나 유리구슬로 청정하게 널리 장업하여 꾸미거나 전단과 침수향과 그 밖의 자재와 벽돌과 진흙 등을 썼거나, 만일 드넓은 들판에 흙을 쌓아 불묘(부처님 묘)를 이루거나 나아가서는 아이들의 놀이로 모래를 모아 불탑을 만들면, 이러한 사람들은 모두가 이미 불도를 이루었으며, 어떤 이가 부처님을 위하여 보는 형상을 건립하되 혹은 칠보로 이루거나 놋쇠나 자줏빛 구리로 하거나, 무쇠나 나무나 진흙으로 조성하여 혹은 아교나 칠을 바르거나 혹은 채색으로 불상을 그리기를 자기 손

수 하거나 남을 시켜 하거나, 심지어는 아이들의 장난으로 초목 토막으로 붓을 삼거나 혹은 손가락이나 손톱을 써서 부처님의 형상을 그리면 이러한 사람들은 모두가 이미 불도를 이루었으며, 어떤 사람이 불탑이나 불묘의 보배 불상이나 그림 불상 앞에 꽃과 향과 번기와 일산으로 공경을 다해 공양할 때, 만일 남을 시켜 풍악을 울리거나 손수 북을 치고 角貝(각패)를 불거나 피리를 불거나 공후를 뜯나 비파를 튕기거나 태징을 울려, 공덕을 칭송하되 심지어 조그마한 소리를 내었어도 모두가 이미 성불했으며, 어떤 사람이 산란한 마음으로 심지어 꽃 한 송이로 불화와 불상에 공양하더라도 차츰 무량한 부처님을 뵈옵고, 스스로 위없는 도를 이루어 무수한 중생을 제도해 마쳤으며, 어떤 사람이 예배하거나 혹은 다만 합장만 하거나 심지어 한쪽 손만 들거나 혹은 가볍게 머리를 숙이거나, 어떤 사람이 산란한 마음으로 한번 「나무불」을 부르더라도 이러한 사람은 모두가 이미 불도를 이루었느니라."

아! 만일 '온갖 법이 불사 아닌 것이 없다.'는 말이 틀렸다면 어찌 아이들이 놀이로 한 일과 산란한 마음으로 「나무불」을 한번 부른, 그렇듯 작은 공덕으로 극진한 지위에 이를 수 있겠는가. 이런 까닭으로 우리 석존께서 세상에 나타나셔서 자비심을 일으켜 중생을 가 없이 여기시되 공교로운 지혜와 방편으로 그 근기가 좋아하는 것에 따라 혹은 좌선법을 보이시며, 혹은 경전을 독송케 하시며, 혹은 염불을 권하시며, 나아가 보시와 지계 등 온갖 선법을 보이셔서 그들로 하여금 닦고 익혀서 불도에 들게 하거나 오직 일천제들만 제외한다 하시니, 마치 세간의 의사가 병에 따라 약을 주되 목숨이 끊어진 자만 빼고는 모두가 쾌차되는 것과 같다. 혹 어떤 사람은 여래가 설하신 방편교의 이치를 알지 못하고, 또 중생들의 근기와 좋아 하는 바를 알지 못하기 때문에 제각기 한 자락만을 집착하여 수승하다 여기고는 남도 자기가 익힌 대로 하기를 바라면서 '좌선이 으뜸이라 할 것이거늘, 어찌 기어이 동쪽에서 온 사람들 인도해서 서문으로 들게 하며, 서쪽에서 온 사람은 인도해서 동쪽으로 들게 하여 헛된 수고를 하겠는가. 문은 여덟이나 들어가는 곳은 하나이듯, 모든 법문이 다르나 모두 한 곳으로 돌아가거늘 어찌 치우치게 집착하여 다투는가. 이를 일러 병의 근본을 살피지 않고 모조리 유약만을 쓰는 무리라 한다.

모든 修行자에게 권하노니, 이런 이치를 깨달아서 자기 힘에 견딜만한 대로 어느 한 가지를 택하여 물러나지 말고 佛法 공부를 열심히 쌓아 가도록 하라.

용화전 불탑 불심(佛心)내역

용화전 터를 고를시 사람모양의 돌이 1개 딱 나왔다. 흙도 떡가루같이 크림색으로 아주 좋았다. 소승이 생각컨데 우리 인류에게 부처님에 불심을 알고 인연을 맺게 하기 위해 불경을 봉안하고 佛心을 조각하여 하단에는 광명진언(光明振言)을 조각했다.

광명진언

"옴. 아모카 바이로차나. 마하무드라. 마니. 파두마. 즈바라. 프라바를타야 훔"

광명진언은 비로자나불의 진언이요, 모든 불보살님의 총주이며, 부처님의 한량없는 자비와 지혜의 대 광명으로 살아있는 이와 죽은 이 모두에게 새로운 태어남을 얻게 하는 신령한 힘을 지니고 있습니다. 아무리 캄캄한 흑암이라도 햇빛의 광선이 들면 밝음과 같이 억겁을 지은 죄업도 부처님의 법성(法成)이 비치면 맑고 밝아지며 깨어나게 되는 것이 이 진언을 외어 영험을 얻는 원리이다.

광명진언과 다라니의 힘은 마음 집중을 통하여 산란함을 잠재우고, 행복해지는 것이다.

신라 고승 원효대사께서는 〈유심안락도〉를 통하여 이 진언의 공덕을 크게 강조하셨습니다.

만일 중생들이 이 진언을 정성껏 여러 번 108번 이상 외우고 듣기만 해도 죄업이 소멸되고 십악과 오역죄와 사중죄를 지었더라도 이 진언을 외우면 능히 해탈을 얻을 수 있다.

모래 그릇에 향을 피우고 이 진언을 100번, 200번 외우고 그 모래를 시신 위에 뿌리거나 묘탑 위에 뿌려주면 비로자불의 光明이 망인에게 이르러 모두 죄업을 소멸시켜 줄 뿐 아니라, 극락세계 연화대로 인도하게 된다. 모래를 묘 위에 뿌리는 것만이라도 극락왕생하거늘, 하물며 진언으로 옷을 지어입고 소리를 내어 외우면 어떠하겠는가. 모래를 뿌리는 공덕보다, 진언을 외우는 공덕이 수승함은 말할 것도 없다.

실제로 원효대사께서는 항상 지니고 다니는 바가지에 깨끗한 모래를 담아 광명진언을 108번 외운 다음 그 모래를 묘지나 시신 위에 뿌려주어 영가를 천도했다고 한다.

우리 불자들도 상을 당했을 때 영가 앞에 광명진언을 외워주면 영가도 극락왕생하고 산사람도 크나큰 영험을 볼 수 있습니다.

『나무 광명진언 옴 아모카 바이로차나
마하 무드 라 마니파두마 즈바라 프라 바를타야 훔』

소승 마치는 말 한 말씀

나 또한 탐, 진, 치 세속의 삶에 황금 노예되어 부지런히 70평생에 무슨 보람 있는 일을 했겠습니까.

자손, 공장, 재산투자, 모두가 허망하게 될 유형자산들 입니다. 실로 이것들은 부가가치가 없는 것입니다.

그래서 소승은 깊이 생각한 끝에 무형자산을 만들어야 한다고 생각 하였습니다. 발명, 기술, 창조, 재주, 신용 등의 부가가치는 유형적인 것보다 크기 때문입니다.

공자님은 주역에서 "한국에서 열매를 맺어 종지부를 찍고 새로 시작될 것이다"하였고,

신라의 설총은 "한국 대전(大田)이 용화낙원의 중심지가 되며 세계 만국의 종주국이 된다." 하였습니다.

오대산 탄허스님도 "한국의 불교진리가 천하를 통일한다." 하였습니다.

성인도 여세이출이라, 그 시대에 맞는 영웅이 나오게 되어 있다. 순천자는 흥하고 역천자는 망합니다. 하늘의 순리에 적응하는 자만이 성공자가 될 수 있습니다.

옛말에 "인불언(人不言)이면 귀부지(鬼不知)라"하지 않았습니까. 사람이 말을 하지 않으면 귀신도 모른

다는 말입니다. 지금 우리가 말을 안하고 법문을 안하면 용화 10선 세계가 무엇이고 용화지상천국이 언제 어떻게 오는지를 알 수가 없습니다.

가치가 있다면 어떻겠습니까.

인연이 없는 사람은 바위에 물주기와 같고, 용이 승천할 때 여의주를 쥐어 줘도 모르는 것과 같습니다.

설총결에 "애고 애고 저 백성아 간단 말이 어인말고
부노 휴유 가지마소 고국본토 다 버리고
어느 강산 가려느냐. 태평성대 좋을 때도
팔황천지 생겼을 재 일란일치 있나니라.
국가 충성 효부모면 삼재팔난 있을 쏘냐
천은 배반 뉘가 살고 가도 역시 죽나니라.
억조창생 신지없어 피난하여 가지마소
어룡지수 직빠지면 비거비태 죽나니라."

남사고 비결에는 "남을 죽이려 하는 자는 먼저 죽고, 남을 살리려고 하면 자기도 살고 남도 사는 법이다" 하고, 탄허스님은 "앞으로 이름 없는 악한 질병을 면할 수 있으랴!

엎드려 끊임없이 주문을 외움으로써 모든 괴질을 다 씻어 버리는 해인이 있구나!

어처구니없는 큰 병에 걸린 자도 죽지 않는 해인이 나왔다네"하였습니다.

16세기 영국의 예언가 쉽톤도 "안경전 이것은 개벽이다." 하였습니다.〈태원출판, 4336.5.26.134쪽〉
삼강오륜 변태한들 이렇게까지 변할 줄 몰랐습니다.
이팔청춘 소년들아 허송세월 부디마라.
과학인지 문학인지 금세풍속 괴이하다.
하늘쓰고 도리도니 마음대로 뛰는구나.
효자충신 다버리고 시속계명 말을하네.
똑똑하고 잘난체로 주제넘게 배웠던가.
미신타파 한다하고 천지신명 무시하네.
저의부모 몰랐으니 남의부모 어이알리.
더벅머리 홀태바지 비틀거려 걷는양은
서양문명 이러한가 동양문명 이러한가.
저의선영 다버리고 남의조상 어이알리.
말세중생 한을마라 닦는것도 너희이고,
죄진것도 너이니라. 삼재팔난 누가했나.
이름없는 흑사병이 세상중생 다죽인다.
몇만년의 물이고여 웬자연이 바다되네.
참으로 놀랍구나. 참으로 놀랍습니다.
성자님에 말씀따라 부지런히 노력하십시다.

용화가

용화세계 용화세계 十선공덕 용화세계
사바세계 삼천년에 우담발화 피어나네
미륵님께 귀의하세 미륵님께 귀의하세
자비복덕 원만하고 지혜원력 한없으신

용화세계 용화세계 당래미륵 용화극락
도솔천궁 천주중에 천주천왕 이시니라
십선공덕 인연으로 삼회설법 동참하세
미륵존불 미륵존불 미륵존불 나무미륵존불

선천세월 지나가고 후천세월 법도따라
인인성불 가가선학 인간중생 건지시고
만구중생 살리자고 미륵불이 강림하네
미륵존불 미륵존불 미륵존불 나무미륵존불

용화세계 용화세계 당래용화 미륵세계
천만겁을 지은업장 한순간에 소멸하네
현거도솔 미륵존불 당래교주 미륵존불
삼회도인 미륵존불 원차강림 하옵소서

용화세계 용화세계 도솔천궁 용화세계
십선공덕 인연으로 미륵님이 출현하네
얼씨구나 절씨구나 팔만사천 용화세계
용화권속 용화세계 모두같이 동참하세

용화세계 용화세계 해피부다 용화세계
용화극락 해피부다 영생극락 용화세계
미륵님에 일념으로 왕생수기 원이로다
미륵존불 미륵존불 나무미륵 존여래불

용화세계 용화세계 지상천국 용화세계
우줄우줄 춤을추니 백오선관 춤을추네
도솔천국 국락국이 사바에게 오신다네
경사로다 경사로다 온누리에 경사로다

용화세계 용화세계 해피부다 미륵선경
도솔천궁 극락국이 사바에게 오신다네
용화세계 용화세계 해피부다 용화세계
미륵존불 미륵존불 당래하생 미륵존불

미륵십선계문(十善戒文)과 실천생활 지침

戒法은 無量한 법문 가운데 根本이 되므로 戒律로 인하여 선정이 생기고 禪定의 힘으로 智慧를 밝혀 無上佛道를 成就하는 것이다. 그러므로 十善戒는 善業을 쌓고 罪業을 끊는 基本이 되며 苦惱의 사바세계를 뛰어넘어 장차로 열려질 彌勒龍華해상에 태어나는 씨앗이 되는 것이다.

이 십선계는 釋迦牟尼 부처님께서 처음 말씀하시고 彌勒부처님께서 거듭 설하시리니 이 戒를 의지하여 修行하면 부처를 이루어 自利가 具足하고 그 功德을 회향하여 一切衆生을 救濟함은 利他를 성취한 것이다.

自利 利他가 하나로 어우려저 나와 남이 하나가 되며 사랑과 미움이 하나됨이 同體大悲心이며 이것은 곧 彌勒龍華淨土의 참 모습이다.

이 땅의 모든 衆生들이 이 十善戒를 지키면 곧 미륵 부처님께서 龍華樹아래 몸을 나투시리니 바로 彌勒龍華淨土요

이땅은 모든 苦痛과 아픔이 사라지고 온갖 不調理가 척결되어 서로 和合된 땅이 될 것이다. 그누가 十善戒를 받들어 지키지 아니하랴.

이제까지 罪 있음을 懺悔하고 이 戒를 받아 신, 구,

의청정 3업을 하라. 그리하여 福慧가 구족하고 慈悲가 무량하신 미륵 부처님께 自由 平等 平和가 넘쳐나는 모두 安樂한 彌勒龍華淨土에서 천년이고 만년이고 영원히 살도록 하자. 그리하여 대한불교 포천 용화사에서는 대작불사 발원문을 다음과 같이 지었다.

삼보 전에 귀의 하옵니다.

용화사 주지 자도광(慈道光) 불자님께 문안 올리옵고, 불자님에 가정이나 직장에 부처님의 가호가 항상 충만하시길 불전에 발원합니다. 매일 수선 공양으로 선조님에 영혼과 우주 무주 일체 고혼이 다 이고 등락하심을 축원합니다.

자비 복덕이 원만하시고 지혜광명이 충만하신 당래 교주 미륵 부처님! 소승 당래하생 미륵불에 불연을 맺고져 대 석불조성을 시초로 우리 인류의 근기와 불심의 씨앗을 심어 돈독한 용화세계의 불자로서 미륵불에 수기 받고 왕생하여 8만세 영생극락을 누리기를 주야로 참회기도 하옵니다.

미륵대불 점안식에 불사리 108과를 기증받아 봉안하겠사옵기 모든 불자님들이 동참하시어 업장소멸 되오며 만사 형통 하옵기를 발원 하옵고 어떤 경우라도 불굴의 용기를 잃지 않게하여 주시옵소서.

봄에 씨앗 뿌려 추수하듯 용화 불자는 더욱 근면하

고 초하루, 보름은 속가의 시름 놓고 청정한 마음으로 목욕재개하고 불전에 참회기도로 부처님에 가피 입어 용화지상천국 극락세계를 함께 누리기를 발원합니다.

음력, 매월 15일은 공양미로 공양 올리고 다 같이 만발하니 공덕 중에 최고의 공덕입니다. 공양, 기도, 염불, 법문은 들은 만치 행복을 누린다 하나이다.

당래교주 미륵부처님이시여!

우리들 말법 제자는 이제 한마음 기울여서 사바교주 석가세존과 용화교주 미륵존불과 시방상주 삼보님께 지성으로 귀의하여 예경참회 기도합니다.

저 끝없는 과거로부터 오늘에 이르기까지 자성의 광명을 등지고 무명의 인연 따라 신구의 3업으로 열가지 악업을 지은 온갖 죄업을 다 지으며 무량겁 바다에서 사생 육도를 돌고 돌며 온갖 고초를 다 겪다가 오늘에 다행히 사람의 몸을 받아 천만겁 만나기 어려운 불법을 만나 삼보님께 귀의하고 예경 참회하오며 자성의 광명을 반조하게 되옴은 속세의 선근 인연의 힘과 삼보 제 보살님에 부사의한 대비원력인 것으로 아옵니다. 인과응보를 깊이 반성하고 오늘날부터는 모든 악업을 짓지 않고 스스로 십선업을 널리 닦으며 사람에게 권하고 교화하여 지상에 재빨리 미륵성주님 정토인 용화세계를 건설하여 미륵세존님 모시고 삼회설법에 무생법인을 증득하여 세세생생 보살도 닦아 온 중생과 함께 불도를 성취하여 시방세계 불국토를 실현하기로 발원합니다.

나무 석가 여래불, 나무 용화교주 미륵존불

광명의 노래 및 발원

말세 중생들아!

무명의 꿈을 깨고 光明빛을 보라, 부처와 사는 인생 제일 행복해!

속절 속절 속절일세,

우리 집이 속절일세,

속절없이 죽는 인생,

물욕꿈만 꾸지 말고,

노는 입에 염불하소.

1. 자비도량 및 수도도량이 되기 위해 불자님의 용화전을 만들었습니다.

2. 용화세계에 미륵부처님 인연을 맺고자 국내 최대의 미륵 大石佛 불사에 참여 바랍니다.

3. 천운의 도가 땅에 왔도다. 3천 년 전 우담발화 용화전에 싹이 트네.

4. 해피부다 미륵님이 사바세계 강림하사 말세중생

제도하여 수기 받고 성불 하세. 미래불 희망의 불 과거와 달리 출가 않고 미륵불만을 염원하면 성불 하게 된다네! 석가세존의 법문이고 미륵 상생경과 하생경 성불경 육부경 등이 기록되어 있다.

5. 후천세상은 해원세상 여자가 상위라며 미륵세존 염원하면 평생 숙원 풀린다네!

6. 미륵 大 石불상 점안식에 큰스님의 보시 은덕으로 부처님 사리 108과를 봉안하겠사옵기 친견 공덕으로 모든 숙원 성취하시길 기원합니다.

7. 미륵 大 石불상을 누구든 친견하는 순간 억만 겁에 지은 업장 녹아버리고 8만 4천세를 누리는 새 인연의 종자를 받습니다. (人人成佛家家仙鶴)

8. 60여년의 발우 생산은 소승의 불사중에 불사로써 심혈을 기울여 품질과 신용을 바탕으로 제조한 우량의 제품입니다.
꾸준히 애용해 주시는 스님, 불자님께 심심한 감사드립니다.

9. 사찰 전통양식을 건축하여 용화전 불자 여러분을 초대하고 접대하겠습니다.

10. 4合과 5合 신제품 白발우 3종류로 생산합니다.

11. 정통 사찰 음식으로 건강을 되찾겠습니다.

12. 正法으로 운영하는 용화전, 건강만을 위해 무공

해 사찰 음식을 만듭니다.

13. 용화전은 미륵부처님께서 점지해 주신 연꽃형 명당입니다. 종로에서 1시간 20분 소요의 거리로써 용화전 옆은 개울과 계곡이 어울려 등산이나 경치가 좋아 오염되지 않은 곳으로 약수가 좋습니다.

14. 매일 영가 제를 지냅니다. 일단 방문해 보시고 가족납골당을 마련했사오니 뜻있는 분들은 이용 바랍니다. 잔디장, 수목장.

15. 용화세계 十善운동, 출판법회, 유, 불, 선 三大敎를 종합한 佛書, 희망의 佛書, 청복의 佛書, 읽을수록 신기한 佛書입니다.

법 보시용이오니 참배하시고 꼭 구입해서 독송 인연으로

용화지상극락 이루소서.

미륵 성불경

후진(後秦) 구마라습(鳩滅什)이 번역하였다. 《미륵수결경(彌勒受決經)》 혹은 《당하성불경(成佛經)》이라고도 하며, 보통 《성불경》이라고 약칭되는 이 경전은, 그 내용이 다른 하생경 전류와 같다.

미륵이 앙카 전륜성왕(轉輪聖王)의 이상적인 정치로 이루어지는 복지사회에 용화수 아래에서 성불하고 3회의 설법을 통해 석가모니불이 미처 구제하지 못한 중생을 대승설법으로 인도한다는 내용이다. 미륵불 세계의 장엄한 묘사, 카 전륜성왕의 무력을 사용하지 않는 치세, 미륵의 출생·출가·성도, 전륜성왕과 대중들의 출가, 미륵불 세계에 태어난 인연과 미륵의 석가불 찬탄, 미륵의 3회 설법과 천인들의 찬탄, 미륵의 가섭(迦葉) 방문과 가섭 칭찬의 순서로 서술되어 성불하생경전 중에서 가장 후대에 성립된 것으로 추정된다.

〈미륵성불경〉은 미륵 6부경 가운데 가장 자세한 설법이 담겨 있는 경전이다.

그 줄거리를 간추리면 다음과 같다.

「부처님께서 마가다국 파사산에서 여름 안거를 하고 계실 때, 하루는 사리불 존자와 함께 산마루를 거니시다가 문득 시를 읊으셨다.

그 시는 장차 미륵 부처님이 오리라는 예언이 담긴 시였다. 대중들이 부처님 앞에 모여들자, 사리불 존자는 그 시에 담긴 미륵부처님과 그 나라에 대하여 여쭈었다. 그리고 어떻게 수행을 해야 미륵부처님을 뵐 수 있는지도 여쭈었다. 이때 하늘나라 사람들도 모여들어 부처님을 찬양하며 설법을 청하였다. 그러자 부처님은 자세한 설명을 하셨다. 미륵불의 나라는 깨끗하게 살아가는 이들의 것이다.

그들은 아첨과 거짓이 없고, 보시와 지계와 지혜의 완성을 추구하면서도 그것에 집착하지 않는다.

미륵부처님이 오실 즈음 이 땅은 평탄하고 깨끗하며 아름다운 꽃과 과일나무가 가득하다.

누구든지 자비심을 실천하면 그 나라에 태어나게 된다고 부처님은 덧붙이셨다.

그 나라의 아름답고 장엄한 모습은 미륵하생경에서 묘사된 것과 비슷한데 훨씬 더 자세히 묘사되어 있다. 요컨대 깨끗한 자연환경과 쾌적한 생활환경, 편안하게 발달된 문명 시설과 교통, 통신, 그리고 서로 사랑하고 공경하는 겸손한 백성들 전쟁과 약탈과 도둑 걱정이 없는 세상, 수재나 화재, 굶주림이나 독극물 걱정도 없는 건강한 사회, 이 모든 풍요는 그 나라 백성들의 노력의 결과이다. 결국 이러한 새 세상은 백성들이 만들어 가꾼 것이라는 말이다.

미륵은 기두말성 사람 브라마유와 브라마바티의 아들로 태어난다. 미륵은 그 나라의 안락한 환경에도 불구하고 아직 버리지 못한 다섯가지 욕망으로 인한 사람들의 우환과 생사윤회 의 고통을 안타깝게 여기고, 또 칠보대(七寶臺)를 순식간에 부수어 나눠가지는 브라만들의 욕심과 칠보대의 무상함을 보고 마침내 출가를 단행한다. 그리하여 출가한 바로 그날로 용화수 아래서 성도한다. 깨달음을 얻어 거리낌 없이 툭 트인 마음과 교화의 다짐을 표현한 멋진 오도송(悟道頌)이 실려 있다. 미륵부처님은 성도 후 천신들의 간청에 따라 설법하시고 대중들은 깊은 자각과 수행전진의 서원을 하게 된다. 이때 상카왕은 출가를 결심한다. 미륵부처님이 상카왕과 무수한 대중과 더불어 기두말성에 들어가면 이 땅이 금빛으로 변할 것이다. 그리고 성 한 가운데 금강보좌가 솟아, 부처님은 거기 앉아 사성제와 삼십칠조도법과 십이인연법을 가르치신다. 부처님의 가르침은 아비지옥에서 하늘나라 정상까지 울려 퍼질 것이다. 이때 수많은 대중들이 세상과 존재의 실상을 알고 출가하게 된다. 미륵부처님은 그들에게 이 나라에 온 사람들의 인연을 말씀하신다. 이때 수많은 대중들이 세상과 존재의 실상을 알고 출가하게 된다. 미륵부처님은 그들에게 이 나라에 온 사람들의 인연을 말씀하신다. 그들이 현세의 무상한 향락을 위해 이 나라에 온 것이 아니라 열반의 영원한 안락을 위해 온 것임을 일깨우시고 특히 그들이 석가모니 부처님의 가르침을 받다가 미처 제도되지 못하여 미륵부처님에게 맡겨졌음을 알려주신다.

미륵부처님의 세상이 미완성의 해탈을 완성시키는 세상임을 보여준다.

미륵성불경은 삼보께 공양하는 일이나 부처님의 가르침을 남들에게 풀이해 주는 일 외에도 고통 받는 중생들, 가난한 사람, 외로운 사람들, 예속된 사람, 사형수 등의 해탈과 복지를 위해 일하는 사람도 "미륵부처님 세상에 오는 사람" 즉 새 세상의 주인이라 역설한다.

미륵부처님은 특히 험악한 시대를 온갖 고난을 무릅쓰고 중생을 교화하신 석가모니 부처님을 찬양하시고 나서 고(苦), 공(空), 무상(無常), 무아(無我)의 가르침을 통해 96억의 대중을 제도하신다. 그리고 더 나아가 사성제와 12인연의 가르침을 통해 94억의 대중을 제도하시고 세번째 법회에서는 92억의 대중을 제도하신다. 미륵부처님은 법회를 마치고 성 안에 들어가 걸식하신 뒤 이레 동안 깊은 선정에 드신다. 그 뒤 독수리산 가까이 낭적산에 올라가 가섭존자를 만나신다. 산 속에서 선정에 들어있던 가섭존자를 만나신다. 산 속에서 선정에 들어 있던 가섭존자는 미륵부처님께 석가 부처님의 옷을 바친다.

미륵부처님의 제자들이 자기들에 비하면 아주 조그마한 가섭존자를 업신여기자 부처님은 꾸짖으시며 가섭존자를 칭찬하신다. 특히 가난하고 천대받는 사람들을 사랑했던 청빈한 수행자 가섭존자, 진리를 위해 그 오랜 세월을 열반에 들지 않고 세상에 남아 있었던 가섭존자, 미륵부처님은 그로 하여금 석가 부처님의 가르침을 증언하게 하신다. 가섭존자의 신통력과 십이부 경전 해설을 보고 듣고 80억 대중이 번뇌를 끊고 아라한이 된 사실은 놀랍기만 하다.

　미륵부처님은 육만년 동안 세상에 머무르시다가 열반에 드시고 그 정법은 그 후로도 육만년 동안 존속되리라고 부처님은 예언하신다. 부처님께서 들려주시는 미륵성불경의 또 다른 제목들도 재미있다. "미륵부처님의 자비를 실천하는 일에 대한 가르침"이라든지 "마음을 연꽃처럼 맑게 하면 반드시 미륵부처님을 보게 되리라는 가르침" 같은 제목은 이경전의 성격을 잘 보여 주고 있다.

불교 미륵경에서 전하는 미륵불의 지상 세계

　장차 인류에게 큰 시련으로 다가오게 될 개벽상황에 대하여 성경에서는 "심판의 날"이라 일컫는다.

　반면, 불교에서는 "말법시대"라 한다.

　불교의 최종결론에 대해 알아보기에 앞서, 불교경전 중의 하나인 미륵경에서 전하는 말법시대의 모습을 먼저 알아보자.

이 십세정명 때에는 큰 기근겁, 큰 질병겁, 큰 도병겁의 이른바 삼재(三災)가 일어나며 인종이 거의 없어지다시피 하는데 그때에 십선업(十善業)을 닦으므로 사람의 목숨이 차츰 늘어나서… [미륵성전]

이래저래 다른 종교들의 경전들을 뒤적거리며 말법시대의 파국적 상황을 가늠해 볼 필요도 없이, 미륵경은 인종이 거의 없어질 정도의 큰 위기가 닥쳐옴을 명료하게 전하고 있다.

이러한 절체절명의 시기에 불교에서 전하는 구원의 소식은 과연 무엇일까 ?

현 인류 역사상 성자 중의 성자라 칭송을 받아 온 석가모니 부처가 제시한 최종 결론이 있다.

그것은 미래불이요, 구원의 부처요, 희망의 부처인 미륵부처님의 출세 소식이다.

말법시대 미륵불 출세에 대하여

"그 때에 부처가 세상에 출현하리니 이름을 "미륵"이라 하리라…"

「장아함 전륜 성왕경」

이곳의 이름은 도솔타천이다. 이 하늘의 주님을 "미륵"이라 부르니 네가 마땅히 귀의할지니라.

[미륵상. 하생경]

사실, 좌불(坐佛)인 석가불상과 입불(立佛)인 미륵불상의 차이점에서 이미 불교진리의 궁극을 발견해낼 수 있다. 마음을 닦는 좌불의 모습 또한 지나간 역사과정에서 많은 중생을 교화시키는 데 한 몫을 했다.

그러나 흐르는 시냇물도 꺾이는 질곡을 만나듯 어찌 시간의 흐름인들 꺾이는 마디가 없겠는가.

석가부처는 자신의 불법이 쇠퇴를 거듭하다가 자신의 사후 3,000년에 이르면 종국에는 말법시대에 이르게 되고 중생을 구원하시는 미륵불께서 출현하게 됨을 예고한 바 있다. 그렇다면 미륵불은 과연 누구를 지칭하는 것일까? 미륵불의 어원을 살펴보면 알 수 있다. 미륵의 어원인 '마이트레야(Maitreya)'라는 말은 본래 '미트라(Mitra)'라는 신의 이름으로 부터 유래되었는데, 미트라는 인도·페르시아 등지에서 섬기던 고대 태양신이다. 그런데 대단히 흥미롭고 충격적인 사실은, 기독교에서 구세주의 뜻으로 쓰이고 있는 '메시아(Messiah)'라는 말도 바로 이 미트라(Mitra)에서 유래되었다는 것이다.

이것은 '불교의 메테야(미륵) 부처님과 기독교의 메시아가 동일한 한 분'이라는 놀라운 사실을 의미하는 것이다.

기독교에서 말하는 '메시아' 라든가 불교의 '미륵' 이 동일한 어원 '미트라(태양신)에서 유래하였다면, 과연! 구원을 간절히 바라는 말법의 시대에 미트라(태양신) 가 던지는 의미는 무엇일까?

말법의 이때에 "그 통일의 하늘에 계시는 미륵불이 바다에 둘러싸인 동방의 나라에 강세하리라."하였나니 "이는 부모와 친척과 여러 사람들을 거두어 성숙케 하시려는 것이라." 하였다. 〈화엄경 입법품계 제 28장〉

미륵불께서는 바다에 둘러싸인 동방의 나라에 강세하신다고 하였다.

바다에 둘러싸인 동방의 나라라 함은 곧 태양이 가장 먼저 뜨는 빛의 땅이라 할 수 있다

인류사적 예언들이 그러하듯, 따로 따로 예언은 없다.

이에 짝이 되는 중요한 예언 한 수가 있으니, 예언 가인 노스트라다무스가 남긴 백시선의 한 수를 읽어보자.

1999 일곱 번째 달
하늘에서 공포의 대왕이 내려오리라
앙골무아의 대왕이 부활하리라

화성을 전후로 행복하게 지배하리라.

L' an mil neuf cent nonante neuf sept mois

Du ciel viendra un grand Roi d' effrayeur

Ressusciter le grand Roi d' Angolmois

Avant apres, Mars regner par bonheur

[백시선10:72]

앙골무아는 금번 세계인류가 지상에 처음 생겨난 이후, 문명발상의 중심지에서 지구 곳곳으로 분산 이동하며 정착하는 과정에서 형성된 여러 민족 중 세계사의 정통정신(문명의 종주권)을 간직하고 있는 동방의 민족을 일컫는 말이다.

노스트라다무스는 하늘에서 내려온 공포의 대왕으로 전 인류가 전멸의 지경에 빠진다고 하였으며, 그와 동시에 희망의 메시지이자 인류구원의 메시지인 "앙골무아 대왕' 의 부활을 예고한 것이다.

지금까지 글을 읽어 내려오면서 이런 의문이 들게 될 것이다.

미륵과 관련하여 "태양신-바다로 둘러싸인 동방의 나라에 강세하시는 미륵부처-앙골무아 대왕의 부활이 던지는 의미"는 무엇인가 하고 말이다.

여러분은 곧 놀라운 사실을 알게 된다.

첫째, 태양신이라 함은 광명을 의미한다.

인류의 태고시대를 정의한다면, 신성(神聖)문명의 황금시대였다. 그 시대에 인간은 순수 감성을 잃지 않고 대자연의 신성을 눈으로 직접 보고 두 귀로 들으면서 끊임없이 신들과 교감하였다.

태고시절 인간은 온 우주의 대광명으로 충만한 신과 더불어 살았던 것이다.

신은 조화요 그 본성은 빛으로 인식하였다.

그들은 자연을 낳은 근원신인 원신(元神)과 자연을 다스리는 주신(主神)의 음양구조를 꿰뚫어보고 있었다. 그들은 천상 인격신들 가운데 '최고의 유일신'이 계심을 체험적으로 인식하고 있었다.

그리하여 그 때는 제정일치 시대로써 통치자가 신의 가르침을 직접 받아 인간을 다스리는 신교(神敎)시대였다.

이 신교의 신앙 대상은 다름 아닌 상제(上帝)님이시다. 또한 상제문화를 대표하는 것이 제천(祭天)문화이다. 제왕들이 제위에 올랐을 때 맨 처음 한 일이 상제님께 제사를 모시는 것이었다.

이처럼 위대한 인류역사의 장구한 첫 페이지를 장식한 국가가 바로 빛의 나라 "환국(桓國)"이다.

가을이 되면 모든 초목의 진액이 뿌리로 돌아가듯이

우주가 대개벽의 시운을 맞이하여 우주를 통치하시는 미륵부처님 즉, 상제님께서 인류문명의 종주국이 있는 동방 땅에 인간으로 강세하시게 된 것이다.

이렇게 글을 전개해 나가면, 대부분 독자는 종교적 냄새가 난다며 난색을 표하기 마련이다. 그러나 진심으로 한 소식을 듣고자 한다면 좀 더 인내를 갖고 읽어 가기를 바란다.

둘째, 앙골무아 대왕의 부활이 던지는 의미는 무엇인가? 앞서 언급 했다시피 인류문명의 종주민족이지만 기나긴 역사과정에서 동방의 해 뜨는 땅으로 이주해 온 정통성을 가진 민족이 대 개벽기에 인류를 구원하는 천명을 이루게 된다는 것이다.

그렇다면, 한, 중, 일 동방 3국의 이주 경로는 어떠한가.

우리 한민족을 배달민족이라 한다.

환웅께서는 환국으로부터 동방 태백산(백두산)으로 향하였고, 중국 한족의 시조인 반고는 한은 삼위산으로 이주하였다. 그런데, 이 두 종족 가운데 태백산족, 즉 신교(삼신상제님의 가르침)의 신권조화의 상징인 천부와 인 세개를 전수받은 동방 신시배달의 환웅천황이 환국의 법통을 이어온 환국의 정통 장자이다.

한편, 일본인은 본래 원주민이 살고 있기는 하였으

나 우리 한민족의 이주역사이니 더 이상 말할게 없다.

이렇듯 지나온 인류역사 과정을 지켜보면 우리 민족은 대륙의 환국으로부터 한반도로 옮겨오게 되었다. 즉, 가을 대 개벽의 구심점이자 동방문명의 원 핵 자리요 숨구멍인 동북 간방으로 조여 들어 온 것이다.

불교의 최종결론인 미륵불의 출현은 이와 같이 인류문명의 종주국인 동방 해중(海中)의 나라에서 이뤄지게 되는 것이다. 이 글을 마무리 짓는 이즈음에서 중요한 사실 한 가지.

지나간 고난과 눈물의 역사과정 동안 그토록 그리던 미륵불께서 이미 우리나라 땅에 강세하시었으나 지금은 이 땅에 계시지 않는다는 사실이다.

이에 오늘도 진리를 찾아 나선 구도자들의 가슴에 감동의 파동을 불러일으킬, 지금으로 부터 138년 전에 탄강하시어 39세에 어천하신 강증산 상제님의 말씀을 봉독해 보자.

이제 하늘도 뜯어고치고 땅도 뜯어고쳐 물샐틈 없이 도수를 굳게 짜 놓았으니 제 한도에 돌아 닿는 대로 새 기틀이 열리리라. (5:416)

나는 천지일월이니라. (증산도도전 6 : 7)

우리가 여태껏 보아온 예언서 중에서 가장 충격적인

예언 한 수를 끝으로 이 글을 마무리 짓고자 한다.

미륵불은 세계낙원의 대업을 백 년 전에 내려와 준비하신다.

백 년 후의 일을 백 년 전에 와서 집행하시니, 먼저 믿는 자들이 소 울음소리는 들었으나 도는 통하지 못하리라.

(百年後事百年前하니 先聞牛聲道不通이라.) [설총결]

인류구원의 희망의 빛줄기는 동방의 천손민족인 우리 한민족의 손에 달려있다.

대한의 혼이여 깨어나라~ 꿈에서 깨어나라.

포천 용화사 미륵 大 석불상 불사 발원문

귀의삼보 하옵고,

기묘년 만물이 소생하는 춘광 지절에 부처님의 가호가 가정과 직장에 충만하시길 기도 발원하옵니다.

평화세계의 건설자이시고 지상천국의 구현자이신 미륵 부처님!

자비 복덕이 원만하시고 지혜 원력이 끝없으신 미륵 부처님!

미륵불에 인연을 맺고자 미륵 大 석상불 불사를 건

설키로 원력을 세웠습니다.

건도(乾道)세계에 천운(天運)이 열렸도다!

정법 수도 용화 도량 3천 년 전 우담발화 용화전에 피어나네!

오탁악세 사바세계 지나가고 석가세존 출세불로 미륵 세존 하강 하사 억조창생 제도하실 미륵님께 인연 지어 천만겁 지은 업장 한순간에 녹아지고 용화가를 부르면서 생전극락 동참하세!

우리들 말법 용화제자는 한마음 기울여서 사바교주 석가 여래불과 당래 용화교주 미륵존불과 시방사주 상 보님께 지성 귀의 하와 예경참회 하옵니다.

돌이켜 생각하오니 저 끝없는 과거로부터 오늘에 이 르기기까지 무명의 광명을 등지고 신구의 열 가지 악 업을 바탕으로 온갖 악업을 다 지어오며 무량겁 바다 에서 사생 육도를 돌고 돌며 온갖 고초를 다 겪다가 오 늘이 다행히 사람의 몸을 받아 천만겁 만나기 어려운 불법을 만나 삼보님께 귀의하오니 자성의 광명을 반조 하게 되옴은 이것 또한 선근 인연의 힘과 불보살님의 불가사의한 대비한 원력이옵니다.

인과응보를 깊이 반성하고 오늘날부터는 모든 악업 을 짓지 않고 십선(十善)공덕업을 닦고 모든 사람에게 권하고 교화하므로 이 지상에 재빨리 미륵성주님 국토인 용화 불국토를 건설하여 미륵세존님 모시고 3회 설법에 무생 법인을 중득하여 모든 중생과 함께 보살도 닦아 용화세계 불국토를 이룩하여지이다.

사생육도 법계 중생들 다겁으로 지어온 죄를 이제 오늘 다 참회 하오니 이 업장 소멸되옵고 다음 세상 나는 곳마다 세세 상향 보살도 닦아 성불하여지이다.

정법도량 용화사는 불은으로 점지된 연꽃형 명당지입니다.

나무 당래 용화교주 자씨 미륵존여래불

身心佛法

부처님 가라사대 사람의 몸과 마음이 부처와 법의 그릇이며 또한 그대로 십이 부(十二 部)의 팔만대장경 권(八萬大藏經券)이거늘, 끝이 없는 옛날부터 굴려 읽고 불려 쓰기를 한량없이 하였으니 털끝만치도 손실함이 없음이니, 부처님 장경은 오직 마음에 사무쳐 그 성품을 본 자라야 능히 알 것이요, 성문제자(聲聞第子)나 범부(凡夫)들의 아는 바가 아니니라.

선 남자야, 만약에 이 경전을 읽고 외워서 깊이 깊이 참된 진리를 터득하면 곧 자기의 몸과 마음이 부처와 법의 그릇임을 알려니와, 만약에 흐리멍덩하고 아득하여 깨어나지 못한다면 자기 마음이 원래로 부처와 법의 근본임을 알지 못하고 여섯 갈래(六途世界)에 유랑하며, 바퀴 돌듯 윤회(輪回)하여 악도(惡徒) 떨어져 고해(苦海)에서 헤어나지 못하고 불법이란 이름마저 얻어 듣지 못하느니라 하시었고, 또 이르시되 제악(諸惡)을 막작(幕作)하고 중선(衆善)을 봉행(奉行)하여 자정기의 함이 시제불교(是諸佛敎)니라 하시었으니, 모든 악한 일, 의롭지 않은 일, 이치에 닿지 않은 일을 하지 말고 모든 착한 일, 덕이 되는 일, 의로운 일을 함으로서 행하되 스스로 그 마음을 청정하게 하는 것이 모든 부처님의 가르치신 교법이라 하심이라. 모든 선(善)을 봉행하면 천국이 이룩됨이요, 모든 악을 저지르면 삼악도(지옥, 아귀, 축생)가 나타남이요, 만약 선과 악을 무릇 여의어 그 마음이 청청한데 이르면 곧 극락이 현전하나니, 선과 악을 여읜다 함은, 되새겨 말하자면 악한 일은 본래부터 할 짓이 아니지만 착한 일을 하고나서도 양양하게 자긍(自矜)하여 교만하는 아상(我相)이 없는 것을 의미한다.

이상이 자라나면 자존에 팔린 마음 평등심을 잃게 되니 대도무상 어찌 알리요. 무념무작(無念無作) 그 가운데 무작이작(無作而作)될 수 없고 염기염멸(念起念滅) 동요하면 생멸이 붙게 되니 생사(生死)는 도(道)가 아니라 나고 죽음은 하나의 형상이니 상(相)에 잡히면 절대적인 경지는 모르고 말게 된다.

그러므로 생사 없는 경지에 이르러야 바야흐로 절대적인 경지라 할 것이니, 이 경지에 있어서는 여여(如如)하여 부동(不動)이어서 생(生)이거나 사(死)거나 동요함이 있을 리 없고 오직 분수를 지킬 따름이니 밝은 거울이 물건을 비추듯이 다만 능히 나타낼 뿐이라면 물건이 어떻게 내 마음을 얽매이며 번뇌를 만들 리요.

매사에 초연하면 그 마음이 평온하여 청정한데 이르

나니 정극(淨極)하면 광통달(光通達)이라, 청정함이 지극하면 심정광명(心淨光明)이 나타나서 대천세계(大川世界)를 두루 비추어 밝고 밝음이 일체 업장을 해탈하는 삼매(三昧)이니, 영명(英明)한 생각이 홀로 드러나 밝음이라, 이(理)와 사(事)에 걸릴 것이 없음일세, 자유이요, 이러한 경지에 노닐 때 비로소 자기 부처를 체험하며 올바르게 살아가는 자재인(自在人)이 되는 것이다. 이런 경지에 가기 위해서 정진하는 동안에 그의 믿음이 생활화되어 행동에까지 옮겨질 때 불교, 곧 생활이요, 생활이 곧 불교로서 그의 신념이 굳으면 굳을수록 생사에 관해 초월하게 되는 것이니, 우리 인생 금생의 일대사는 생사에 관한 문제요, 생사관의 확립은 만사 해결의 열쇠가 되는 것이며 죽어서도 사는 길인 삶과 죽음이 둘이 아닌 생사일여(生死一如)의 열반락인 성정각법(性正覺法)은 중생고해(衆生苦海) 고(苦)뿌리를 영원히 거근(去根)하고, 상락아정(常樂我淨)을 현창(顯創)하는 길, 다시 말해 항상 즐겁고(常樂), 깨끗한 존재(淨我)가 되는 길, 만 중생(万 衆生)이 모두 가야하는 대방광(大方廣)의 길인 것이다. 대방광은 무량무변한 부처님의 심덕(心德)을 나타내는 말이니, 그 마음이 허공같이 비고 커서 한이 없고, 모든 사물이 원인 따라 결과가 나타나지니 방정(方正)한 이치 아님이 없고,

(方)천 가지 교리와 만 가지 학설을 구비하여 없는 것이 없이 넓은 것이(廣) 마음임을 깨우치는 말이니, 만유(万有)가 조화된 하나의 실상이요, 내 마음의 반응으로(자극에 따라 일어나는 변화상태) 연기(緣起)되는 전체임을 깨우치는 말씀이다.

위와 같이 생사일여에 체달(體達)되어야 그는 능히 공(公)을 위하여 사(私)를 여의고, 나라를 위하여 나를 여의고, 중생을 위하여 나를 여의고, 보살만행(菩薩万行)을 닦아내어서, 소아(小我)에서 대아(大我)를 실현하고, 무아경에서 살림하여 그의 덕이 쌓여지는 비중에 따라 부처를 이룰 기초를 다져가게 되는 것이다.

그러므로 대심범부(大心凡夫)가 생멸 없는 부처님의 근본지혜로 내 마음 삼아 생사바다 가운데서 일체지혜를 연마하여 나아감이니, 억조창생 많은 사람 동귀일체 하는 중에 인연 따라 닦아감에 유불선의 가르침이 만천하에 전파되니, 숙세인연 천덕으로 불연이 수승한 이는 육바라밀(六波羅密)을 수행하고 십이인연(十二因緣)을 닦아가고 사성제(四聖蹄)를 닦아가며, 세연(世緣)따라 혹은 십선문을 닦아가고, 삼강오륜을 닦아내며, 수신제가하여 가며 보국안민하여 가니 모두가 훈습(薰習)이라. 습관은 제2의 천성(天性)이라 하였으니, 금생에 지은 연업(緣業) 내세천명 된다.

부처님 가라사대

악한 열매가 익기 전에는 악한 사람도 복을 만난다.

악한 열매가 익은 뒤에는 악한 사람은 죄를 받는다.

착한 열매가 익기 전에는 착한 사람도 화를 만난다.

착한 열매가 익은 뒤에는 착한 사람은 복을 받는다.

설하신 바 있거니와 공자님 가라사대, 적선지가(積善之家)에 필유여경(必有餘慶)이요, 적악지가(積惡之家)에 필유여앙(必有餘殃)이라. 착한 일을 많이 하면 반사되는 작용으로 경사가 다가오고 악한 짓을 많이 하면 반사되는 작용으로 앙화가 다가온다 하신 말씀 있는 바요, 예수님 가라사대, 땅에서 매는 자는 하늘에서도 맬 것이요, 땅에서도 푸는 자는 하늘에서도 풀리리라, 하신 말씀 있는 바 비록 일시에 모든 악을 못 끊어도 한 사람이 한 가지 악이 끊어지면 한 가정에 한 가지 재난이 그칠 것이요, 사회에는 만 가지 재난이 그칠 것이며, 비록 일시에 모든 선을 못 지어도 한 사람이 한 가지 선을 지을지니, 한 가지 선이 지어지면 한 가정에 한 가지 경사가 일어남이요, 사회에는 만 가지 경사가 일어날지니, 이것이 곧 내 마음을 바로잡아 내 공덕을 닦아가는 새 마음 수련이요, 이것이 곧 이 사회를 정화(淨化)하여 선진조국(先進祖國)을 현창(顯創)하는 새마을 운동이다.

석가세존이 심지법문(心地法門)을 첫머리에 설하시되 효순 부모(孝順 父母) 사승(師僧) 삼보(三寶)하고 효순어(孝順於) 지도지법(至道之法)이니 효명위계(孝名爲戒)요, 역명제지(亦命制止)니라 하심이라. 다시 말해서 계행(戒行)이란, 첫째로 부모와 스승되는 스님과 불법승(佛法僧) 삼보에게 효순하고 지극한 도에 효순 하는 법이니, 효도함을 계행(戒行)이라 이름하고 또한 이름이 제지니라 하심이니, 제지라 함은 몸가짐을 규제하고 마음가짐을 바로 잡아 악을 끊고 선을 행하는 그 자체이니 곧 계행의 별명이다.

부모는 낳아주는 은혜가 있고, 도 닦을 그릇이 되게고이 키워 주셨으므로 마땅히 효순해야 할 것이요, 스승이신 스님은 인도하여 가르치는 덕이 있어서 나고 죽음의 괴로움을 해탈케 하고, 늙지도 않고 죽지도 않는 법신(法身)의 영적생명이 있음을 깨우쳐서 길러주는 길이 있으니 마땅히 효순해야 된다는 말씀이다. 그러하니 이 가운데 깨달아서 우물 안 개구리가 되지 말고 크게 보고 널리 보는 눈을 떠서 시야를 넓혀가야 할 것이다. 호리지차(豪釐之差)에 천지가 현격(懸隔)이라 시초에서 털끝만치 어긋나도 종국에는 천지같이 벌어지니 바로 알고 바로 설계를 해야 하지 않겠는가.

미륵존불 법신설법 계시문에 설하시되 충즉순천(忠卽順天)이요, 효즉생복(孝卽生福)이요, 근즉업진(勤卽業進)이요, 검즉일심(儉卽心逸)이요, 염불성불(念佛成佛)이라, 가르치시니 충성 충자(字)는 소절(小節) 구애말고 대의(大義)에서 살아가라, 그 말이니 사회에 봉사하고 나라에 충성함이 대의이며 친소 없이 사랑함이 천덕이니 천덕(天德)을 닦는 사람 천리에 순응함이니, 사람 가운데 하늘이라 인내천(人乃天)이 아닌가, 그러므로 이르기를 사람 역시 하늘인데 깨달으면 변화천(變化天)이 못 깨달아 사시운화(四時運化) 못 이룬다. 하심이요, 깨닫고 보면 선과 악이 모두 나의 스승이라 인과율(因果律)의 윤회진리 제가 지어 제가 받으니, 콩심은 데 콩이 나고, 팥을 뿌려 팥 걷어든 근로하면 복이 되고 나태하면 죄가 되니, 부지런하면 생업에 진취있고 검소하면 마음이 편안함을 먼저 하면 시법(示法)이요, 효도하면 복과 녹이 생김이니 그 뿌리를 북돋아서 그 가지가 무성함과 같음이라. 석가세존이 대보부모은중경(大報父母恩重經)을 설하신 것은 어버이의 십중대은(十重大恩)을 잘 보답하란 말씀이다.

십중대은(十重大恩)

① **회탐수호은(懷眈守護恩)** 애기 배고 주야 없이 보호하고 지켜 주신 은혜요.

② **임산수고은(臨産受苦恩)** 해산할 때 생지사지 괴로움을 겪으시던 은혜요.

③ **생자망우은(生子忘憂恩)** 아기 낳고 비로소 근신을 잊으시던 은혜요.

④ **인고토감은(咽苦吐甘恩)** 쓴 것은 삼키시고 단 것은 먹여주신 은혜요.

⑤ **회건취습은(廻乾就濕恩)** 마른자리 골라 뉘고 젖은 자리 차지하신 은혜요.

⑥ **유포양육은(乳哺養育恩)** 품에 안고 젖을 먹여 고이고이 길러주신 은혜요.

⑦ **세탁부정은(洗濯不淨恩)** 더러우면 빨래해서 깨끗하게 입혀주신 은혜요.

⑧ **원행억념은(遠行憶念恩)** 먼 길 가면 생각하고 올 때까지 염려하신 은혜요.

⑨ **위조악업은(爲造惡業恩)** 아들딸을 위해서는 죄를 져도 해주시던 은혜요.

⑩ **구경인민은(究竟憐愍恩)** 끝끝내 사랑하고 연민히 아껴주신 은혜다.

화관서 제3장 보은록(報恩錄)에 말하기를 보은(報恩)이란 두 글자가 어렵고도 어렵나니 전생의 은혜를 금생에 갚는 것도 중대하고 어렵거늘 하물며 전후생의 은혜야 더욱더 무엇이라 말하리요. 슬프다, 이 세상 사람이여 은혜 있는 사람을 도리어 원수같이 등을 지고 패악(悖惡)한 무리로써 벗을 하니 중생이 통곡하며 죽어가지 않을 자가 그 몇몇이나 있겠는가. 이와 같이 탄식을 하였으니 그 아니 송구할까 근신(謹愼)하고 자성해야 될 줄 안다. 은중경에 설하시되, 가령 어느 사람이 부모양친을 양 어깨에 업어 모시고 발이 닳도록 봉양하여도 갚을 도리 없건만, 부모 위해 불경을 읽고 쓰거나 부모 위해 삼보에게 공양을 올리고 부모 위해 재계를 지키거나 부모 위해 보시적선(布施積善) 하는 자 부처님의 가호입어 부모영신이 죄고를 벗어나서 길이 길이 천상락(天上樂)을 누릴지니 효자라고 이름할 수 있거니와 그렇지 못한 자는 악도고(惡途苦)를 못 면한다 하신 바니, 부모가 생존하면 불법으로 인도하여 염불주송 정업 닦아 극락길을 열어 드리고 기필코 생사 해탈의 인(因)을 심어 드려야 한다. 그뿐만이 아니라 대명이 불능파(不能破) 장야지혼(長夜之昏)이요 자모(慈母)도 불능보(不能保) 신후지자(身後之子)라, 태양이 밝다 해도 긴밤의 어두움을 밝혀주지 못하는 바요,

어버이의 사랑이 지극하나 자기가 죽은 후에 그 자손을 보호하지 못하지만, 불농천지(佛農天地) 심경전(心耕田)인 부처님의 마음농사 그 이치에 투철하면 죽을 때도 안 죽으니, 그러므로 어버이가 불교를 바로 믿어야 그 자손이 감화되어 부처님 법을 바로 닦아서 중생 고해 고(苦) 뿌리를 영원히 거근(去根)하고 생전사후 안락대(安樂臺)를 마련하게 되는 것이다.

〈삼보-온 누리의 광명이신 부처님과 온 누리의 진리이신 불경과 법리 따라 수행하는 수도승이 삼보이니, 삼보의 이름은 다르나 그 실상은 한 모양이며 모양을 떠난 것이어서 오직 청정하고 묘한 마음이니 묘한 마음이 아니고는 참된 중이 될 수 없고 바른 법이 아니고는 부처지위를 증득할 수 없는 것이니 둘도 없는 보배로운 존재이므로 불법승을 삼보라 한다.〉

그럼에도 효제충신(孝悌忠信) 이탈하면 짐승이라 금수 도를 설계하면 금수 도를 받을지라. 배은망덕 만사신(万死身)은 말세중생 이름이요, 인사에 죄를 지면 천노가 계심이라 사람종자를 가려내서 지상천국에 심으려고 개벽설이 대주되었고 중생들을 구제하시려 근후지성(根厚枝盛)의 뿌리를 북돋아야 가지가 무성한 그 도리를 동서고금 성현들이 가르치는 바이지만 젊은이가 아는 이치도 어른들이 실천하지 못하면 무슨 소득

270

이 있으리오. 그러므로 나이 많아도 효를 모르면 철부지요, 나이 젊어도 효를 알면 철을 안다 할 것이니, 신체발부는 부모에게 받은 바, 훼손하지 아니함이 효도의 시작임을 아는 고로 오나가나 부모에게 근심걱정 누를 끼치지 않으려고 몸가짐을 규제하고 마음가짐을 바로잡아 인도(人道)를 세우고 천덕(天德)을 닦아 도성적립(道成積立)한 후에 길이길이 이름을 남겨 부모은 덕에빛을 내고 자손만대에 그의 얼을 전해줌이 효도의 마지막임을 아는 고로, 구충신어(求忠臣於) 효자지문(孝子之門)이라, 미륵존불 법신설(法身說)에 심정광명(心精光明)이 삼강오륜 원형이정(元亨利貞) 밝혀내어만 중생을 살려보세. 이와 같이 설하심도 말초닫는 이 운수에 피살길운(避殺吉運) 하자 하니 무도기(無道記)에 벗어나서 사람이 돼야 할 것임에 예의 동방 한국나라를 지상천국의 발상지로 선정하여 발판 놓고 효제충신 도덕국가 백성을 구하시려 예고하신 교훈이니, 염불에 신념 세워 성교(聖敎)를 본받아서 충효를 바탕 삼아 영웅을 수단으로 총화안보 대화양생(大和養生) 나라를 수호하고 겨레를 수호함이 시무(時務)이기 때문이다. 만일 나라가 없다 하면 정치인도 생명 없고, 만일 나라가 없다 하면 어느 땅에 발붙이어 지상천국 건설할까.

천국은 정락(正樂)이라 악이 없어 천국되니 충효선근(忠孝善根) 없다 하면 지상천국 뉘가 살까, 충효선근 있으므로 지상천국 백성 되니, 충효선근 있는 나라 불보살이 도우시고 팔부성신(八部聖神) 옹호하니 요만한 괴리(乖離)무리 제아무리 발악한들 태산반석 우리나라 옴쭉이나 하리요만 남북통일 앞당겨서 민족숙원 이루자면 진인사이(盡人事而) 낙천(樂天)이라.

도솔천주 하느님【미륵존불】도 제 스스로 돕는 자를 돕는다고 하심이니 우리 모두 근면, 자조, 협동으로 대화양생(大和養生) 조국을 수호하고 겨레를 수호하고 좋은 세상 만들어서 다음 세대에 전해주는 노력으로 인업(因業)을 삼아 이 땅 위에 이룩되는 지상천국 화장극락 용화영세 참예하니 다 같이 성불(成佛)하기로 원을 세워 나갑시다.

염불은 생각 염(念)자 부처 불(佛)자 부처님을 생각하면 그 자신이 부처됨을 말합니다. 부처님의 도와 덕을 우러러 사모하고 진리를 참구하여 실천하는 신념이라. 실천의 길은 세상을 벗어나서 따로 있는 것도 아니요, 세상이란 신념을 등을 지고 되는 법도 아나니, 세상사 모든 일은 바른 신념이 앞선 연후에 바른 결과가 이루어지게 마련이기 때문이다. 그러므로 모든 사람 같은 마음 염불하면 불심어요, 양심 바르게 살아가면 도와 덕이 나타남을 가르침이 부처님의 교육이다.

양심은 사람 천성이요, 본질이며 적실(的實)한 각체(覺體)로서 이는 곧 참 부처이니, 양심이란 사물의 선악과 정사를 판단하는 능력이요, 도덕적 의식임을 상징하는 말이며, 양심으로 용사(用事)하면 자연히 평등과 자유가 원만한 경지에 이르게 됨에, 세계의 어느 곳을 가더라도 모든 사람이 따라 배우고 본을 받아 실천하게 됨이니, 매사는 관어주인 길흉화복이 남이 주는 것이 아니었고 제 스스로 창조해서 원인 따라 결과가 나타나지는 그 이치를 알 것이며, 인생은 일장춘몽 꿈과 같이 잠간이나 세월은 무궁하니 죄수복을 벗어 놓고 신사복을 입는 것처럼 탈바꿈에 대비해서 수심정기(修心正己) 해야 한다.

'초년 고생 금을 주고' 산다 함은 말년을 대비하는 지혜이니 금생에 수고해도 내생에는 천당극락 수용하면 탈바꿈해서 더 잘사는 사람이요. 살아생전 잘못해서 무도한 자 되고 보면, 습관은 제 이의 천성으로 내생에는 지옥, 아귀, 축생 되니, 살아서도 죽은 자나 매한가지 아니리요. 그러므로 인간의 진여자성(眞如自性)인 참 성품은 영적인 생명이요 물질은 아니니. 전생의 영신이 금생의 혼신이요, 육상의 영신이라. 예를 들어 말하건대,

누에가 살을 토해 고치를 만들고서 고치 속에 제 스스로 깃들이는, 그와 같이 인간의 영적인 생명은 마음의 살을 토해 육신이라는 고치를 만들고서 그 속에 내가 나의 영을 깃들이어 비로소 영신은 육신으로 행세를 하지만, 고치는 누에가 아니듯이 육신은 인간이 아니요, 인간의 고치에 불과하니 때가 되면 누에는 고치를 뚫고 우화등선(羽化登仙) 탈바꿈하여 날아가듯이 인간은 일생동안 훈습(薰習)해 온 버릇(업)에 따라 제 2의 천성을 만들고는 한이 차면 육신이란 고치를 벗고 타방세계 (他方世界)【사성육범세계】로 옮아가나니. 다시 말해서 염불농사 잘 지어서 그 마음이 그지없이 청렴해지면 미묘상(微妙相)인 부처님과 극락세계가 나타나게 되고, 적선적덕 그 마음이 악이 없어 착해지면, 안락상(安樂相)인 선관선녀(仙官仙女)와 천국세상이 나타나지며, 충효열과 인의예지신을 숭상하면 사람다운 사람이 되고 인간세상 태어나서 부귀공명하게 되며, 사(邪)된 정(情)에 오염이 되면 추루상(醜陋相)인 금수의 몸과 축생세상이 나타나지고 포악잔인하면 고뇌상인 아귀의 몸과 지옥에 상이 나타나짐을 알 수 있다.

그러하니 육신의 죽음은 인간의 죽음이 아닌지라 인간의 참생명인 진성의 영신은 생멸을 여읜 고로 영원한 생명 무량수(無量壽)이니. 사람은 육신이 진성의 영적 생명을 보호하는 그릇의 역할을 함으로써 참성품(진성)의 그 도리(여래의 뜻 통말 무애함을 말함)를 원만하게 깨달으면 모든 업장이 소멸되고 삼계에서 생사하며 육도세계에 유전(流轉)하던 육신을 벗고 불가사의 변역신인 법성생신(法性生身)을 얻게 되나니 명실상부한 무량수가 됨이라. 이는 곧 십지(十地)보살이 대비원력(大悲願力)으로 중생교화의 근기인연을 따라가며 처처에서 신통으로 변화하여 갖가지 몸을 나타냄을 말함이니 이는 속 삼계(三界) 밖에 뛰어나서 지무생사(知無生死)에서 용무생사(用無生死)로 대비행원(大悲行願)의 진실묘용(眞實妙用)이 법이자연(法爾自然) 항연(恒然)하신 대자재인(大自在人)임을 실증하여 주심이라. 그러므로 무위진인(無爲眞人) 참사람은 일체만물의 실질(實質) 무한한 생명, 무한한 선 선행만이 참사람을 보호하는 역할을 하여줌일세.

부처님 가라사대 약불대선(若不大善)이면 불용태극(不用太極)이라, 크게 착함 아니고는 천지를 운화할 수 없느니라 하신 이유를 자각하게 될 것이다.

게송(偈頌))

도재어심부재상(道在於心不在相) 도라는 건, 맘에

있지 겉모양에 있지는 않아, 자맥청산각수기(紫陌靑山各隨機)재가 수도 출가행이 제 인연에 따를 뿐이네.

용의수변심불변 겉모양은 달라져도 마음은 항상 변함없으니 천교만도 일 실상 천 가지 교만 가지고 중도 실상 아님이 아니네.(이면십행의 삼매해석. 삼매는 범어이고 번역하여 정정이니 산란 심을 제어하고 바른 마음이 한 경계에 머물러 동요하지 않는 것이 정정이니 각을 이루는 기초가 되며 십악을 조복 받고 어진 심덕을 닦아가는 일체의 행이 신정이요 정정이니 정심의 행동이 항상 섭심하여 여법이 계합되어 처신하므로 정심행처(正心行處)라 일컬으며 선정을 얻고 보면, 험한 이 세상에 치구르고 내리굴러도 엉구렁에 빠지거나 유혹에 말려들지 아니하고 시의를 바로 알아 치우침이 없이 중화를 이루어 가며 선처하므로 중정이요 해탈이며 정심행처이다.)

◇ 조석염불과송조(朝夕念佛課誦)

비로자나불 대관정 광명진언

옴 아모가 바이로차나 마하무드라 미니파드마 즈바라프라 바르타야 훔

(오나가나 자나 깨나 앉으나 서나 염념상속 외운다.)

발원문(發願文)

가장 높고 미묘하온 총지문(摠持文)에 귀의 하오니 시방상주(十方常住) 불보살님 굽이어 살펴주시옵소서.

모든 재앙 신심견고(身心堅固) 안과태평 기원합니다.

오나 가나 어백사에 하는 일이 경사로우며 덕과 수명 고루 갖춰 만중생(万衆生)을 구제하옵고, 복과 지혜 구족하여 이 세상을 안락케 하며, 이 세상을 마칠 때는 화장극락 왕생 하사와 부처님을 친견(親見)하고 무상불도 이룬 뒤에는 미래제가 다하도록 중생구제 서원하오니, 보는 이와 듣는 이가 모두 같이 발심하시와, 화장극락 같이 가서 성불하기 기원합니다.

나무대비(南無大悲) 비로자나불 나무아미타불 나무미륵존불 나무관세음보살 마하살

광명은 진리에 투철하지 못한 어두움인 어리석음 곧 무명을 밝혀 주는 지혜이며 생명의 근원인 마음의 빛이요 마음의 빛은 진리이니 비로자나다. 비로자나는 범어이고, 번역하여 편일체제(偏一切處)라 그 이성(理性)이 우주만유에 두루 함을 말함이요, 또한 번역이 광명편조(光明遍照)이니 이성에는 지각하는 영명이 있으므로 그 영명을 크게 깨달아서 일진법계의 실상을 여

실히 증지하면 금을 불려 만든 그릇 그릇마다 금 이듯이 부처되어 보는 경계 경계마다 부처이니 마음과 경계와 자성과 현상이 비로자나이지체(理智體)가 아님이 없으므로 오자무명(悟自無明)이 본시불(本是佛)이라 깨닫고 나면 생긴 깜냥 그대로가 이미 벌써 부처를 이루었음을 스스로가 알 것이니, 생사 중에 부처 있음을 깨달으면 이는 이미 생사가 아니라 자성불의 본체성이 원리수연(圓理隨緣)의 중도실상(中道實相)인 열반도임을 알아야 한다.

밝은 데가 극락 천당이요, 어두운 데가 지옥이며, 슬기로운 것이 사람이요, 미련한 것이 짐승이니, 광명을 지니는 자는 어두움에 다니지 아니하고 생명의 근원인 마음의 빛 곧 진리를 통달하리라. 그러므로 비로자나불 광명진언 위신력(威神力)과 가지력(加持力)을 힘입어서 일체의 죄악을 소멸하고 광명안락을 얻어 만나 천당극락에 소원대로 공덕대로 왕생하여 무량 락을 한없이 누리게 하여지이다.

지극히 불법을 믿는 이는 매양 영겁이 있고 도와 덕을 믿지 않으면 하나도 영겁이 없다 했으니 그리 알아 결정신(決定信)을 세워놓고 오나 가나, 자나 깨나, 앉으나 서나, 노는 입에 작은 소리로 흥얼흥얼 염불하거나, 혹은 입 속으로 묵념하면 더욱 좋고 이것을 극락가는 정업이라 일컬으니 죽어서 황천길엔 권세부귀 다 떨어지고 외로운 혼이 홀로 갈 때 그 무엇이 따라가리. 부부간이 다정해도 길동무를 못해주며, 자손이 효자라도 대신가지 못하지만, 오직 홀로 지은 업은 어김없이 따라가니 악업 지어 삼악도에 가지 말고 선업 지어 천당 길을 가게하고 불농천지(佛農天地) 심경전(心經田)인 부처님의 마음농사 염불정업 잘 지어서 극락길을 가게 하라. 자고로 화복이라 일렀으니 복의 껍질 화액(禍厄)이라 죄만 아니 짓는다면 복의 길이 열리지만 지은 죄를 소멸하고 오는 액을 예방하긴 염불밖에 또 없으니 지성, 정성 염송하겠습니다.

현세에는 안온하고 내생에는 부처님 계신 곳에 환생하여 생사 고를 해탈케 하옵소서.

진언(眞言)이라는 주문은 거짓이 없는 참된 진리의 말씀이라 그 말인데 법어로는 다라니(陀羅尼)요, 우리말로 진언이요, 주문이라 일컬으며 해석하여 능차(能遮)라 하니 능할 능자(能) 막을 차(遮)자는 과거에 지은 오역 구악의 모든 죄악을 소멸하여 없애버리고 모든 장애를 예방한다는 말인 것이며, 또 한 가지 해석하여 총지(總持)라 하니 다 총(總)자, 가질 지(持)자는 내 마음의 본연천진(本然天眞)한 이성 속에는 본래부터 갖춰있는 열반묘덕의 모든 법과 모든 덕을 진언 주력의

위신공덕으로 발현하여 원만하게 조화를 이룬다는 뜻
이 된다.

관세음보살 모다라니경

옴 사바바바 슈다 살바달마 사바바바 수도함(3번)

개경게(開經偈

무상심심미묘법(無上甚深微妙法)

백천만겁난조우(百千万劫難遭遇)

아금문견득수지(我今聞見得受持)

원해여래진실의(願解如來眞實義)

개법장진언(開法場眞言)

옴 아라남 아라다(3번)

불정심 관세음보살 모다라니(佛頂心 觀世音菩薩)

나모라 다나다라 야야 나맣아리야 바로기데 새바라
야 모디사다바야 마하사다바야 마하가로니가야 다냐
타 아바다 아바다 바이비데 인혜혜 다냐타 살바다라니
만다라야 인혜혜 바라마슈다 모다야 옴 살바작수가야
언디리야 다냐다 바로기데새바라야 살바도따 오하야
미 사바하

발원문(發願文)

《가장 높고 미묘하온 총지문에 귀의하오며,
대비대원 대성자모 관세음께 정례합니다.
대성자모 관음세존 성인중의 성인이시라,
중생들의 슬픈 고통 눈물 뿌려 연민하시와,
무량하신 자비로서 잠시라도 쉬이심 없이,
몸과 마음 지은 죄를 감로수로 씻어주시며,
어리석은 중생들에 반야지혜 열어주시고,
길을 잃은 사견중생 광명 놓아 밝혀주시며,
배고프고 빈곤한 이 복을 주어 구제하시고,
맹, 농, 암아 병든 사람 업을 녹여 안락케하며,
가지가지 고통에서 헤어나게 하시옵나니,
선망부모 왕생극락 일문권속 길상하사와,
모든재앙 눈이 녹듯 모든 복은 구름이 일듯,
어리석은 이 한 몸을 굽어 살펴 주시옵사와,
부처님을 친견하고 무상불도 이룬 후에는,
미래재가 다하도록 중생구제 서원하오니,
덕과 수명 고루 갖춰 만 중생을 구제하옵고,
복과지혜 구족하고 이 세상을 안락케하며,
보는 이와 듣는 이가모두 같이 발심하시와,
화장극락 같이 가서 성불하기 기원합니다.

불정신 관세음보살 대다라니경 공덕

나무(南無)대자대비 구고구난(求苦救難), 시아성모(是我聖母), 도량교주 성백의(聖白衣), 관자재보살 마하살 나무관세음보살 마하살 나무관세음보살 마하살》

모다라니경에 설하기를 선남자와 선여인이 부모의 깊은 은혜를 갚고자 하면 불정심 모다라니를 얻어 듣고 받아 지녀서 읽고 외우되 새벽이면 더욱 좋고 이른 아침 세수하고 향 피우고 정좌하여 관세음보살님을 생각하며 일심으로 모다라니를 지송(持誦)하면 지옥세계, 아귀세계, 축생계 등에 떨어지지 아니하며 죽을 때 임해서도 마음이 편안하여 산란하지 아니하고 시방세계 부처님이 연화대와 당과 번을 가지고서 임종하는 그 사람을 찾아와서 영혼을 영접하시거든 온 집안에는 서기가 영롱하고 광명이 가득 차며 기이한 향취가 진동하느니라. 손을 펼치어 그 머리를 어루만지며 말씀하시되, 착하고 착하도다.

이 다라니의 공덕이 이와 같이 무량하거늘 어찌하여 사람들이 써서 지니고 독송하며 관음대성과 삼보 전에 공양을 아니 하리요. 그 공덕은 무량하니라. 만약에 일체 여인이 여자 몸을 싫어하여 남자의 몸을 얻고자 원하거나, 극락세계에 나기를 원하는 사람은 모다라니경을 모셔 지니고 독송하여 부처 전에 좋은 향과 이름난

꽃으로 공양하여 궐(闕)하지 아니하면, 다시는 여자의 몸을 받지 않을 것이며, 또는 그 몸을 버리고는 불국정토 극락세계에 왕생하여 보련화에 앉게 되면, 백천채녀(百千彩女)가 그 좌우를 옹위하여 항상 즐거움을 받게 되느니라.

또한 선 남자와 선 여인이 불정심 모다라니를 수지 독송하게 되면, 그 사람의 일체 업장이 소멸될 것이며, 혹은 재산이 흩어지거나 또는 구설이 일어나서 집안이 불안하거나, 운수가 비색하고 불길한 꿈이 자주 생기며, 모든 병이 몸에 얽히어 정신이 산란하거든 아침에 일찍 일어나 세수 분향(焚香)하고 존경하는 마음을 가져 지극정성으로 모다라니를 외운다면, 관음성모님은 한없는 신통력으로 그 사람을 보호하시며 금강밀적(金剛蜜適)인 모든 천신이 밤낮으로 옹호하여, 생각하는 바 좋은 일은 원을 따라 모두 성취하니라.

또한 선 남자와 선 여인이 무슨 소원을 얻고자 원하거나, 일체 지혜를 성취하고자 큰 소원을 발할 시에는, 고요한 처소에 홀로 앉아 일심으로 관음성모님을 생각함과 더불어서 다른 반연은 깨끗이 끊어 버리고 오로지 모다라니를 주야불철 외워 가면 무슨 소원이고 성취 못함이 없을 것이며, 여러 사람에게 애경함을 받을 것이요, 이 사람은 천인사 대각세존을 항상 뵈올 것이며 무량한 악업중죄를 모두 다 소멸하고 금륜성왕과 같은 복이 구족하리라. 또한 선 남자, 선 여인이 대각세존 부처님 전에 좋은 향을 살으고 모다라니 신주를 백만 편만 외운다면 이왕에 신 구의로 지은 죄업을 모두가 소멸하고 무량한 선정 지혜를 얻어 무상정각의 열반 대도를 원만히 성취하리라.

또한 어떤 여인이 잉태하여 해산할 시기를 당하였으나 과거 숙채로 모든 악귀의 침해를 입어 그 산모가 고통을 부르짖으며 울음으로 까무러칠 때는 급히 상품주사(上品朱砂)를 가져다가 모다라니와 비자인(泌字印)을 시사하여 불에 살라 향수에 타서 삼키면 곧바로 순산하느니라. 더욱이 태모가 평소에 모다라니와 능구산란인(能救産亂印) 비자인(泌字印) 등을 시사하여 몸에 지니거나 모타라니를 수지 독송하는 자는 산고가 예방되며 태교가 이루어져 업을 벗고 지혜와 복덕이 구족한 훌륭한 아기를 순산하게 되느니라.

만약에 사람이 빈궁하여 기갈이 자심함으로 억제할 수 없는 경우에는 목욕재계 부처님 전에 분향하고 대각세존과 관음보살 존호를 백팔 번씩 지송하고 그 소원을 고백한 후 지주성심 모다라니를 외운다면 반드시 의복과 음식이 풍족하여 재물의 걱정은 자연소멸 될 것이며, 또한 널리 세상에 유포하면 경에 따른 위신력과 그 공덕은 한량이 없으리라.

옛날의 인도 계빈 국에 괴질이 유행되어 전염됨으로 모든 사람이 그 병에 걸린 자는 하루 이틀을 지내지 못하고 다 죽게 되는지라. 그 때에 관세음 보살님께서 백의거사로 화현하사 모다라니를 써 내시어 병든 자들로 수지 독송하도록 가르치시니 괴질이 씻은 듯이 물러가고 모든 백성의 병환이 모두 다 쾌차하였다 하니라.

바라나국에 대부장자가 있었는데 그 아들이 십오 세에 병에 걸려 백약이 무효한 지라. 외아들을 잃게 되면 대가 끊길 것을 탄식하며 노심초사 하던 중에 탁발 나온 스님을 만났는데 모다라니를 써서 주며 수지 독송을 권고하므로 그 말대로 하였더니 질병이 완쾌되고 수명이 연장 되었으며, 그 때에 염라대왕은 귀사에게 명령하여 장자에게 현몽하되 너의 아들이 십육 세면 명한이 다할지라. 그대가 선지식을 만나서 불정심 모다라니를 지송함으로써 그 수명이 구십칠 세까지 연장되었노라 하는지라. 그 장자의 부부는 이 말을 듣고 너무나 고마워서 필객들을 모집하여 책을 써서 모나라니경 일천 권을 백성들에게 반포하였다니 이 다라니의 위신력은 불가사의라 침량할 수 없다.

또 한 가지 인도 국에 한 부인이 있었는데, 삼생전에 독약으로 한 사람을 죽였더니 그 살해당한 영혼이

285

원수를 갚고자 하여 그 여자에게 잉태됨으로써 열달이 되면 아이 낳을 산기가 임박하는 지라 몸을 풀지 못하고 무한 고통을 받아가며 거의 죽게 되었더니 모다리니를 지송함으로써 무사하게 해산하니. 아기가 단정하나 세 살이 못되어서 그만 죽고 마니, 그 여인은 인사불성 정신을 못 차리며 울음으로 날을 보내더니, 그 영혼은 원수를 갚지 못함이 원인되어 다시 잉태함으로써 그 여인을 거듭거듭 죽이고자 하였으나, 모다라니의 신력이 있어 그 여인을 못 죽이고 이와 같이 세 번 잉태하여 기어코 그 원수를 갚고자 하더니만, 관세음 대성께서 백의 몸으로 나타나시어 그 여인에게 일러 말씀하시기를, 이 아이는 너의 아들이 아니니라. 네가 삼 생전에 사람을 죽인 일이 있음으로 그 원수를 갚고자 하여 너에게 잉태되었느니라 하시고 한 손가락으로 아이 배를 가리키시니 즉시로 하나의 야차귀신이 나타나며 말하기를 전자에 네가 나를 살해하였기로 너에게 반드시 그 원수를 갚고자 하였더니 네가 부처님에게 신심을 가져 불정심 모다라니를 지송함으로 호법선신이 주야로 옹호함에 원수를 갚지 못하고 있는 터에 관음보살 대성께서 나를 제도하시는 고로 이제 그만 원한을 풀고 좋은 세계로 가노라 하고 홀연히 그 아이의 숨이 끊이고 마는지라. 그여자는 그 즉시로 가재

도구를 방매하여 모다라니경 일천 권을 만들어서 세상에 널이 보시 한 연후에 그 여인은 구십팔세를 살다가서 세상을 마친 후엔 극락세계 왕생하여 남자 몸을 받아 나았다 하니라.

《십삼면 중도실상인 열반도 모든 사물이 있다하면 없어지고 없다하면 또 생기니 유(有)도 무(無)도 아니기에 중도라 하며 실유(實有)가 아닌 유(有)이기에 묘유(妙有)라 일컬으고 단공(但空)이 아닌 공(空)이기에 진공(眞空)이라 일컬으니 진공(眞空)이기에 연기(緣起)의 모든 법이 완연(完然)하고 묘유(妙有)이기에 인과(因果)의 모든 법이 일여(一如)함이라. 일체만유(一切万有) 모든 법이 원인 따라 결과가 나타나니 방정(方正)한 이치 아님이 없음일세.

착한 진리를 닦아 가면 사람생명이 나타나지고 악한 진리를 닦아 가면 짐승생명이 나타남으로 나는 곧 길이요, 진리요, 생명이니 생명이기에 항상 즐겁고 깨끗한 존재가 되면 영원한 생명 무량수이며, 이 도리(道理)【여리(如理)의 뜻 통달 무애함을 말함】로 지향함이 열반의 길이요, 열반은 법어이고 번역하여 원적이니, 상락아정(常樂我淨)의 모든 덕이 갖추어져 원만하고 모든 장애가 물러가 적멸함인 성불한 이의 큰 공덕(功德)【결정이 공이요 평등이 덕이 됨】을 말함이라. 열반

이 곧 실상이요, 실상이 곧, 중도이며 중도가 곧, 법계
【우주만유】이고 법계가 곧, 자성이요, 자성이 곧 불성
이다》

1991년 4월

解寃山房

月華山人　朴布印

死後世界

사람은 죽으면 끝이 아니다. 업 따라 몸을 바꾸며 生
死육도 윤회를 계속 한다. 죽음이 닥치면 정신이 혼미
상태로 몸을 떨며 두려워하고 이를 깨물고 피를 토하
기도 하고 들리지 않게 신음하며 숨을 거두는데 생전
의 善惡이 얼굴에 나타난다 온화하게 잠자는 듯이 조
용히 숨을 거두는가 하면 용을 쓰며 장시간을 애를 쓰
다가 땀을 물 뿌리듯 흘리다 몇 시간 몇 일 후에도 죽
는다. 저승사자가 암량할 시점은 그렇다. 10분 후면 정
신과 육체가 분리된다. 캄캄한 터널을 빠져 죽은 자도
만나고 여러 사람을 만나 이야기도 하려하고 해도 듣
기만 하고 말이 안 통한다. 죽은 영혼은 20분 정도 자
기 육체를 본다. 주위 사람들도 본다. 의사, 간호원 등
통곡 하는 소리를 들으며 영가는 느낀다. 생전에 물욕

288

에 얽매어 삶을 후회하며 가족과 같이 눈물을 흘린다. 현세의 삶에서 善하게 修行 못했음을 후회하며 눈물을 흘린다. 참 수행을 하여 영의 세계를 관하면 탐, 진, 치로 애착했음을 알고 가족의 통곡과 모든 움직임을 본다. 목을 조여드는 광경도 손수 본다.(자살 한 자) 佛敎에서 심리 상태를 나눌 때 보고 듣고 말함을 제6식이라 하고 그 안에 잠재의식을 제7식이라 하고 무의식 마음이 육체와 분리됨을 제8식이라 한다. 사람이 죽으면 의식이 완전이 없고 무의식 중인 제8식만이 남아 있다. 그래서 無物識(무물식) 활동 사진의 필림과 같이 절대 없어지질 않아! 즉 죽거나 없어지지 않는 식이라는 뜻이다. 제8식은 녹음기와 같이 자기의 선악업이 저장되어 절대로 지워지지 않고 그에 의해 생사 윤회를 계속한다. 인과의 법칙에 의하면 출세는 순서가 있지만 사망은 순서가 없다. 자업자득의 법칙이라 단명자는 살생 많이 한 과보이고 무간 지옥행은 불법 비방하고 스승이나 부모를 죽인 자로 만리 지암 어둠속에 하루에도 만사만생으로 고통을 한 없이 받는다. 삿된 음행 투도 거짓말, 술, 담배 분수없이 삶은 화탕지옥 가고 부모에 불효하고 형제에 불목 한 자는 육신을 잘 못쓰는 불구자를 두고, 탐 · 진 · 치에 오욕락 만취하고 산자는 도산지옥 가고 거짓말, 악담, 이간질 많이 한

자는 발설지옥 가고 시기질투, 화 잘 내는 사람은 독사지옥 간다. 사람이 죽으면 대개 중음신으로 49일간은 저승의 12대왕에 의해 업식에 따라 재판을 받고 윤회를 위와 같이 받는다. 죽은 영가를 위해 악도를 면하게 49일 천도재를 불교식으로 지내는 것이고 살아서 미리 공덕을 닦는 것을 예수재(預 修齋)라 하는데 즉 12왕재를 미리 올리는 불사입니다. 지장 경을 꼭 읽고 기도를 할 분들-이유 없이 병에 시달리는 분-노력해도 성취가 안되는 분-유난히 모든 일에 장애가 많은 분-잠을 못 이루고 꿈에 시달리는 분-낙태나 유산으로 건강이 나쁜 분-부처님과 같이 成佛을 목적으로 할 분예수재 (預修齋)의 공덕 1. 희망적이고 항상 즐거워 2. 전생 내생 죄가 소멸 된다. 3. 자신과 가정이 평화롭다. 4. 건강하고 무병장수한다. 5. 심덕이 맑아 원을 성취한다. 6. 공덕을 지어 극락에 왕생한다. 佛敎에서는 모든 것이 다 내 마음으로 이룩된다. 一切唯心造 卽心是佛 내마음이 곧 부처다. 팔만 사천 법문도 내 마음이 부처임을 일깨주는 방편이다. 心 字만 옳게 알고 깨달으면 일체만법을 통찰한다. 三世諸佛을 한눈에 볼 수 있는 것입니다. 마음에서 비롯하여 마음에서 끝난다. 마음에 눈을 뜨면 자기의 본성을 본다. 구경 견성이 성불했다하고 어둠에서 물건을 보고 꿈에서도 어떤 장애도 안

받으며 생시와 같이 똑같이 행동하매 이것이 일반인과 다른 점이다. 일체고을 여의고 구경 락을 얻는 방법은 관법 주력 독경 다라니경 등이 있지만 최고 방법은 견성성불 참선 법이다. 行住 坐 臥家 話頭 즉 公案 마음의 눈을 떠서 만법을 확철 대오하여 깨쳐야 안다. 화두 즉 공안은 암호의 밀령이다. 마음의 눈을 바로 떠서 확철 대오로 부처님에 慧命(혜명) 즉 후광을 받아서 진리의 눈을 뜨면 이 자리가 곧 극락입니다. 마하 반야 바라밀사대 육신은 내 것 아니야 인생무상 항시 변하는 것 참 나는 형채 크기 색 등이 보이지 않아 끝내 죽는 몸 영원한 내 몸인줄 집착하기 때문에 6도 윤회한다. 선악 업보 따라 윤회을 반복하는 동안 100번 윤회 중 1-2번만 이 사람으로 태어납니다. 그 외 성질과 머리와 습성이 마음속에 깊이 심어져 사람으로 태어나 탐진치 만 이외에도 팔만사천 번뇌 망상으로 발휘되는 것이다. 한생은 짧은 것이고 일장춘몽이라 육도 윤회의 세월은 한도 끝도 없단다. 萬生의 한번 받은 몸 행복한 선한 씨를 심어야지 악의 씨를 뿌릴 것인가? 죽은 영이 무간지옥가면 하루에도 만사 만생으로 만개의 바늘로 쑤시는 고통을 연속적으로 받는다. 불법 비방 불전회손 부모 불효 불도량 음행자, 살인자 중생들이 태어남은 업력에 의해 태어나 업력의 조정을 받고 사는 것이다. 사람은 사람의 업보가 있고 동물은 동물의 업보가 있고 나무는 나무대로 돌은 돌대로 금이나 다이아몬드 탄소의 생명체가 원자핵이 있어 전자가 돈다고 집착이 지나치면 온갖 생각이 지나쳐서 돌과 쇠가 되고 쇠도 지남철 성분은 쇠 종류는 모두 끌어안는다. 善惡이 균등하면 사람이 되고 악이 많으면 지옥 악귀 축생이 되고 생각이 가벼우면(습생 화생)새 짐승이 되고 생각이 무거우면 밑으로 가라앉고 생각이 맑고 청정하면 天上에 나고 생각을 텅 비우고 수행하여 깨달으면 윤회를 여의고 생사 해탈한다.

1. 과도한 섹스나 화도 건강을 해친다. 화 탕 지옥 (옛 임금의 예을 들어)

2. 빈부 귀천은 선악의 결과이고 질병 건강도 그렇습니다.

3. 술 담배 즐기는 사람은 三界火宅 속에 불구덩에 들고 똥물지옥에 난다네

4. 불효자는 자식이 불손하고 살생과 붉은 고기 많이 먹으면 단명 보 받고

5. 남녀간의 애욕은 연속적으로 윤회하며 갈등 속에 고통이 끊임없단다.

6. 도둑의 과보, 항시 가난히 살고 항시 빈곤히 살아도 보복이 끝이 없다.

7. 남녀간 음행은 다음 세상에 윤회해도 바보 천치 등 불구의 몸을 받는다.

8. 술 도박 악담 이간질 발설지옥행 혀를 빼고 온몸을 칼로 한없이 쑤신다.

9. 독사지옥, 증오하고 미워하고 시기하고 질투 등 화를 잘낸 사람의 과보니라. 그러나 탐진치 무지의 불길은 이보다 더 합니다. 무엇을 좋다 웃고 무엇을 기뻐하겠습니까? 나의 자신을 매일 돌이켜 보고 또 한 번 돌이켜 보고 죄를 범하지 맙시다. 악한 행동을 할 때도 있으니 이 못된 성격을 벗어나야 되고 마음의 본질인 순하고 순수한 심성과 품성 등 완성된 인격인 상태에서만 이 부처의 후광과 영력을 발휘할 수 있고 업장 소멸을 할 수 있는 것입니다. 불자가 위와 같이 삼보에 귀의하여 용맹정진 수행하면 죽기전 미리 닦으므로 예수재(豫修齋)라 하는데 생전에 선덕 많이 닦고 염불수도 많이 하면 천도 재도 필요 없이 자기 태어나고 싶은 데로 간다고 합니다. 삶과 죽음 불행 고통 질병과 번뇌 망상 등을 초월적 마음공부로 완전히 해소하고 참 수행으로 영원한 행복 찾기를 꾸준히 노력해야 합니다. 동물과 사람으로 지내왔던 습성인 짜증과 증오 신경질 교만함과 오만함 삶의 어리석음과 게으름, 욕심과 집착, 불편함과 불만족, 시기와 질투, 원망, 이간질,악

담, 탐, 진, 치, 만 등 모든 악을 완전히 소멸해야 합니다. 업보(業報)란 전생에서 지어 쌓아 놓은 불행과 고통을 받게 됨을 말합니다. 업을 받는다고 소멸 되는 것은 아닙니다. 본 마음 속에 그대로 남아 있다. 본인만이 참수행(즉 마음 찾는 공부)으로 소멸시켜 나갈 수 있습니다. 참 수행은 인위적인 노력으로 가능합니다. 우리는 현재 작은 물방울이지만 선업 수행을 인위적인 노력을 통해서 바다만큼 크고 넓은 마음으로 성장할 수 있다. 본 마음을 성장시켜 편안함과 행복한 순간을 느끼며 살아감이 삶의 문제들이 모두 소멸됩니다. 자신의 마음이 편안하고 성장됨에 따라 가족들이 편안하고 대인관계나 성격이나 모두 긍정적으로 변화되어 지는 것입니다. 변화 시켜야 업보가 소멸되는 것입니다. 부처님에 정법 수행을 수개월만 정진해도 현세의 삶이 약간씩 달라지고 수년간만 정진해도 내세의 삶이 달라지고 평생 수행은 영원하고 영구한 참 행복을 얻을 수 있습니다. 음력 7.15일은 새 곡식과일로 백가지 음식을 불공 드리고 조상과 농신재를 지내고 즐겁게 잔치음식을 먹는 백중일 농민 名節로 고려國부터 유래되었다.

영가 천도재에는 49재 100일재 1주기 2주기 3주기의 선조 재도 지냅니다. 죽은 지 7일마다 7번재을 지냄은 49재라 하는데 자손들이 7일마다 재를 지내면 다시 죽는 고통을 면하고 49일 동안은 평생 산 것 이상으로 즐 겁단다. 49일이 지나면 생전에 지은 업에 따라 다음 생을 받게 되는데 이 기간에 유가족이 영가를 위해 불공을 드리면 영가가 천당이나 인간 세계 등 좋은 곳에 태어 난다. 만약 안 지내면 평생 산 것 이상으로 고통을 받는다고 합니다. 영가에게 불보살님에 법문을 들려줌으로써 슬픔과 원망 후회 탐·진·치의 애착을 여의고 참회발원의 마음을 갖도록 하고 진리를 깨우치게 하는데 목적이 있고 오욕락을 벗게 하여 탐진치의 법문을 들려주어 깨달을 수 있는 기회를 주는 것입니다. 영가 자신이 업장소멸 함으로 죄업 과보을 면하고 유가족도 업장 소멸되고 공덕 짓고 가정이 편안하고 복을 받게 됩니다. 생전부모 봉양함은 부처님 받듦과 같고 다생부모께 부처님에 법음재사 올림은 효행 중 효행이라 바위를 물에 던지면 가라앉지만 배에 실면 뜨는 것과 같이 영가를 위해 재를 통해 간절히 염불공덕 들려주면 참회하고 큰 서원 세우신 불보살의 원력으로 감응받아 왕생극락하게 됩니다. 다생부모 영가들이 삼악도에 빠져 구천에서 헤매든가 묘터가 안장되지 못해 살풍이 몰아치고 유골에 물이 고여 썩어 고통받게 되면 조상의 나쁜 기가 후손에게 붙어 물질적 빈곤과 정신적으로나 육체적으로 질병을 겪게 된다. 생전 가족이나 인연 지은 가족이나 자손 친척에게 감응하고 교류되어 가정불화 파탄 사업실패 교통사망 불치병 난치병 등 불화가 끝이지 않고 난패만 거듭 보게 됩니다. 낙태 유산 등 사상아는 원신이 되어 구천에서 떠돌아 이 고통을 벗어 나기 위해 조상 형제 친인척 등의 영 낙태아의 영가 위패를 안치시키고 스님의 기도 법력과 신도의 정성으로 구천을 떠도는 모든 영혼들을 지장보살님 인도로 불법과 인연을 맺어 지장경내에 법문을 깨달아 괴로움 원망 미움을 버리고 즐겁고 맑은 세계에 안주하도록 대리 상주인 스님께서 지극정성 인도하는데 있다. 재을 지내는 동안 불보살님을 닮은 마음으로 지극정성으로 해야 합니다. 그렇게 해야 영가는 반드시 좋은 인연으로 새생을 준비할 수 있습니다. 영가는 육신이 없으니 진정한 법음을 듣고 진리를 깨달아 왕생합니다. 재는 첫재도 둘째도 진정한 마음가짐입니다. 울며 불며 통곡해도 도움이 안 되고 정성을 다해 극락왕생을 염원하고 불법을 전해줘야 합니다. 그렇지 않고는 영가의 생각을 돌릴 수 없습니다. 영가는 우리보다 영기가 7배나 밝아 진심인지 거짓인지 다 알 수 있습니다. 영가는 입보다 진심을 기울입니다. 우리는 육도윤회의 확신을 갖고 제사 지내는 법의 중요성을 바르게 인식해야 합니다. 나무아미타불관세음보살

회고록(任辰年 慈道光)

미륵 大石佛상 점안을 마치고(신묘년 10.2)

1. 불보살님에 대자비 원력으로 불사를 무사히 마쳤다.

2. 아 소승의 생명도 연명해 주셨도다.

3. 신묘년을 보내면서 지난 3년은 70평생에 장애를 격은 것 중 한꺼번에 밀어닥쳐 숨도 편히 쉴 새 없이 지냈구나! 버는 돈은 쥐꼬리 만큼이고 새는 돈은 한강 투석이라! 비상금이라야 은행(-)대출이고 한도 넘겨 利子에 利子를 그래도 쓸 때는 써야 속이 풀려 어쩌다 먹는 외식김밥 요즘은 김밥도 2천원이다. 그것도 바쁘면 거르고 버스 2번 전철 2번 걸어서 30-40분, 급하면 택시도 이용한다.

4. 승여가 되어 장애를 극복함에 佛子가 됨을 보람 있게 생각하며 어떤 후회도 없이 열심히 노력하며 구김 없는 마음으로 산다. 몇 년 전부터 이 세상에 성인이 예언대로 삼재팔난이 일어남을 피부로 느낀다. 변호사 판사가 사건을 받아 수백만원의 착수금을 받고는 행방불명이 되는가 하면 부모 자식간에 살인 재산 다툼, 부부간에도 청부살인 등등이 귀로 듣기가 민망하다. 5. TV에서 살인강도 부모 버림 등등이 본 것인데 말세가 되어 온 것인지 모방처럼 행동을 하니 참 무서

운 세상! 대개 보면 중생들이 황금의 노예가 되어 자기
만 알고 오욕락에 빠져 육축같은 행동하니 삼재팔난을
피할 수 없고 가련하게 죽는다.

6. 범부중생들아 담배 술을 끊지 않으면 삼재팔난은
피할 방법 없도다. 핵전쟁이나 세계 3차 대전은 일어
나지 않는다. 자기 양심을 망각하고 신구의 삼업 지은
죄가 수미산보다 크고 많은 지라 업장소멸은 커녕 눈
만 뜨면 먹고 사는 걱정과 오욕락만 생각하니 삼강오
륜은 무엇이며 불법을 알리 없어 눈과 귀가 있는 자는
보고 듣는가?

7. 세계 방방곳곳에서 새롭게 발생하는 사건 사고
를 보라. 예고 없이 물난리 지진화산 폭발 기후의 변
동, 독약 테러 예측 못하고 죽어 감을 이런 것은 초기
라. 앞으로는 병 겁이 세계를 휩쓸어 피화를 할 사람이
얼마 안된다 하네! 자다 죽고, 앉자 죽고 서서 죽고 가
다 죽고 먹다 죽고 한밤중에 급습하니 소리도 없이 죽
어가네. 죽으면 끝이 아니며 한도 끝도 없이 죽은 영혼
고통바다 들어가서 하루밤 사이에도 만세만생으로 불
가마 목욕하듯 하니 그 고통을 어이 감당할까. 이때 선
업져라

8. 대자 대비한 부처님이시여! 慈 道光 소승 미륵 부
처님에 佛子가 됨은 우연은 아니야! 天下에 행복 뿌듯

한 자부심! 어떤 장애와 고통도 능히 감당했습니다. 속제의 고통 십명의 시구를 감당하고 5년여 전 현재는 암치료 무릎 수술간 이식수술 20시간 24시간 36시간 3모녀 수술시간에 밖에서 기다리는 순간 식구 친척 등 가슴이 터질 지경이고 뼈가 으스러지듯 소리 없는 시름은 경험 못한 사람은 몰라!

염불기도할 때는 하염없이 흐르는 눈물에 장삼차락을 적신다!

9. 미륵부처님이시여 업장소멸 하옵고 살려 주옵소서. 아… 참으로 어렵고 슬프도다. 그동안의 고통 혼자서 얼마나 분주했나. 십억 이상 금이 소모되도 고칠수만 있다면 작심을 했건만 이런 장애 속에서 지금껏 잘 살은 것 불은(佛恩)이로다.

3년의 기도를 무사히 마치고 계속 기도를 하겠습니다. 아니 세상을 마칠 때까지! 미륵 부처님이시여, 중생을 제도하는 지혜를 주옵소서.

10. 신묘년 1월 어느 날 꿈의 선몽에 미륵불과 양대보살인 대묘 상 보살님과 법화림 또살님이 금빛 탱화로 장엄한 모습으로 몇 밤을 계시하신다.

11. 소승 올커니 험한 세월에 더 이상 생각않고 大石佛상을 건립하여 모든 중생께 불종을 심어 주는 인연을 맺게 하리라 작심하고 계획하여 대강 도면을 그

리고 은행에 대출받아 착수한다. 서울 마포구 용강동 자택을 매매하여 불당을 건설할 것을 일기장에 유서처럼 기입한 바 있지만 사정이 이렇게 돼서 불경기라 매매는 전무하고 전세는 순조로와 5억8천4백만원을 받아 정리하고 1억을 불사에 이용하여 불심 있는 불모와 인연이 되어서 장엄한 대석불상 조성을 순조롭게 하면서 용화사 사찰식당도 겸해서 지경 건축을 하매 궂은 날씨와 자금난으로 어려움은 있었지만 남의 신세 없이 무사히 불사를 마치게 됨에 불보살님에 원력입니다.

12. 대자 대비하신 미륵 부처님이시여, 참으로 감사하고 황공무진하나이다. 누가 시주를 한다 해서 불사를 시작한 것도 아니고 누가 하라고 해서 한것도 아닌데 소승자심자력으로 손발이 닳도록 땀에 범벅되어 하루에 몇 번씩 목욕하면서 불사를 원만히 장엄하게 성취된 지금 무한히 황공하와 가슴이 벅찹니다. 소승 무슨 원이 있겠습니까?

13. 계속 열심히 기도 정진하겠습니다. 소승에게 중생을 제도하는 지혜를 주옵소서. 용화지상불국토를 건설함에는 모든 중생을 동참케 하는 지혜의 월력을 주옵소서. 대자 대비한 미륵부처님이시여, 소승 업장을 녹이고 天人師가 되어 성불의 수기(授技)를 주옵소서. 하늘의 스승이고 인간의 스승이 승여라 하시지만 소

승은 지혜가 부족하고 현재의 중생들께 불종의 신심을 심고 제도함은 역부족이고 시급하옵니다. 삼재팔난은 이미 와서 많은 중생이 죽어 가고 있고, 무명의 삶 속에 오욕락 속에 황금의 노예되어 인륜의 도가무색하옵고 정치인 종교인 분수를 모르고 살고 있습니다. 현대인들은 대재 영특하고 풍요로운 삶 속에 삽니다. 우리 대한민국은 수십년을 큰 재난 없이 풍년이 들어 큰 흉년없이 반 극락에 삽니다. 대자대비한 부처님 은혜입니다. 경제민주화는 몸집은 부자이지만 각자 마음은 빈약하옵고 각박한 탐진치와 오욕락으로 꽉 채여 부처님의 진리를 넣어도 안됩니다.

14. 선조를 위하고 부모형제 친척 이웃의 화목과 도덕성 회복과 인간성 회복이 한시가 바쁩니다. 목숨을 바꿀 만한 신의 친구가 필요합니다. 진실한 친구를 주옵소서 진리의 눈을 뜨게 하옵소서. 부처님이시여, 예수님이나 부처님 팔아 생활도구 삼아 살면서 편파적으로 맹신함으로 불화를 초래하여 의가 끈기고 왕래도 연락도 않는구려! 내 집안도 그런가 하면 저 집안도 그렇습니다. *平生 修宣 供養염불 참회기도 합니다.

15. 소승 : 下心으로 살며 앞만 보고 정진하겠습니다.

소승 : 중생을 복 빌어 주는 일로 기도하겠습니다.

소승 : 중생께 이익 주고 베풀며 살겠습니다.

소승 : 계율을 생명같이 지키고 十善業 수도로 널리 포교하겠습니다.

소승 : 군, 사, 부와 불은에 감사 드립니다.

소승 : 나쁜 것은 조금도 않고 좋은 것은 작아도 하겠습니다.

소승 : 근면 검소하게 생활하고 베풀겠습니다.

소승 : 용화사 도량 금은보화 보다 더 잘가꾸고 희망찬 불좌로 만들겠습니다.

소승 : 불사와 중생제도로 락을 삼고 살겠습니다.

소승 : 인과 응보를 깨닫고 장애를 극복하며 살겠습니다.

소승 : 반야의 지혜를 주옵소서 평등심으로 살겠습니다.

소승 : 미륵 부처님 친견하는 것이 원이옵니다.

1. 믿음은 공덕의 어머니다. 돈독한 신심은 복밭을 이루고 보물단지를 갖는 것이고 불법을 공부하고 참수행은 本性을 찾고 생사해탈로 열반의 세계를 이루는 것이다.

2. 속절 속절 속절일세. 이 몸이 속절일세. 황금 꿈에 오욕락에 허황한 꿈꾸지 말고 노는 입에 염불하소! 석가부처님의 예언 설법에 미륵상생경 하생경 성불경

육부경 미륵 대성 성불경에 설한바 신라고승 원효대사 종요에 극찬 한즉 미륵 대성자는 천추만대에 전무후무한 대성자로서 사생자부이시고 천상의 천주이시고 평화 세계의 건설자이시고 지상천국에 구현자이시라. 자비복덕이 원만하시고 지혜 원력이 끝없으신 미륵 성존께서 용화세계의 교주로서 도솔천에 천주를 교화하고 있다가 때가 되면 우리 지상에 하강하시여 백년전에 오시여 백년후사를 하신다 했다. 미륵 하생경을 생약해서 적노라. 석가여래불이 1,250제자들과 함께 있을 때 아란 존자가 일어나 석가여래불께 물었다. 미륵불이 등정각을 이루게 될 때 그 제자들이 얼마나 되며 그 국토는 얼마나 풍족하고 안락하게 되는 것인지요? 불언(佛言) 하(사)되

3. 장래에 미륵불이 출세할 때는 사바세계의 대지는 평탄하고 거울같이 맑고 깨끗하며 인구가 번창하고 갖가지 금은보배가 수없이 많으며 마을과 마을이 잇달아 있어 닭 우는 소리가 서로 들린다. 기후는 온화하고 화창하며 사계절이 순조로와 유순풍조하며 108가지 모든 질병이 없다. 사람들이 탐욕과 성냄 어리석음이 없으며 만나면 서로 즐거워하고 선하고 고운 말만 주고 받으니 뜻이 틀리거나 어긋나는 말이 없어져 마치 율단월 세계와 같다. 또 대소변을 보고자 하면 땅이 저절로

열리고 마치면 저절로 닫히며 곡식은 한번만 심어도 저절로 거둘 수 있는데 껍질이 없고 향기로우며 병이 걸리지 않고 건강이 유지되며 각종 금은보화가 땅위에 깔리어 이리저리 널려 있어도 욕심내어 주워가는 사람이 하나도 없다. 그때 인간의 수명은 팔만사천세자 되며 여자는 오백세 되어 시집가고 남자는 팔백세 되어 결혼한다. 이때 계두성이라는 큰 도읍이 있는데 그 나라 땅이 기름지고 풍족하여 많은 사람들이유복하게 살아 거리마다 번화하고 자유스럽고 행복이 이를 데 없느니라.

4. 이때에 앙 커라는 전륜성왕이 있어 정법으로 세상을 다스리고 보시를 즐겨 행할 것이다. 그때 앙커왕에게는 수범마라는 대신이 있을 것인데 그에게는 천재의 아내와 같이 아름답고 묘한 범마발제라는 아내가 있을 것이다.

5. 미륵보살은 도솔천에서 그 남녀를 관찰한 뒤 그들을 부모로 삼아 범마발제 부인의 몸을 빌려 32상과 80종호를 갖추고 오른쪽 옆구리로 태어날 것이다. 그러면 수범마는 그의 이름을 미륵이라 지을 것이다. 미륵은 장차 계두성을 떠나 출가 수행하여 용화수 아래에서 무상정등각을 이룰 것이다. 미륵보살이 깨달음을 얻어 부처님이 될 때 삼천대천세계는 6갈래로 진동을

하며 우담 발화 등 기화의 꽃비가 천지를 덮힐 것이다. 기묘한 풍악이 울리고 모든 천왕 천신들은 이렇게 찬탄하며 말한다.

6. 미륵보살께서 정각을 이루어 부처님이 되셨다. 그때 육계천왕과 수많은 천왕들이 함께 미륵불전에 내려와 사성제 큰 진리에 대한 설법을 들을 것이다. 선재라는 장자는 팔만사천의 무리를 이끌고 출가하여 모두 아라한이 될 것이요. 앙커 왕은 팔만사천의 무리와 함께 출가하여 다 아라한이 될 것이며 수범마도 팔만사천의 바라문과 함께 출가하여 다 아라한이 될 것이다. 수범마 만은 수다원이 될 것이요 또한 범마발제도 팔만사천의 궁녀들을 이끌고 출가하여 아라한이 될 것이나 범마 발제만은 수다원이 되며 크샤트리아 부녀수천만도 출가하여 무생 법인을 중득한다.

7. 미륵불의 삼회 설법의 첫 회 모임에 96억인이 모두 아라한이 될 것인데 이들은 모두 석가여래 불의 제자로써 교화를 받던 불자들이다. 그리고 두 번째 94억인이 아라한이 될 것이요, 세번째 92억 중생이 아라한에 이를 것이다. 그리고 지금의비구들은 석종 사문이라 하듯 그때의 비구들을 일러 자종 사문이라 할 것이다.

8. 소승 자 도광은 받은 은혜 모든 인류께 회향하겠습니다.

9. 소승 자 도광은 포교하고 제도할 중생은 어디든지 가서 구제코자 합니다.

10. 상기의 석가세존에 예언을 들어 용화세계의 선경을 설법함에 천학미류(賤學迷流)의 방편설이라 하여 비웃는 학자나 타종교인들을 볼 때마다 괴롭고 서글퍼.

11. 아 가련하도다! 미국에서는 용화미륵불을 왜 해피 부다라 할까? 행운불 및 희망불 사랑스런 자모님 같이 안온하고 자유스런 엄마 품안같이 편안하다는 뜻이다. 자비 복덕이 충만하시고 장엄한 모습을 보기만 해도 친근감이 들어 자연히 고개가 숙여지고 존엄심이 들어 저절로 고개를 숙여 절을 하게 된다.

12. 당내 미륵부처님은 희망에 부처님이시다. 신심만 돈독하면 누구든지 성취가 되고 업보가 소멸되고 생사 해찰할 수 있어 용화극락을 누릴 수 있다고 한다.

 * 대한불교 포천 용화사 도량 설명(연꽃 형명 당지)

 미륵주불 좌우보처 중앙하단 연꽃 좌대내에 불사리 108과 봉안했고 후면 105 상족수좌 호위 아득한 감자바위 2석을 위시하여 자연석의 웅장한 성탑 군데군데의 자연바위 50석을 바친 옥자갈 소승 일심 정기로 다듬었다. 좌우에 쌍용상 8공덕수 두 마리의 어울린 잉어석의 조각 용화사의 좌우 전기 연꽃 등 용화전 좌측 50미터 내 사부대중의 가족 탑묘 말끔한 잔디 등등이 부처님의 원력으로 불사(佛寺)가 원만히 순조롭게 이뤄져 황공무진하옵니다. * 50년전 소승이 건립한 정릉용화사 자모님은 30년을 절에서 계셨는데 아미타블 천주를 돌리면저 매일 염불을 하시고 죽을 때 잠자는 듯이 별세를 원하고 별세하시다. * 자모님의 유언인즉 모든 사람께 자비심으로 친절과 화목을 특히 강조하셨다.

정문앞 우마도 소타고 소찾아 기린은 평화의 상징

1. 소승 생각 하온데 3살 전에 죽을 몸인데 80평생을 삶은 소승 황공한 불은이로다. 자모님께서 별세하기 25년전 4월초 8일 아침 소승의 손을 잡고 우리 아들은 하늘에서 점지했답니다. 나서 젖 구경도 못하고 3살까지 살을 때 큰 누님께서 저놈이나 죽고 모친이나 살았으면 했답니다. 지금껏 잘 살아온 것 부처님 은덕입니다.

2. 법당에도 미륵 부처님 좌우보처 법당 앞에도 미륵부처님 대석불상 안방에도 미륵부처님 석가 부처님 부처와 사는 소승 제일 행복해! 소승 매일 부처님을 닮아 갑니다.

3. 소승 상대방을 복 빌어주는 스님이 되고 소승 상대방을 이익되게 하고 나의 이익만 생각으로 사는 사람 항시 불만이고 탐·진·치를 여의고 살아 상대를 도움은 나의 도움이 되고 상대가 잘되게 함은 나의 잘됨이다. 상대도 살고 나도 살고, 나의 이익만 추구하

면 서로 못살아! 베풀지는 못해도 공것 좋아하지 마라
. 노력없이 생긴 것은 도둑의 것이야, 공짜는 언제인가
는 갚아야 하는 빚이 되고 부채니라. 선덕(善德)과 재
시(財施)법 보시 등등 많이 베푼 자가 부자도 되고 成
佛도 한다. 봄에 씨앗 뿌려 가을 추수하듯 안 뿌린 복
을 받기 바램은 노력 않고 받는 대가로 도둑 마음이다.
법정스님의 무소유를 생각하면서 소승 무엇도 집착 없
이 내 몸도 곧 버릴진대 먹고 입고 사용하는 것 관심
없어라. 소승 백지장도 소중히 휴지도 반쪽 밥 한 알
도 낭비 않고 김치 간장도 즐겁게 식사하네. 비만 당
뇨 혈압 각종 불청객 병이 왜 올까? 언제부터 고기 반
찬만 좋다 하네. 모두 현대병이고 풍부한 증거야. 요즘
전 세계적 일어나는 사건 사고는 상상을 초월하고 예
측 못하는 엄청난 사건이 시시때때로 일어난다. 성현
의 예측에 정법천년, 상법천년, 말법천년에 인의예지
땅에 떨어져 부모형제도 살인하고 재산 투쟁, 이혼, 청
탁살해, 과부가 유아생산, 음란행으로 서로 배반 통치
자, 신하, 관리, 법 이탈, 해와 달이 빛을 잃어 검은 구
름이 하늘을 가려! 옛날이나 지금에 이르도록 드물어
없었던 하늘이 큰 재앙으로 천지로부터 지진이 생기고
삼계가 화택이로다. 삼년지흉, 유행병, 토사병, 흑사병
하늘의 정변으로 조석으로 죽는구나! 이름 없는 악질

괴병을 면할 길 없어 해, 별의 운행이 일정치 않고 나타나는 해성과 유성이 곳곳에 떨어지리라, 즉 지진을 지칭한 말이고 화산화약테러 폭탄을 말한 것이고 산천이 뒤집혀 살은 자 몇인가? 말법의 승려 큰 지혜의 성분은 다 열반하고 불법이 무너지리라. 그때 살기 위해 중이 되고 불법승을 기원하지 않고, 후세를 두려워하지 않고, 거짓말 탐욕을 하여 권력자에게 아부하고 질투원망을 일삼고 불교의 계율을 어기고 부녀자를 농락 희롱한다. 석가의 교시는 무시하고 출가하니 불교의 자비(慈悲)는 망각하고 그야말로 가짜이고 도둑인 것이다.

 *급살의 이름 모를 병겁 ; 한치 앞 못 보는 인생이여 말세의 꿈에서 깨어나소서. 종파를 초월하여 확실한 것은 불가의 생명력이 소진되어 가는 말법시대에 중생을 보편적으로 구원하는 미륵불이 출현한다는 것이다. 미륵불을 고대하라! 십선공덕만 지으면 미륵이 된다. 석가의 운은 이미 가고 3천년의 운이 끝나고 말세를 당하여 미륵불이 하강할 것을 석가세존이 예언하였도다. 병겁으로 세상을 고를 것이고 지진으로 산천이 개벽한다. 장차 괴질이 발생하여 인간 세상을 휩쓸 때 천지개벽과 동시에 가다 죽고, 오다 죽고, 서서 죽고, 자다 죽고, 억조 창생이 살아 남지 못하리라. 괴질병을 고칠 약이 없도다! 병겁을 전후하여 천축과 지축이 똑

바로 정립하는 엄청난 사태가 발생한다. 핵전쟁은 없고 3차 대전도 일어나지 않는다. 선천의 모든 악업과 신명의 원한의 보복이 천하의 병을 빚어 괴질이 되느니라. 선천의 누적된 원한의 대폭발과 천지의 숙살기운이 병겁이 되니라. 인간이 저질러 놓은 인과응부라 한다. 한반도 군산에서 시작된 병 겁은 인천, 광주, 나주, 하남 등 전국으로 삽시간에 확산돼 손 쓸 기회도 없이 3천리 강토가 초토화되리라. 동시에 이렇게 해서 38선이 허물어지고 남북한이 드디어 통일된다. 한반도에서 발생한 괴병으로 전 세계가 3년간 확산돼 천지를 휩쓴다고 한다. 구원의 도가 성인 진인이 나타나 새로운 길 인도자 누구인가? 구원도 정심정도 참회기도 열심히 인간성 회복하고 십선수행(十善 修行)자만이 살 길이라.

  * 원효대사의 비결(예언)

  하늘의 기운이 진인에게 내려 음향이 같이 흘러가는 금강무등세계를 이루고 진인이 나와서 세상을 다스리니 모든 것이 하나의 길로 통일되어 다스려진다. 하나님과 그전 그림과 그 약속이 미리 예정돼 있어서 그 희망의 말씀을 땅으로 내려 보내 후천개벽을 일으켜 땅을 하나로 통일하여 한나라로 만든다. 마침내 지천태의 후천 태평성대가 크게 열린다. 후천 낙원 문명 세계의 중심은 대전 용화 낙원의 중심이라. 백년후사 백년 전하여 집행하시니라. 백년전 내려 오셔서 백년 후의 일을 집행한다. 배은망덕하고 의리 없음이여 군사부의 도는 다 어디로 갔는고. 예절도 의리도 없이 인륜의 도가 다 끊어졌도다. 말세중생아⋯ 가련도다 속절없이 다 죽어 가누나! 설총의 예언창생들이여 모두 제 죄로 멸망 당하누나, 금강산에 새 기운이 서려 있으니 상서로운 청용백호가 굽이굽이 응해 있도다. 일만 이천 도통군자를 출제시킬 새 문영의 꽃이여, 서기 넘치는 영봉 그 운이 새롭구나. 한양운수 끝날 즈음에 용화세존이 말대에 오시리라. 말대 중생의 근기가 약할 뿐 아니라 게을러서 도통을 못하네. 그래서 인도는 끊어지고 창생들은 다 제 죄로 다 죽는구나!(인과응보 자업자득)* 용화 지상천국 미륵성불경 약해미륵불을 친견하려면 어떻게 수행을 하옵니까? 사리불의 질문에 석가모니불이 답을 하였다. 과거칠불의 곳에 부처님 이름 듣고 공양예배하고 십선공덕을 쌓고 업을 깨끗히 하여야 되며 미륵불께 귀의해야 한다. 석존께서는 미륵불이 오시는 세상의 장엄함을 설명하였다. 미래 미륵불의 중생들은 거울같이 깨끗하고 진실한 삶으로 열가지(十善) 미묘한 큰 원으로 장엄된 국토가 이루어졌느니라. 염부제의 땅은 유리처럼청평하고 비칠 것이다.

311

또 우담발화 등 온갖 기화가 피어 있고 밤에는 야광마니와여의주 꽃이 온 세계에 화려하게 활짝 피어 있다. 그때 염부제에는 좋은 향기가 진동하며 시냇물이 아름답고 기묘한 단맛이 나고 먹으면 모든 병이 없어진다. 우순풍조하여 향기로운 벼를 심으면 일곱 번을 거둔다, 곡식이 입에 들면 저절로 소화되고 백가지 향기로운 향기가 나고 기력이 난다. 그 나라에 태어나게 되연 지혜와 덕을 갖추게 되고 오욕의 모든 복을 다 누리며 아주 즐겁고 평안하게 산다. 모든 질병이 없고 팔만 사천세를 누리며 일찍 죽는 일이 없게 된다. 그곳에 사는 사람은 키가 커서 16자나 되며 언제나 편안한 선정에 들며 오직 세 가지 병은 먹어야 하는 일과 대소변과 늙는 일이다. 어디를 가나 밝은 기둥이 있어 해처럼 빛을 내여 밝게 비춘다. 황금빛의 찬란함이 밤과 낮의 구별이 없어진다. 오직 평화로와 도둑의 근심이 없고 삼재가 없으며 전쟁 고통이 전무하고 짐승이나 식물로 인한 독과 해가 없다. 서로 자비로운 마음으로 공경하고 자식이 어버이를 공경하듯 어미가 아들을 사랑하듯 언어와 행동이 지극히 겸손하니 이것은 모두 미륵불이 자비하신 마음으로 깨우치고 이끌어 주시는 까닭이니라. 남녀 친척이 언제라도 볼 수 있으니 이것은 미륵불의 위신력으로 아무런 걸림이 없는 까닭이니라. 그 시대 양커라는 전륜성왕이 있는데 비 군사를 거느리고 있지만 무력을 쓰지 않으며 모든 원수들을 스스로 굴복한다. 세상이 평화로 평정된 후 미륵은 이른 새벽에 출가하여 초저녁에 마귀를 항복받고 무상정등각을 이룬다. 그러면 다른 세계에서는 수많은 천인들과 대범천의 왕들이와서 미륵불께 설법을 청하게 된다. 긴 세월 헛되게 갔나이다. 부처님 아니 계시여 무수한 중생이 악도에 떨어졌나이다. 세간에는 눈이 없었고 삼악도만 성하여 하늘나라 갈 수 없었고 그길이 끊겼나이다. 부처님 이제 오시어 삼악도 사라졌고 선인 군자만 사는 지상극락 이루었나이다. 하늘나라 또한 거룩하였나이다. 간절히 바라옵건데 감로 법문 설해 주시와 중생의 애착심을 끊어 주시고 열반 얻게 하여 주옵소서, 게송으로 간절히 설법을 청하면 미륵불은 모든 범왕들을 위해 설법을 허락하신다. 천민 무량대중이 설법을 허락하시자 기뻐서 보리심을 발휘하여 불법에 의지하여 수행할 것을 다짐한다. 미륵불은 말세의 온갖 괴로움이 들끓는 저 오착악세의 중생계에 들어가 고난에 처한 중생들을 위하여 가장 깊은 절대의 법성에 들어가도록 설법한다. 이어저 석가모니불은 "나는 30겁을 그대들을 위해 온갖 괴로움을 받았지만 이것은 오직 그대들로 하여금 거룩한 8성도를 밟아 해탈하기 위

313

함이었다. 그러나 미륵불이 사성제의 깊고 묘한 법을 설하시고 갖가지 신통을 한없이 나타내어 인연이 있는 모든 사람들로 하여금 모두 해탈을 얻게 할 것이다." 라고 설법한다. 또한 석가모니불은 사리불에게 말씀하시길 내가 멸도한 뒤 중생들이 이경을 받아 지니고 읽고 외우며 공경하면 미륵불과 현겁의 천 부처님을 뵈옵고 세 가지 깨달음을 소원대로 성취하며 모두 아라한과를 증득해 세속을 떠나 큰 해탈을 얻게 되도다. 미륵불 출제하는 용화세계는 생식기가 바뀌고 키가 크다. 빛과 태양을 이용하여 무공해로 향기로운 음식이 되고 건강해서 질병이 없어 장수한다. 삼천년 전 석가모니불의 예언은 21세기의 고도의 과학문명을 누리며 번영된 삶을 살아가는 현재의 우리 인류의 삶과 비교해 볼 때 점차 그대로 되어가고 있음을 알 수 있다. 그러므로 이 미륵 삼부경의 내용을 단지 중생들을 지도하기 위한 방편뿐이라고 치부할 수만은 없다는 것이다. 천지 도수가 그렇게 돌고 도는 것이기에!

　– 진묵대사의 시

　하늘을 이불 삼고 땅으로 옷을 삼아 산은 베개라

　달을 등잔삼고 구름이 평풍이요

　바다로 술잔하여 거나하게 취한 끝에

　일어서 춤을 추려 하니

긴 소매 자락이 곤륜산에 걸릴까 하노라

　석가여래의 후신 진묵대사 1562년 4월 8일 김제 만
경읍 불포리에 탄생 72세에 도솔천에 올라가 미륵불의
응신으로 조화 도통력을 갖춰 이 땅에 오실 것이라고
합니다. 유불선의 도인으로 중생제도에 많은 기적과
이적을 남기실 진묵대사는 7세 때 출가해 모친묘소(무
자손 철년향화지지)에 천년이 지나도 끝이지 않는 참
배객이 온다고 한다.

열 가지 바른 계행	열가지 악한 짓
방생:남을 살리는 생활하라…불살생 근면:남을 돕는 생활을 하라…불투도 정음:깨끗한 생활하라…불사음 정어:성실한 말을 하라…불망언 진어:정직한 말을 하라…불기어 애어:화합될 말을 하라…불양설 실어:고운 말을 하라…불악구 보시:욕심을 버리는 생각을 하라 자비:기뻐하는 생각을 하라 지혜:슬기로운 생각을 가지라	살생:죽이는 것…방생하라 투도:도둑질 하는 것…근면하라 사음:음란한 것…부부간만 망어:거짓말 하는 것…올바른 말 기어:꾸며대는 것…바른 말 양설:이간질 하는 것…자비의 말 악구:나쁜 말을 하는 것…분수껏 살라 진에:성내는 것…인욕으로 살라 치암:우치한 것…지혜롭게 살라

이름 지어 부르니 내 뮴이다. 내 몸을 깨끗이 하는 법이 있다. 어떻게 해야 내 몸이 깨끗이 할 수 있나? 내 몸은 우주의 한 부분이다. 그러면서도 똥자루 오줌자루 고름자루를 갖추고 있어 대단히 오염된 악취와 냄새를 지니고 있다. 여름은 팔만사천 땀구멍에서 오염을 더 배출한다. 어떻게 하면 내 몸을 깨끗이 하나? 우리는 언제나 이 오염된 악취 자루를 가지고 애착하면서 과연 나도 남도 피해없이 깨끗이 사는가? 물론

물로 씻고 목욕을 하면 깨끗할 줄 안다. 소승이 철이 나면서 현재까지 실천하며 삶에 이런 것을 발견하고 지적하여 즐겁고 깨끗이 사는 방법을 나름대로 말하고 싶은 것이다. 사람은 대개 허세나 허황심에 절약을 모른다. 내가 구입하여 사용하면 좀 다르다. 화장실의 휴지를 소승은 1개월 사용하는 것을 1주일도 못쓴다. 또한 목욕물도 소승의 몇 배를 사용한다. 그렇게 많이 쓰고 새 물로만 쓰면 자기의 몸이 깨끗한가? 분수를 모르고 사는 사람은 더욱 그렇다. 작은 것을 만족할 즐 알아야 한다.

1. 대변을 본 즉시 뒷물을 비누로 닦자.

　(수시로 뒷물을 하자)

2. 근면 검소를 생활화 하자. 소변을 본 즉시 화장지나 걸레나 물로 닦자.

3. 걸레를 깨끗이 준비하여 항시 닦자.

4. 내 몸의 일부분인 대변소를 수시로 청소하자.

5. 내 몸의 일부분 소변소를 수시로 청소하자.

6. 눈에 보이는 대로 티끌도 주워 청소하자.

7. 법당 내외 도량 및 대로 소로 보는 대로 빈 컵, 빈 물통 휴지 온갖 오물을 고급승용차나 각종 자동차가 달리면서 창 밖으로 내 던진다. 일단 청소를 하자.

8. 담배 피는 사람은 피는 흥미만 알지 휴지통이나 쓰

레기 처리는 아랑곳없이 함부로 불은 끄지 않고 아무데나 던져 버린다. 귀중한 생명 재산 손실 구불 가언이라.

  * 우리 불교가 수천 년의 역사를 지내오면서 가정 불교, 청소년 불교를 등한시 해서 지금의 세상이 타락된 것인데 깨끗이 살고 즐겁게 살고 위생적으로 산다 하면 소승이 상기의 서술한 대로 실천하면 자연히 복 받는 부자가 되고 꼭 행복은 온다.

  1. 속옷에서 냄새가 안난다.(양말은 하루에 갈아입고 닦는다.)

  2. 반드시 손, 발, 치아, 머리는 매일 돌본다.

  3. 보이는 대로 주위를 깨끗이 내가 먼저 청소한다. 불법 배우고 계율 지켜 수행하면 천신이 돌보아 몸에서 냄새도 없고 향내만 난다.

  * 팔복전 보시

  어느날 마갈타국의 빔비사라왕은 부처님과 죽림정사에 있는 모든 스님들을 왕궁으로 청하여 공양을 올리고자 하였다. 그러나 그날 따라 부처님께서는 공양 청을 받아들이지 않고 대중스님들만 다녀오도록 하였다. 대중들이 떠난 죽림정사에는 부처님 말고도 또 한 명의 병 비구가 있었다. 그는 모진 병이 들어 누군가 똥오줌을 받아 주어야만 하였는데, 오랫동안 차도가 없자 다른 비구들이 간병이 갈수록 소홀해졌다. 병 비

318

구의 배설 악취는 움막 근처에만 가도 코를 찔렀다. 게다가 악취를 싫어한 동료들이 공양마저 제때에 갖다 주지 않았으므로, 그 병든 비구는 배고픔과 고독속에서 하루하루를 눈물로 지새워야만 했다. 전 대중이 죽림정사를 떠나자 부처님께서는 병 비구의 움막으로 발걸음을 옮겨 똥오줌으로 찌든 짚을 걷어낸 다음 마른 짚을 듬뿍 깔아 주었다. 그리고 따뜻한 물을 길어와 병 비구의 몸을 닦아 주어 새 옷을 입힌 후 먹을 것을 주자 병 비구는 황송해하며 감격의 눈물만 흘리고 있었다. 그때 부처님께서 물었다. 그대는 이렇게 아파 누워 있어서 어떠한 생각을 주로 하느냐? "부처님이시여 저의 생각이 잘못된 줄은 아오나 다른 비구들에 대한 미움이 뇌리에서 떠나지를 않습니다. 아픈 나에게는 죽한 그릇 제대로 주지 않고 저희들 끼리 맛있게 먹고 즐겁게 사는 그들은 수행승이 아니라 짐승보다 못한 존재로 생각이 들 때가 많습니다. 그렇다면 내가 그대에게 묻겠노라. 그대는 몸이 건강했을 때 병든 사람의 대소변을 받아 내거나 죽을 끓여 준 일이 있느냐?" 병 비구는 당황한 표정을 지으며 답하였다. 세존이시여 그러한 일이 없습니다. 그럼 병든 이에게 약을 달여 주거나, 한번이라도 너의 몸이 아픈 것처럼 걱정을 해준 적이 있느냐?" 없습니다. 그런데 어찌 그대는 다른 비구들이 보살펴 주지 않는다고 원망을 하느냐? 씨앗을 뿌리지 않았으면 열매를 얻을 수 없는 법! 모든 것은 인연 따라 생겨나고 인연이 다하면 멸하느니라. 첫째 남을 괴롭히면 나 또한 괴로움을 당하게 되느니라. 둘째 남의 재물에 손해를 입히면 나의 재물을 잃게 될 날이 오며 셋째 남을 매질하는 자에게는 내가 매질을 당할 때가 오느니라. 넷째, 남의 마음을 아프게 한 자는 제 마음이 찢어지는 듯한 날을 맞이하게 되고 부모를 없이 여기면 자식에게서 천대 받고, 여섯째, 형제를 핍박하면 형제로부터 소외되고, 일곱째, 먼길 떠나는 사람을 위하여 수레를 빌려주어 남의 수고로움을 덜어 주며 우물을 파고 다리를 놓아 사람들 고뇌와 락를 함께 생각하라. 그리고 무엇보다도 눈에 보이지 않는 우리의 마음 밭에 씨를 잘 심어야 한다는 것을 꼭 명심해야 하느니라." 이때 대중들이 공양을 마치고 죽림정사로 돌아오자 부처님께서는 여덟가지 복 받는 일을 일러주고 간병공덕에 대해 가르침을 내렸다. 비구들이여, 여덟가지 복전 가운데 병자를 간호하는 것이 가장 큰 복전이 되나니 병든 자를 잘 보살펴 주면 부처님께 최상의 공양을 올리는 것과 같느니라. 팔복전에 대하여 사전을 찾아보니 복을 받기 위하여 공경, 공양하거나 보시하여야할 대상을 밭에 비유하여 이르는 말 불전 성인

전 승전 화상전 아사리 전 부모전 병전을 이른다. 일설에는 복을 받을 원인이 되는 여덟가지 좋은 일, 우물을 파는 일, 물가에 다리를 놓는 일, 험한 길을 잘 닦는 일, 부모에게 효도하는 일, 스님에게 공양하는 일, 병든 사람을 간호하는 일, 재난을 당한 이를 구제하는 일, 목차(無遮)대회를 열어 모든 외로운 넋을 위로하고 제를 지낸다. 이를 팔복전이라 한다(法會, 天道祭).

* 복은 어떻게 지어야 하나

(1) 평소에 지어 두어야. 가령 물이 당장 필요치 않다고 하여 우물을 파지 않고 있다가 가뭄이 와서 물이 필요하게 되어서야 부랴부랴 우물을 파기 시작하는 사람보다 비록 지금은 당장 물이 필요치 않다 하더라도 평소에 미리 우물을 파 놓은 사람은 필요할 때 곧바로 물의 혜택을 받을 수 있고 또한 나 뿐만 아니라 남에게도 혜택을 줄 수 있어 더욱 좋고 또한 자손 대대로 물려 쓸 수 있는 것이 우물이므로 지혜로운 사람은 수원이 깊은 좋은 우물을 미리 파는데 게을리 않습니다.

(2) 큰 복전을 지어야 한다. 복 짓는 것이 마치 농사 짓는 이치와 같아서 어떤 곳에 어떻게 짓느냐에 따라 그 수확이 천차만별로 달라지는 것입니다. 마치 옥토와 거름진 땅에 심은 것과 씨앗의 품종에 따라 수확이 크게 달라지는 것과 같은 이치입니다. 불경에 보면 큰

복 밭이 되는 대표적인 것으로 팔복전이 있는데

① 좋은 우물을 파서 많은 사람들에게 물을 공급해 주는 것 / 물도 절약해서 급수공덕

② 사람들이 많이 다니는 강 하천에 다리를 놓아 건너게 해 주는 것 / 월천공덕

③ 험한 길을 잘 닦아 사람들이 편하게 다니도록 해 주는 것 / 치평험로

④ 부모에게 효도를 다 하는 것 / 효순 탁모

⑤ 불법승 삼보를 공경하고 공양하는 것 / 공양 삼보

⑥ 병든 이를 돌봐 주고 간호해 주는 것 / 간호병인

⑦ 가난한 사람을 널리 구제해 주는 것 / 구제 빈궁

⑧ 불법 법회를 열어 많은 사람들에게 차별없이 법음을 듣게 해주는 것 / 설목차대회

이상 여덟 가지 큰 복이 되는 복밭을 보면 하나같이 나 자신이나 내 가족만을 위한 것이 아닌 여러 사람을 위하는 일임을 볼 때 원리는 자기만을 위한 자리보다 남을 위한 이타행이 더 큰 복전이 되며 따라서 남을 위하더라도 소수보다는 다수를 위해 베품의 대상이 많으면 많을수록 더 큰 복전이 되는 것입니다.

(3) 복(福)의 왕래득실(往來得失) 복의 본성은 묘한 것이라 주면 반드시 받게 되고 가면 오게 되며 또 한 알을 심어 백천을 얻는 씨앗과 같은 것이라. 적게 심으

면 적게 얻고 많이 심으면 많이 얻으며 짧게 심으면 쉽게 끝나며 오래 지으면 장구히 가고 베풀어서 부자로 산다. 그래서 우리는 나 자신을 포함해서 주변에서 복을 받고 잃는 사람들을 보면 얻기 바쁘게 금방 잃어 버리며 또 어렵게 얻어서 쉽게 끝나 버리며 기도하며 쉽게 얻어서 오래 누리는 사람을 많이 볼 수 있습니다. 복의 원리도 인과응보의 원리로써 한치의 오차 없이 지은 만큼 받게 되고 쓴 만큼 줄게 되는 것입니다.

(4) 복을 오래도록 받는 법

첫째-복을 아껴 써야 한다. 지금 아무리 다복하고 만족하더라도 함부로 헤프게 쓰게 되면 쉽게 고갈되어 바닥이 나나니, 적은 복이든 많은 복이든 항상 아껴 쓰기를 유념해야 한다.(예-예금통장에 잔고가 많아도 입금액보다 출금액이 많으면 잔고가 바닥나듯)

둘째-복을 쓰되 자기만을 위해 쓰지 말고 널리 나눠 써야 한다. 대다수의 사람들은 이기심과 간탐심이 굳어져서 남과 나눠 쓰기를 싫어하나니, 반드시 나눠 쓰기를 힘써야 합니다.(예-나의 재물 남을 주면 주는 그때 줄었지만 도로 불어 돌아옴은 우주자연 법칙이요)

셋째-큰 복전이 되는 곳을 찾아 지어야 한다. 한 사람에게 지으면 한 사람에게 받지만 여러 사람에게 짓게 되면 여러 사람에게 받는 것이니, 그 짓는 상대의 대소 다과(多寡)에 따라 복량도 달라지는 것입니다.

넷째—잠깐 짓고 쉬이 그치지 말고 꾸준히 오래 지어 가야 한다. 중생은 의지(意志)와 근기(根機)가 박약(薄弱)하여 무슨 일이든지 끈기가 없고 쉽게 포기하는 습성이 있습니다. 작심삼일(作心三日)이요, 용두사미(龍頭蛇尾)다. 쉽게 포기하지 말고 꾸준하고 끈기있게 널리 그리고 많이 지어가야 합니다. 〈태산이 높다 하되 하늘 아래 뫼이로다. 사람이 아니 오르고 뫼만 높다 하더라.

다섯째—지은보은(知恩報恩)으로 입은 은혜는 반드시 잊지 말고 갚을 것이며 결코 빚지지 말아야 합니다. 우리가 한끼 밥을 먹는 것도 지은 복록(福祿)이 없으면 먹지 못하게 되고 얻어 먹는 거지도 복록이 다하면 한 끼 밥을 얻지 못하고 굶게 되는 법. 복(福)이 곧 록(祿)이요 록이 곧 복입니다. 빚을 값지 못하면 감(減)해지는 법이니 하나를 받으면 둘로 갚는 마음으로 살아야 합니다. 비유하면 예금통장에 지출보다 수입이 많으면 자연 잔액(殘額)이 불어나고 반대로 수입보다 지출이 많게 되면 잔액이 없어져 빈 통장이 되는 것은 자명한 이치인 것입니다. 예컨대 남에게 빚을 주어 속히 받지 않으면 이자가 불어 많이 받게 되고 남의 돈 빌려 쓰고 속히 갚지 않으면 이 또한 이자가 붙어 많이 갚아야 하는 것과 같은 이치. 여섯째―복(福)도 간수를 잘해야 오래간다. 속담(俗談)에 큰 방축도 개미구멍으로 무너진다는 말이 있듯이 중생은 적은 것은 소홀(疏忽)하고 조금 많으면 함부로 남용(濫用)하는 어리석은 속성이 있습니다. 아무리 많은 것도 간수를 잘못하면 금 간 독에 물 새듯 재대로 써 보지도 못하고 고스란히 잃어버리는 경우가 있듯 복도 간수를 잘못하면 일거에 그만 다 까먹을 수가 있습니다. 힘들게 지은 복도 말 몇 마디로 다 까먹는다. 맺는 말 불법 수행으로 얻는 정복(淨福)은 영원해 더 좋은 복은 없어! 이렇듯 형상 없는 복이란 것이 있어 우리들에게 유형무형(有形無形)간 지대한 영향을 주는 것임에는 틀림없다 하겠습니다. 그런데 사람들은 복을 생각하기를 단순히 물질적인 측면만을 연관하여 생각하기 쉬운데 복이란 인생만사에 쓰이시 않는 데가 없고 하지 못할 바가 없다 하겠습니다. 적게는 한낱 미물초목이 살아가는 것에서부터 크게는 사람이 도(道)를 이루고 성불하는 것도 지은 복이 없으면 안 된다 했습니다. 이렇듯 복이란 지어만 놓으면 언제나 받는 여의보주(如意寶珠)와 같은 것입니다.

최상의 행복경

① 세존이시여 수많은 천신들과 인간은 행복을 원하니 행복한 삶을 설하옵소서.

② 우매한 사람들과 사귀지도 말고 현명한 사람들과 친히 하고 훌륭한 스승들을 공경하나니 이것이 최고의 행복경이니라.

③ 알맞은 곳에 살고 공덕을 짓고 바른 서원 세워 사는 것이 더없는 행복이어라.

④ 많이 배워 기술을 수련하고 계율을 잘 실천하며 유익한 말로 살면 행복이니라.

⑤ 동반자 부모자녀 잘 돌보아 주는 것이 최상의 행복이니라.

⑥ 베풀고 친지를 보호하고 남의 비난받지 않는 행동 이것이 행복이어라.

⑦ 악함을 멀리하고 술, 담배 절제하여 덕행을 쌓음이 이것이 복이니라.

⑧ 존경과 겸손함을 잘 기르고 만족과 감사한 마음으로 법문을 들으면 행복이 된다.

⑨ 인내 용서 관용 온화함으로 실천 선지식을 친견하고 법을 논하니 행복이어라.

⑩ 정진하고 청정히 살며 진리세계 관조하여 궁극적 열반세계 실현함이 행복이니라.

⑪ 악에 동요치 않고 안온과 담담함이 충만해 슬픔과 욕심에 자유로우니 행복이라.

⑫ 이런 수행이 조절치 않고 항시 평온함이 함께 하

리니 더 없는 행복이 충만하리라.

　* 자살은 불종을 끊으므로 제일 큰 살생이다. 산 생
명 살생은 한이 없는 인과 업이다.

　(1) 자살 자기 생각대로 안되고 욕구충족이 안되니
삶을 포기하고 참을성이 없이 순간적으로 울분해 못이
겨 저질러진다.

　(2) 큰 고생은 모르고 산 원인도 있고 능력 부족한 탓

　(3) 불종을 끊는 행위. 불교를 알고 이해하면 절대
자살이나 살생은 못한다.

　(4) 21세기의 대안은 佛敎밖에 없어 佛法을 잘 배워
실천하라. 큰 스님의 설법 일부러 경청하거나 불교 TV
를 통해 많이 보고 실천하라. 많이 보고 듣고 배우고
실천함이 수행이다. 이 세상에 가장 존귀한 것은 살아
있는 생명이다. 내가 언제 죽을지 모르기 때문에 살아
있다는 것으로 행복한 것이고 건강한 것이고 희망인
것이다. 바른 교양을 배우고 실천하며 고운 심성으로
삶이 멋진 삶이다. 이렇게 사는 인생을 지족상락이란
다. 항시 즐겁게 만족을 알라는 뜻.

　(5) 낙태는 요즘 男女간에 질서를 망각하고 분별없
는 행동과 환락 속에서 저질러지는 임신이 실패율이
많다. 男女간의 음행은 자신들이 책임을 져야할 것이
고 낙태는 분명 살생인 동시에 원결을 맺는 큰 죄업인

것이다. 낙태로 인한 영가의 장애는 후손에도 여러 가지 장애의 영향을 미친다. 자살자나 낙태를 하고 그냥 넘기고 대수롭게 생각하는 경향이 있는데 반드시 후한을 초래한다

(6) 낙태는 꼭 7.7제나 천도제를 지내어 부처님 법음을 들려줘 원한을 풀어줘야 한다. 스님을 초빙해서 하면 더욱 좋다. 기본적으로 천수경 반야심경무상계는 반드시 독송하고 법성계 광명진언 해탈주 아미타경 금강경 지장경 등 여러 경을 읽어주면 내 자신 병과 영혼뿐 아니라 후한을 막아 불운과 재앙을 미리 없애줘야 행복이 온다.

* 음식 먹는 예의(오관계)

1. 음식도 무조건 내 것이라고 먹으면 안된다. 미곡은 88번의 손끝 닿은 곡식!

2. 언제나 습관된 행동으로 겸손하고 감사한 마음으로 소리나지 않게 먹는다.

3. 조용히 말없이 기도하는 마음으로 이 음식이 어데서 왔는가?

4. 이 음식이 어데서 왔노. 내가 이 음식을 먹을 일을 했는가. 내 덕행으로 받기 부끄럽네.

5. 탐욕버리고 몸을 지탱하는 약으로 도업을 이루고자. 이 법 공양을 받습니다. 발우 공양을 함은 진리를

향한 수행의 일부분이기도 하다. 천지신명께 불보살님께 감사하고 농부들께 감사하며 백번 씹어서 먹으니 위장 좋고 백가지 병 없어진다. 내가 먹을만큼 덜어서 먹고 절대로 남은 음식이나 반찬은 버리면 큰 벌을 받는다. 한톨의 곡식이 식탁에 오는 과정을 생각하면 소중함을 느끼고 먹는 생활 자세를 가져야 합니다. 우리가 음식을 낭비할 때 북한이나 아프리카에서는 수많은 생명이 죽어가고 있습니다. 한방울의 물에도 천지의 은혜가 스며 있다. 현세는 물 생산도 전기가 많이 소모되어 절약하고 아껴서 이웃 도와 같이 살면 이것이 보살행이고 복 받는 길이다. 한 톨의 곡식에도 만인의 노고가 깃들어 있다. 이 음식 먹고 몸과 마음을 바르게 길러 청정히 살겠습니다. 또한 수고한 모든 분들이 선정 삼매로 밥을 삼아 법의 즐거움이 가득하여 복을 얻게 하여지이다. 음식은 천천히 씹어서 공손히 드세요. 그렇게 허겁지겁 급하게 들면 언제 고마움을 알겠습니까. 밥을 먹는 것은 생명이 생명을 먹는 것입니다. 그러므로 생명을 살리는 엄숙한 행위가 공양의식입니다. 생명을 받아들여 나의 생명을 이어가는 것은 한없는 자비심과 엄격한 질서가 필요하다. 법다운 식(食)공양을 재식이라 한다.(사시공양 사시마지)

　나무 미륵 존불 나무 관세음보살

남북통일기원탑 불사

(계사년 5.5일 불사리탑 권선문)

귀의 삼보하옵고 불자님의 가정에 미륵 부처님 가피가 항상 충만하시기를 기원드립니다.

용화사는 불사리 9과를 모시고 있습니다. 생사를 초월한 기도는 사리가 증대(增大)하고 엄청난 기적이 생긴답니다.

중국 불교전도 역사의 마등과 축법난에 불멸 천년 후 도교와 불사리에 맞서 왕의 명으로 도교 서적과 불교서적 및 불사리를 불사르니 도교서적은 다 타고 불교서적은 전혀 안타므로 불사리와 함께 마등법사는 공중에서 우렁차게 설법하니 황제가 듣고 기뻐서 의혹을 멈추고 환희 심을 발심하여 천삼백 인이 삭발 승이 되고 수백 곳의 사찰을 신축하였으며 그로부터 불교가 왕성했다.

금번 대한불교 용화사는 남북통일 기원 불 사리탑을 봉안함에 속성통일 발원하옵고 미륵부처님 친견하여 三回 설법에 무생법인 증득하여 수기(授記) 받고 永生의 극락에 淨福 누리기를 청원드립니다.

법성계와 6바라밀을 修行하여 옛날부터 지어온 身口 義 三業을 참회합니다.

(참회진언 옴 살 바 못 자 못 지 사 다 야 사 바 하)

- 발 원 문 -

우리들 말법용화제자는 석가여래불과 당래 미륵부처님과 十方삼세 불보살님께 온 가족이 지극정성 참회기도 발원하나이다.

세계평화 남북통일 속 성취 국태민안 家家內 안가태평 복덕구족 수명장수 자손창성 만사 길상 관재구설 삼재팔란 사백사병 무사고 운전 학업성취 사업성취 취업성취 각기 소구소망 대원 성취지 발원 하나이다.

십선공덕(十善功德)으로 미륵불님 친견하여 지이다.

해탈법과 윤회

　업장이 두터운 중생, 부처말도 안 믿으니 제도하기 어렵구나. 윤회는 반드시 있는 것, 제성도인은 확철대오를 하고 오신통이 자재하여 천안통으로 내다보니 자기 공부가 바른 해탈법이 아님을 알고 4조 도신대사를 찾아 正法을 물으니 노인은 불수요, 파거는 불행이다고(老人不修破車不行) 도신대사께서 말씀하시자, 제성노인은 그 길로 몸 바꿀 것을 결심하고 일주문 밖에 소나무 12그루를 심어놓고 15년 후에 다시 보자 말한 후 육신은 물에 버리고 자기 영혼은 빨래하는 처녀의 몸에 들어가 무임시태(無妊始胎)로 태어나서 15년 후에 다시 출가하여 4조 도신대사를 찾아 가던 중 전생에 자기가 심어놓은 소나무를 보자 또 한번 대오를 하여 전생일을 알게 되서 게송을 읊었는데 삼삼한 백발로 청산을 내려가 팔십년전 옛 얼굴을 바꾸어오니 사람은 도리어 소년이 되고 솔은 그간에 절로 늙었네. 이와 같이 크게 깨치고도 4조 도신대사께 찾아가 正法을 들고 닦은 연후에 견성을 하여 5조 홍인대사가 된 것을 볼 때 깨침 자체는 견성도 해탈로 아닌 것을 알 수 있다.

　해탈법을 아는 도인은 흔치 않다. 뜻이 있는 곳에 길이 있듯이 당최 미륵님을 부지런히 염송하며 十善공덕

을 인연만 지으면 수억겁의 업장을 소멸하고 생사해탈
한다. 석가불의 33조사님들도 해탈한 조사가 몇 분 안
된다고 하니 얼마나 어려운 공부인지 짐작이 된다.

① 生死自在 조사선법을 닦으면 초단계에 누진통에
서부터 성불에 이르기까지 57단계가 있는데 초단계 공
부만 끝나도 몸에 붉은 피는 전혀 없으며 모두 백혈뿐
이다. 그러므로 이차돈 목에서 흰 피가 강원도 금강산
까지 뻗혀 나와 만 백성을 놀라게 한 사실만 봐도 알
수 있다.

② 2단계 공부는 백혈이 양전기 에너지로 화한다.
그리하여 60kg의 육체를 에너지화한 도인의 능력이 6
천마력을 2년간 돌릴 수 있다 하니 부처님의 에너지야
모든 인연 있는 중생을 다 제도하고도 남는다.

③ 3단계 백혈구는 응고되어 고체로 변해 전신에도
사회가 형성되는데 맥박도 뛰지 않고 호흡도 없어 에
너지가 소모되지 않아 음식도 필요없고 세포는 노화치
않아 생사가 전무하므로 생로병사에서 해탈하게 된다.

④ 해탈한 도인은 항시 자유자재하여 모든 중생을
제도하는 불보살이 된다.

⑤ 석가부처님께서는 모든 중생을 오탁 악세에서 건
지기 위해 방편으로 나오신 여래니라. 즉 化身불이니라.

⑥ 위에서 많은 말을 한바와 같이 석존의 예언과 제

자들의 물음에 미륵이 나오는 미래세상에 대해서 자세히 말씀한 바를 상기한다면 밤이 새도록 듣고 공부해도 싫증 안나고 앞의 세상이 참으로 희망의 선경시대가 도래함을 짐작할 수 있고 흥미진진하여 소승은 보람을 느끼며 즐겁게 그 시대의 자씨 불자로 긍지를 갖고 살고 있다.

⑦ 석존께서 말씀하신 예언과 미륵상생경, 下생경 성불경, 삼부경, 육부경, 화엄경 등등을 보고 신라 원효대사의 감탄사에서 또한 미륵상생불종요에서 미륵불은 전무후무한 성황으로 수행과정의 멀고 가까움을 헤아릴 수가 없고 그 무량겁으로 쌓아온 자비 복덕 지혜 원력은 깊고 옅은 한계를 측량할 수 없다. 그 수행과정은 비할 바도 없고 또한 마지막도 없으며 그 공덕은 天地가 능히 실을 수 없고 우주가 능히 용납할 수도 없다.

⑧ 소승금강경 구절을 보고 많은 느낌을 받는다. 금강경에 말세의 바른 신심 회유하다. 현세가 말세임을 알 수 있고 미륵불의 出世도 짐작할 수 있다.

⑨ 말세 2500년 후에 유지계수복자(有持戒修福者)하여 어차장구(於此章句)에 능생신심(能生信心)하여 이차위실(以此爲實)하리라. 현세의 말세 중생들이 이 계를 지니고 신심을 돈독히 하는 자는 수천 부처님을

친견하여 거룩한 마음의 믿음을 내어 수승한 공덕으로 미래불 친견하고 성불하여지이다.

⑩ 현세의 중생들 상대하여 포교를 작심했지만 실망이 앞서 할말을 아낀다. 오욕락의 속에서 황금이 하느님이고 처자가 낙원이란다. 스님은 동량이나 해서 먹고 경읽고 점치고 미천한 인간으로 취급한다. 또한 석가불의 신도들은 미륵불 설법하면 석존의 예언에 56억 7천만년에 하강하는 미륵신앙은 제치고 이해를 못하고 허황하다며 선지식들도 천학미류(淺學迷流)의 방편설이라 도외시하므로 소승 슬프기 한이 없다. 또한 책자를 밤잠 줄이고 만들어 주면 글 위로 산보하는 식으로 좋다고는 하지만 실천은 전무하고 1권 1푼 내 땅 흙 한 톨 양보하려 하지 않고 벌벌 떨며 그럴 수 없단다.

⑪ 아타까운 심정 하소연할 길 없어 조석으로 염불 기도하면서 소승불은에 감사하옵고 중생제도의 지혜를 주옵소서. 미륵부처님 친견하여 제도방법을 주옵소서. 이렇게 세월 보내며 불사을 하매 시주없이 自力으로 하니 한계가 있음이라. 심히 어렵고 불사가 조잡하여 죄송한 마음 금치 못하나이다.

⑫ 담배, 소승 공장장은 46년을 같이 지내며 생사고락을 같이 한 바 부모형제 보다 더 친근감이 있고 애석한 마음 금치 못해 담배는 백해무익이고 나도 죽고 남

도 죽이는 독공해이라 보는 대로 만류했건만 끊는다고 말은 하나 안 보는 데서는 더 피운다.

1. 한푼의 영향도 없는 담배, 니코틴이 위점막, 폐를 침투, 병을 초래

2. 니코틴이 혈액 속에 돌아 성욕감퇴, 정력저하, 암 유발

3. 암 유발 70%가 비흡연자보다 2배가 많아

4. 니코틴이 혈액순환을 저해하므로 병유발이 많아 체온도 1도씩 下강한다.

5. 여러가지 재액을 초래 火재로 인명도 상하고 초래

6. 경제적 손실, 중독성이 있어 오래 피울수록 끊기 힘들다.

7. 소승 중학교 때 선생님께 담배의 공해에 대해 듣고 끊다.

8. 10대 재벌가 중 담배 안 피우는 비율이 성공했다.

9. 개인적이나 국가적으로 손해

10. 잘난 체, 자유스러운 척, 콜록하는 어린이 아랑곳없이 이면체면 없이 피우고 부끄럼도 몰라 오히려 잘난체 특히 배우는 소년

11. 독약 피는 것은 아깝지 않고 불구자의 도움은 인색

12. 남의 괴로움 알 바 없고 나의 습성 기분전환 ?

13. 이런 사람일수록 복은 받고 싶어해!

14. 담배 한 갑이면 거지 국수 한 그릇 보시는 못해도 독공해 풍기지 않으면 된다.

15. 백해무익한 담배 못 끊어 참 애석하다.

　내 생명도 구하고 여러 사람 건강 도움주자.

　이준 열사, 안중근, 강재규 소령처럼 내 몸 던져 인명 구해!

1. 인욕, 참지 못하면 성공은 없다. 백 가지 선행에 참는 것이 제일인 것 같다.

2. 소승 요즘도 속세의 습성이 있어 상대방의 잘못을 타일러 하는 말을 생각컨대 큰소리로 화를 내는 꼴이다. 근거는 있지만 승려인지라 무조건 참아야 함을 느낀다.

3. 화를 내면 많이 쌓는 공덕도 일시에 까먹어!

4. 나의 정신이 혼란하고 심호흡이 달라진다.

5. 친할 수록 조심하자. 의가 한번 나니 더 야속하고 대화도 소통도 잘 안된다. 그러니 은혜 많이 받은 자가 원수가 된단다.

6. 아무리 화가 나도 참으리라. 원망을 원망으로 갚고 보복하면 더 큰 해가 내게 돌아온다.

7. 나의 마음 조복이 큰 승리다. 一怒一老이다. 화는 돌에 새긴 조각과 같이 지우기 어렵고 善한 마음은 물

에 쓴 글씨처럼 사라지니 화 안내는 습성을 기르자.

8. 화를 참아 인격을 향상하자.

9. 교만을 참아 수행에 도움되고 즐거움 갖자

10. 곡식이 익으면 고개를 숙인다. 성숙한 성불의 道라.

*우리 인류들이여 부탁의 말씀

1. 부디 이 세상에 사람으로 났으면 사람노릇 하소.

2. 부모은덕 모자라면 석가여래불의 은중경을 독송하소.

3. 영원히 살고 생사해탈 꿈이라면 불법승삼보에 귀의하여 佛法 배워 修行 실천하소.

4. 사람노릇 못하면 육축만도 못하오니 육축이 사람 몸 받아 습성이 발작하면 부모형제딸도 모르고 무조건 내 소유물로 알고 가진 성욕발작하여 살인도 마다않네.

5. 아차 이 몸 죽어지면 스스로 무간지옥 돌아가서 하루에도 만사만생 아비지옥 동타지옥 독사지옥 화탕지옥 발설지옥 108지옥, 간장을 찍는 고통 억천만년 영원토록 벗어날 길 없다 하네.

6. 석가세존 목연존자처럼 부모 위해 승려되어 평생을 佛法 수행 그것도 부처님 안내원력으로 무간아비지옥에 들어있는 모친을 여러번을 윤회시켜 마지막에 개 몸 받아 천당 가게 한 것이 바로 7월 15일 백중이니라.

7. 오탁악세의 중생들아, 이 한 말 듣고 보고 꿈에서 깨어나소. 모래로 밥 짓고 가짜 공부는 지옥행이고 공부는 커녕 비사량으로 병만 얻는구나!

8. 요즘은 꿈에서 부모형제를 가끔 보는데 나무아미타불하고 관세음보살 염불을 하면서 무자비하게 맞고 울고 또 관세음보살, 반야심경 밤새도록 그렇게 하고 깨면 꿈에서는 고통없이 외워주는데 아무런 생각없이 도망치고 또 도망치고 울어도 조금도 상처도 없는데 잠을 깨면 말도 잘 안나오며 육신이 괴롭도다. 업보가 조금 소멸되는 기분이다.

10. 서두가 없는 짧은 식견과 부족한 문장으로 빈축을 면치 못함을 감수하고 어색한 구절이 너무 많아서 부끄럽고 송구한 마음 금치 못하나이다. 미비한 출판이지만 인류 희망의 미륵부처님이 말세의 각박한 중생제도를 위해 十善공덕 인연으로 모두 구제하여 지상천국의 세계가 이룩됨을 세상에 널리 알리고자 하는 구도심으로 비판을 무릅쓰고 자도광이 책을 제작하였으므로 보시는 분들 불자께옵서 도움되고자 미비한 출판을 이해해 주시고 지도편달해 주심을 간절히 요망하옵고 독자 여러분에 소원이 이뤄지기를 기원하오며 두서없는 서언을 고하는 바입니다.

불기 2557. 계사 2月 대한불교용화사 慈道光

龍華殿

新築記念

百年貪物日朝塵　　三日修心千財寶

백년에 탐한 마음　　삼일에 닦은 마음

하루 아침 티끌되고　천년에 보배된다.

* 누가 해도 할 일이면 내가 하자

* 언제 해도 할 일이면 당장 내가 하자

* 내가 지금 할 일이면 빛나게 하자

소승염원탁발(托鉢)

　2600백년전 1,250명의 제자를 거느리고 집도 절도 없이 짐승과 독충의 피해없이 무사히 살며 修行 정진할 수 있었다 함은 부처님께 위력이 얼마나 대단하셨는지는 짐작할 만하다. 또한 제자들도 부처님에 원력으로 信心道力도 짐작이 된다.

　탁발(托鉢)은 걸식(乞食) 행걸(行乞)이라고도 번역하는데 그 많은 제자들이 기후의 변화에 의해 때를 거를 때도 있을 것이고 병도 나고 고통받을 적도 있겠지만 매일 한정된 몇집씩만 걸식하여 집집마다 고루 복을 빌어주는 계획이 철저히 수행의 방법이다.

　○ 신심(身心) 달랜 正戒에 主하고 정해(正解) 올바른 종교관 인식 확립한다.

　○ 佛法에 의해 걸식하고 삿된 생활을 밀리한다.

　○ 몸은 괴로움의 원인인 줄 알아 음식은 맛을 취하기보다 몸을 지탱하는 약으로 알아

　○ 용모를 바르게 하고 위의를 곧게 하여 공경하여 믿게 한다. 용화권속 일체가 미륵님 三回설법에 大覺 이루고 무생법인 증득하여 세세생생보살도 이루어지이다.

　○ 나무시아본사 석가 여래불

　○ 나무용화교주자씨 미륵존불

소승의 기도

항시 불보살을 염원하며 자나 깨나 일을 할 때나 걸을 때나 쉼없이 염불하면 무한한 생명력이 나타나게 되고 탐진치을 퇴치하고 욕망을 승화시켜 진리의 생명력을 피어나게 함으로 정신적 육체적인 여러가지 장애를 풀리게 한다. 강물이 맑아지면 달그림자가 뚜렷이 비치는 것처럼 우리의 마음이 맑아지면 본성(本性)의 生命力이 온전히 나타나 마음이 대자유의 삶을 누리게 될 것이다.

참선과 방법

참선은 나의 本性을 찾기 위함이고 생사해탈코저 하는 마음공부이다. 번뇌망상을 여의고 조용히 명상하고 고요히 생각함인 바 순수하게 집중하여 정신을 몰두함으로서 존재의 실상을 확실히 보는 수행이며 자신의 무한생명력이 본래부터 갖추어져 있음을 자각하고 그 생명력을 나타나게 하여 자유자재의 대해탈을 누리게 하는 수행이다.

禪이란 말로 문자로 설명하거나 파악할 수 없는 만큼 내가 온몸으로 실천함이 최선의 방법이다.

용화불자 염불기도 수행

염불은 아주 쉽고 간단하다. 불보살의 명호를 염송하면 된다. 노는 입에 염불하고 일하며 염불하고 길을 갈 때 염불하면 시간가는 줄 모르고 산다. 지극정성으로 잡념없이 나무아미타불 석가여래불 미륵존불 약사여래불, 칠성불, 관세음보살, 지장보살 등등이다. 자기 직성 따라 부지런히 불보살 명호를 염송하면 백발백중 효험이 있다.

불교수행을 自力 他力으로 구분하여 생각하고 말함은 불교의 가르침인 연기법에 어긋나는 것이다.

염불을 단순한 타력신앙이라고 생각하는 것은 잘못된 견해임을 인식해야 한다.

밤중에 험한 길을 갈 때 도깨비 귀신, 큰 짐승 나올 두려움의 공포 속에 인해서 머리카락이 곤두설 때 불보살의 명호를 염송하면 공포가 사라진다.

부처님이 가르치신 불법은 현재에서 당장 효험이 있고 시간을 기다리지 않아도 된다. 능히 안혼한 경지로 안내해 주시고 지혜로운 자는 바로 이해할 수 있다.

法을 듣고 염불지성하면 생사해탈할 수 있다.

보살님을 念하면 모든 공포가 사라져(야함경 내용도 있어)

참회기도

　참회기도란? 모든 경이 참회의식에 속한다. 사람으로 태어나 죄 안 짓고 사는 사람이 있는가? 참회기도란 잘못을 뉘우치고 반성해서 다시는 죄를 짓지 않고 정직하고 바르게 산다는 맹세의 자기 약속이다. 즉 청정무구한 本來 자기 세계로 회귀(回歸)하려는 도원적인 충동에 의하여 나타난 맘의 작용과 몸짓이다. 참회는 佛法식에 따라 몸과 마음을 바쳐 발원하는 진참회를 해야 함에 전신을 바쳐 부처님께 귀명(歸命)하여 정성기도가 되면 저절로 눈물이 비 오듯 슬피나와 부처님의 가피를 받아 연꽃이 활짝 피어 광채가 난다.

　참회기도를 할때는 천수경부터 독송하고 불보살의 명호를 염송하는바 천번 삼천번 만번도 이상 염송하여 기도하는데 소승은 主로 미륵존불을 매일 조석으로 정진하고는 심축 및 용화신도 일체대중이 미륵불 三回설법에 동참하여 성불하여지이다. 더 참회를 설명하자면 현재 과거 지난 날에 지은 악업인 어리석고 교만 많고 허망되고 시기질투한 죄를 다시는 저지르지 않기로 맹세하는 것이다. 현재 과거로부터 지어온 나쁜 짓과 어리석은 죄를 모두 참회하오니 단번에 소멸하여 다시는 일어나지 않게 하소서.

　악행과 질투한 죄를 참회하오니 다시는 일어나지 않게 하소서.

344

미륵존불 미륵존불 미륵존 여래불

어떤 사람이든지 산란한 공포감과 두려움이 일어날 때 사리탑이나 법당에 들어가 지극정성으로 참배기도하고 나무불 나무법 나무승 염송공덕으로 불보살에 보호를 받는다.

기도를 작심했다면 가까운 사원이면 더욱 좋고 여의치 않으면 집안이나 정결히 청소하고 조용한 곳을 선택하여 염불기도는 효험을 본다.

기도는 몸과 마음을 부드럽게 자세를 바로 하고 참선할 때의 동작으로 호흡은 들숨, 날숨을 골고루 하여 싫증이 나지 않도록 코, 목, 가슴, 배, 단전으로 흐르는 호흡의 과정에 따라 순수하게 호흡하는데 몰두하면 점진적으로 몸과 마음의 상태가 안정되어 싫증이 안나고 더욱 발심하여 건강과 행복이 같이 한다.

지극정성의 염불기도로 삼매에 들게 되고 불종(佛種)으로 미륵불님 친견코 수기받아 용화지싱천국에 동참하게 될 것이다.

열반경 말씀   성내는 마음 내지 않고
자도광 옮김   즐거움 주려 하는 것
                   참다운 慈善이요
                   모든 세계 중생들은
                   가엾이 여기는 것
                   부처님의 종자이니
                   한량없는 복 받으리

진리의 말씀

慈道光 옮김

원한을 원한으로써 갚으려 하면
원한은 결코 풀리지 않는다.
그 원한을 버릴 때에만 풀리나니
이것은 변치 않는 영원한 진리

허술하게 지은 지붕은 비가 새듯이
수양이 없는 마음 탐욕만 뻗친다.
아무리 경전을 많이 외울지라도
실천이 없는 행동은 결실이 없다.

잠못 이루는 사람에게 밤은 깊고
허기진 나그네에는 지척도 천리
바른 진리를 깨닫지 못한 사람에게
윤회의 무명은 멀고 아득하여라.

어리석은 자는 한평생을 두고
어진 사람을 가까이 섬길지라도
참다운 진리를 깨닫지 못한다.
마치 숟가락이 국맛을 모르듯이.

백만의 적을 이기는 것보다
자기자신을 반성하고 조복함이
자기 하나를 이기는 사람이
가장 뛰어난 승리자이다.

사랑하는 사람을 가지지 말라.
미운 사람도 만들지 말라.
사랑하는 사람은 못 만나 괴롭고
미운 사람은 만나면 괴롭다.

수행하는 자는 사랑도 미움도 안만들면
도심 걱정 두려움의 장애가 없는데
오직 자기만을 사랑할 뿐 자신을 잘 지킨다.
이런 사람은 남도 잘 다스리고 존중받는다.

自己야말로 自身의 主人이다.
나 자신말고 주인이 따로 없다.
자기를 잘 다스릴 때에만
얻기 힘든 主人을 얻는다.

발원문

　자도광 제자 이제 모든 불보살의 미묘한 방편이 「10상
관관」「종불성관」을 수행하여 또한 천상인간의 가장 귀
중한 보배인 十선계를 받아 지니고 십선도(十善道)를 받
아 지니고 十선도를 실천하게 되옴은 더없는 불보살님
에 은총이오며 무량겁에 두번 얻기 어려운 불연이옵니
다. 이것은 오로지 석가세존의 교지와 미륵성존의 지중
하신 원력의 결정이 옴을 눈물로 감격하오며 다음과 같
은 몇가지 서원을 세우나이다. 증명하소서.
　一. 우리 스스로 十악의 길 여의고 十선의 길 밟아가
며 사람을 인도함으로 인간의 죄악성을 뿌리뽑고 밝은
도의 생활을 창조하여지이다.
　二. 우리 스스로 十악의 길 여의고 十선의 길 밟아
가며 사람을 인도하므로 十악의 질병 홍수에 휩쓸리는
이 사회를 개조하여 정복(淨福)의 십선업 꽃동산으로
바꾸어지이다.
　三. 우리 스스로 十악의 길 여의고 十선의 길 실천함
으로 악귀, 축, 악도의 문을 닫고 인, 천, 열반의 길을
열어 光明과 淨福으로 장엄된 용화지상천국을 재빨리
실현하여지이다.
　○ 나무사바교주 석가여래불(三편)
　○ 나무용화교주자씨 미륵존불(三편)

도솔천상의 一 / 一一 夜은 인간의 四百年이다. / 1日×400년=400년

도솔천상의 一 / 개月은 人間의 ……… 30日×400=12,000년

도솔천상의 一 / 개月은 人間의 ……… (30×12)×400=144,000년

도설천상외 수명은 4천세 …………… (30×12)×400=576,000,000년

五十七억 6천만년

미륵불예경

○ 지심귀명례현거 도솔당강용화교주자씨
  미륵존 여래불(1배)
○ 지심귀명례 복연증승 수량무궁자씨
  미륵존 여래불(1배)
○ 지심귀명례 원력장엄 자비광대자씨
  미륵존 여래불(1배)

  고거도솔허재반 원사용화 조우난
  백옥호휘 충법계 자금광산 화진환
  고아일심 귀명정례
  나무당래 미륵존불 미륵존불(105송)

소승 자도광 지면을 통해 감사한 마음 합장 배례 올립니다. 독자 귀빈께서 오자를 지적해 주셔서 바로 수정한 점 있습니다. 앞으로도 많은 충고와 가르침을 주시기 바랍니다. 우리 다같이 성불 발원기도 합시다.

용화세계十善공덕

"한 번만 읽어도 성공한다"

발행일	2015년 2월 15일
편 저	**주지 자도광(慈道光)**
	경기도 포천시 포천로 226-3 용화사
	Tel. 031-532-8633 Mobile. 010-3909-5971
	Fax. 031-532-7545, 031-534-6831
발행처	이화문화출판사
	서울시 종로구 내자동 167-2 인왕빌딩
	Tel. 02-738-9880, Fax. 02-738-9887
	homepage www.makebook.net
I S B N	979-11-5547-168-5 03220

定價 15,000원